Amizade
em contexto
Desenvolvimento e cultura

em contexto

Amizade
em contexto
Desenvolvimento e cultura

Luciana Karine de Souza
Claudio Simon Hutz
(Organizadores)

© 2012 Casapsi Livraria e Editora Ltda.
É proibida a reprodução total ou parcial desta publicação, para qualquer finalidade,
sem autorização por escrito dos editores.

1ª Edição: *2012*

Diretor Geral: *Ingo Bernd Güntert*

Editora-chefe: *Juliana de Villemor A. Güntert*

Gerente Editorial: *Marcio Coelho*

Coordenadores Editoriais: *Fabio Alves Melo e Luciana Vaz Cameira*

Assistente Editorial: *Maria Fernanda Moraes*

Produção Editorial: *Casa de Ideias*

Capa: *Casa de Ideias*

Dados Internacionais de Catalogação na Publicação (CIP)
Angélica Ilacqua CRB-8/7057

Amizade em contexto : desenvolvimento e cultura / Claudio
  Simon Hutz, Luciana Karine de Souza (organizadoras). – São Paulo :
Casa do Psicólogo, 2012.

Bibliografia
ISBN 978-85-8040-094-6

1. Amizade 2. Criança 3. Adolescente. 4. Velhice 5. Pais 6. Moral I. Hutz,
Claudio Simon II. Souza, Luciana Karine de

CDD 177.62

Índices para catálogo sistemático:
1. Relações humanas – amizade 177.62
2.Amizade – aspectos sociais 177.62

Impresso no Brasil
Printed in Brazil

As opiniões expressas neste livro, bem como seu conteúdo, são de responsabilidade de seus
autores, não necessariamente correspondendo ao ponto de vista da editora.

Reservados todos os direitos de publicação em língua portuguesa à

Casapsi Livraria e Editora Ltda.
Rua Simão Álvares, 1020
Pinheiros • CEP 05417-020
São Paulo/SP – Brasil
Tel. Fax: (11) 3034-3600
www.casadopsicologo.com.br

Sumário

Prefácio 7
CILIO ZIVIANI

1) Uma história do conceito de amizade 13
LUCIANA KARINE DE SOUZA & GUSTAVO GAUER

**2) Amizade na criança pequena: padrões
de interação e diferenças de gênero** 45
PATRÍCIA RUSCHEL DAUDT, LUCIANA KARINE DE SOUZA
& TANIA MARA SPERB

**3) Quem tem um amigo nunca está sozinho?
Ou antes só do que mal acompanhado?
Relações de amizade: fatores de risco e proteção** 81
CAROLINA LISBOA

4) As relações de amizade de futuros pais adolescentes 101
VANESSA DE CASTILHOS SUSIN & DANIELA CENTENARO LEVANDOWSKI

5) As relações de amizade na velhice 137
REGINA MARIA PRADO LEITE ERBOLATO

6) A construção da moral, dos valores e da amizade 169
JUSSARA CRISTINA BARBOZA TORTELLA

7) Amizade, trabalho e bem-estar subjetivo 197
ADRIANA KIPPER-SMITH

8) Amizades interculturais, interétnicas, interraciais e internacionais 229
AGNALDO GARCIA & RAQUEL FERREIRA MIRANDA

Prefácio

CILIO ZIVIANI
Pontifícia Universidade Católica do Rio de Janeiro

Os oito capítulos deste livro caracterizam-se por oferecer definições claras do conceito de amizade que, somadas, demarcam com precisão suas diferentes acepções. Vários capítulos, além de apresentarem resumos de programas de pesquisa realizados sobre diversos aspectos da amizade, oferecem também revisões teóricas atualizadas e concisas a partir de disciplinas como a filosofia, a antropologia e a sociologia sem, entretanto, perder de vista a psicologia social da amizade como eixo teórico fundamental. Além disso, frequentemente apresentam discussão da aplicação prática dos resultados das pesquisas descritas.

No Capítulo I, Luciana Karine de Souza e Gustavo Gauer discutem a amizade em alguns filósofos ocidentais, a amizade na Bíblia e na tradição hindu, o aporte antropológico sobre a amizade e uma detalhada revisão de significativas pesquisas psicológicas sobre o conceito. Daí resulta claro delineamento do semanticamente multifacetado conceito de amizade, cuja investigação empírica e sistemática, apontam os autores, tem início na metade da década de 1970, ainda que sua discussão tenha aproximadamente um século nas ciências sociais. Dessa longa trajetória decorre uma diversidade de propostas para a definição de amizade: como afirmam os autores, parece haver tantas definições quanto há cientistas estudando o assunto, com muitas e variadas dimensões, cuidadosamente revisadas ao longo do capítulo. Concluem que, embora seja um campo de estudos empíricos relativamente novo, encontra-se em pleno florescimento: com a emergência de modelos fundamentados em achados recentes e relevantes que desvelam cada vez mais precisamente as funções da amizade, apresenta tendência de crescimento e consolidação.

Patrícia Ruschel Daudt, Luciana Karine de Souza e Tania Mara Sperb dedicam-se no Capítulo II ao estudo de padrões de interação e diferenças de gênero em amizade na criança pequena. Após revisão da literatura sobre a interação de crianças no contexto do desenvolvimento infantil, discutem investigações sobre diferenças de gênero na amizade em pré-escolares, seguida da discussão de padrões infantis de interação verbal e não-verbal. Finalizam o capítulo com o detalhamento de um estudo com quarenta e oito crianças do sul do Brasil, identificadas como amigas ou não-amigas, metade do gênero feminino e metade do gênero masculino, formando quatro diferentes grupos. Concluem que a amizade contribui de modo ímpar para a interação verbal das crianças, pois a mais evidente contribuição do estudo refere-se ao efeito interativo dos fatores amizade e gênero: meninos não-amigos engajaram-se consistentemente menos nas situações de interação, desviando-se significativamente dos outros três grupos.

No Capítulo III, Carolina Lisboa estuda as relações de amizade em face de fatores de risco e de proteção, dentro do enquadre teórico do movimento da Psicologia Positiva, que enfatiza a necessidade de mudar o foco da Psicologia centrada em prática orientada para patologias, para passar a privilegiar a construção e a promoção da visão de ser humano com ênfase em aspectos saudáveis. Nesta perspectiva, as relações de amizade classificam-se como importantes fatores de proteção, especialmente na promoção de resiliência, processo pelo qual uma pessoa, na exposição a fatores de risco, lida com estes estressores mantendo seu desenvolvimento saudável. A partir de considerações conceituais e metodológicas, discorre sobre a amizade como fator de proteção e como fator de risco. Mostra evidências que podem ir contra valores éticos, mas que sugerem que amigos agressivos são fatores de proteção, dado que esse amigo classificado pelos colegas como agressor protege significativamente as crianças contra a exclusão ou vitimização grupal. Como consequência, conclui pensando aspectos clínicos e políticas públicas em escolas.

No Capítulo IV, Vanessa de Castilhos Susin e Daniela Centenaro Levandowski, ao estudar as relações de amizade de futuros pais adolescentes, verificam a eventual ocorrência de mudanças no grupo de amizades de jovens que se tornam pais, investigando a reação do grupo de amizades frente à paternidade do jovem. Em seguida a breve caracterização da adolescência, nela situando a condição da paternidade, revisam a literatura das relações de amizade neste contexto, apresentando benefícios e, em contraponto, também malefícios da amizade. Encerram o capítulo com a descrição de pesquisa com seis futuros pais adolescentes com idades entre 15 e 20 anos, todos esperando seu primeiro filho. Apenas um deles demonstrou ter clareza de seus sentimentos face à paternidade, referindo não ter sido influenciado pelos amigos. Em geral, constatou-se uma reação negativa dos amigos à notícia de paternidade, que não chegou a influenciar o futuro pai frente à situação. Finalizam destacando que os jovens que não tiveram o apoio que esperavam dos amigos, voltaram-se para a família, em uma etapa do desenvolvimento em que se espera justamente um movimento contrário.

As relações de amizade na velhice é o tema de Regina Maria Prado Leite Erbolato no Capítulo V. Inicialmente, destaca a denominada Teoria da Seletividade Socioemocional, complementar ao modelo de envelhecimento psicológico bemsucedido: se os contatos sociais têm futuro limitado e se as metas de longo prazo vão perdendo sentido, dá-se preferência ao investimento de afeto em parceiros bastante conhecidos e cuidadosamente selecionados, que potencialmente garantam experiências emocionais positivas e a reafirmação do autoconceito. Ao se dirigir aos relacionamentos sociais na velhice, a autora apóia-se no chamado Modelo de Comboio das Relações Sociais: trata-se de uma rede social que se move juntamente com o indivíduo, designa um grupo de pessoas que o cerca e o acompanha durante toda a sua existência, que o protege e o ajuda a lidar com situações problemáticas, proporcionando-lhe os suportes necessários. A inclusão, na rede, de pessoas já falecidas ou de paradeiro desconhecido suscita a hipótese de que, em fase avançada da vida, a importância da presença na memória pode ser tão grande quanto a presença física dos contatos humanos. O capítulo é finalizado com discussão das amizades no envelhecimento, seguida de apresentação de pesquisa da autora sobre amigos e melhores amigos na velhice, com pequeno grupo de homens e mulheres com idades entre 65 e 75 anos, que permite concluir que as amizades apresentam características que se traduzem de modo bastante positivo, em particular na velhice.

A construção da moral, dos valores e da amizade é abordada por Jussara Cristina Barboza Tortella no Capítulo VI, que inicia falando de desenvolvimento moral e valores na perspectiva construtivista, com base teórica no modelo explicativo dialético que Piaget desenvolve na busca de compreender como se dá o conhecimento: não advém nem da experiência, nem de um conhecimento inato, mas resulta de uma interação entre sujeito e objeto, por meio de construções sucessivas com elaborações constantes de estruturas novas. Segue-se a discussão do papel das interações sociais na construção moral: as relações entre a criança e o adulto contrastadas com as relações entre as próprias crianças, como processo contínuo de socialização. Das interações sociais surgem diversos tipos de relacionamentos, dentre eles a amizade, tendo como subentendido o princípio da igualdade. A seguir, a autora apresenta sua pesquisa sobre a amizade, buscando conhecer as representações de 154 crianças, de ambos os gêneros, sobre os tipos de interações referentes aos melhores amigos, amigos e não-amigos, e sobre as questões de fidelidade. Observa que os estudos apontam indicações aos educadores de como as crianças se desenvolvem e quais as representações que fazem sobre determinados aspectos de seus relacionamentos, entendendo que esse conhecimento pode ajudar o docente em sua prática e finaliza valendo-se da teoria aristotélica acerca de diferentes tipos de amizade, examinada no contexto dos resultados empíricos obtidos.

No Capítulo VII, Adriana Kipper-Smith dedica-se ao estudo das relações entre amizade, trabalho e bem-estar subjetivo. Conceitua amizade em suas diversas intersecções com os conceitos de amor em suas diferentes formas, pelas quais transita a amizade: como *eros, philia, ágape, cupiditas* (cobiça), *caritas* (caridade), *compassio* e *fraternitas*. Mostra como o conceito de amizade é apresentado em Platão, Aristóteles, Cícero, São Tomás de Aquino e Santo Agostinho, para em seguida examinar detidamente o conceito a partir da perspectiva das obras de Hannah Arendt. Situa a discussão no contexto do trabalho e, em seguida, apresenta investigação de como as relações de amizade são vividas nesse contexto, a partir de pesquisa com 60 trabalhadores técnico-administrativos, 27 homens e 33 mulheres. Além da investigação do significado e concepções de amizade, foram explorados resultados acerca do bem-estar subjetivo. Resultados evidenciaram conceito predominante de amizade que declara o amigo como "Grande companheiro", de "Convivência irrestrita". Foi alinhada a categoria "Traição" para a definição do inimigo, visto como possuindo valores diferentes, discordante e "jogando em outro time". Dentre as tendências sinalizadas pela pesquisa, a autora destaca a manutenção dos vetores familiares de amizade que remetem aos ideais clássicos de Platão, Aristóteles e Cícero.

Encerra-se o livro no Capítulo VIII com revisão da literatura acerca de amizades interculturais, interétnicas, interraciais e internacionais, apresentada por Agnaldo Garcia e Raquel Ferreira Miranda. Discutem inicialmente o conceito de amizade inserido nesses diferentes contextos para, a seguir, apresentar estudos monográficos e comparativos sobre a amizade em diferentes países e culturas. Observam que esses estudos têm indicado semelhanças e diferenças entre as amizades nos países e nas culturas investigados, onde se apresentam as dificuldades que devem ser superadas para o estabelecimento de amizades internacionais, manifestando-se um aspecto teórico comum: a tendência a reduzir a diversidade cultural a dois tipos básicos: as culturas individualistas e as coletivistas. Com esse pano de fundo, discorrem sobre a relação entre amizade e preconceito e revisam estudos sobre a amizade entre universitários de países diferentes. Finalizam o capítulo apresentando pesquisa sobre amizades de 10 universitários moçambicanos, 5 homens e 5 mulheres, residindo no Brasil, procurando identificar traços gerais dessas amizades e seu papel na adaptação desses jovens a essa nova situação. Diferenças foram observadas entre a rede de amigos em Moçambique e no Brasil. Concluem registrando que o futuro desenvolvimento das amizades interculturais e internacionais certamente ganharia com a ampliação do conceito de cultura, dado que vários estudos tendem a simplificar excessivamente os aspectos culturais.

Amizade em Contexto: Desenvolvimento e Cultura

Luciana Karine de Souza
Claudio Simon Hutz

CAPÍTULO 1

Uma história do conceito de amizade

LUCIANA KARINE DE SOUZA
Universidade Federal de Minas Gerais

GUSTAVO GAUER
Universidade Federal do Rio Grande do Sul

As relações humanas vêm sendo objeto de interesse desde a Antiguidade. No que tange especificamente à amizade, Baldini (2000) aponta que já naquela época o tema recebeu atenção especial de filósofos e de pensadores. De Sócrates a Abelardo, de Erasmo de Rotterdam a Kant, e de Nietzsche a filósofos da atualidade, a amizade foi tratada sob distintas perspectivas, pautadas pelos respectivos sistemas filosóficos e suas decorrentes concepções do ser humano.

A proposta deste capítulo é acompanhar a história do conceito de amizade. Nesta história, contempla-se o tratamento que alguns autores cruciais emprestaram à amizade na história da filosofia, bem como os resultados recentes de investigações empíricas sobre o assunto. O texto organiza-se em quatro seções principais. Na primeira seção, contemplam-se as ideias de alguns pensadores fundamentais que trataram do conceito de amizade na história da filosofia ocidental. A segunda seção explora acepções do termo amizade no Novo Testamento e na tradição cultural hindu. A terceira parte trata do aporte antropológico ao entendimento do conceito de amizade. Na quarta e última seção é revisada uma série de estudos empíricos recentes sobre a amizade no contexto da psicologia científica.

A amizade em alguns filósofos ocidentais

Sócrates foi pioneiro na história do pensamento ocidental a tratar da amizade. Por sinal, somente podemos saber disso graças aos escritos de seu aluno mais fiel, Platão. O próprio Sócrates apontava Platão como um dos seus amigos presentes na audiência da sua condenação, e o relato mais conhecido desse episódio é de autoria do próprio Platão, a *Apologia de Sócrates*.

As ideias de Platão sobre a amizade são encontradas num diálogo de Platão dedicado ao tema, a *Lísis*. Dialogando com seus alunos, Sócrates discute a amizade a partir de uma situação de desavença com um amigo. Este pequeno desapontamento fá-lo considerar a questão da reciprocidade na amizade. A reciprocidade é rejeitada como critério necessário para a relação de amizade quando ele reflete sobre a amizade com filósofos ou com o vinho: Nenhum destes é capaz de retribuir o sentimento de amor. Em vista disso, Sócrates recusa a reciprocidade como característica da amizade. Platão exclui a similaridade na amizade ao considerar que pessoas maldosas não teriam amigos porque seriam más com o amigo. Sendo assim, a similaridade deveria atrelar-se à bondade, e a amizade se faria possível entre pessoas de bem. No entanto, pessoas de bem se bastam, pois de nada necessitam, nem sequer de amar ou ser amadas, e o amor está implícito na amizade para Sócrates. Ele resolve a questão ao declarar que a amizade é, então, possível entre pessoas nem muito boas nem muito más.

Aristóteles (384-322 a.C.) foi outro pensador clássico a se dedicar à amizade em seus escritos. A concepção de amizade deste filósofo é completa a ponto de contemplar aspectos que hoje são investigados na pesquisa empírica sobre o tema. Contudo, deve-se ressaltar que essa concepção estava fundamentada na estrutura social específica de sua época. Naquele contexto, a amizade era privilégio de homens, os "cidadãos", o que excluía estrangeiros, escravos, mulheres, jovens e idosos.

Da contribuição que Aristóteles deixou com respeito à amizade destaca-se sua consideração, na *Ética a Nicômaco*, de que ela é uma virtude ou implica virtude, e além disso é extremamente necessária à vida. Com efeito, ninguém escolheria viver sem amigos, ainda que dispusesse de todos os outros bens" (Aristotle, trad. 1985, p. 172). Para Aristóteles, há três tipos de relacionamentos entre amigos: amizades baseadas na utilidade, isto é, calcadas em trocas de qualquer natureza; amizades prazerosas, relacionadas à participação em uma atividade divertida, agradável; e amizades verdadeiras, voltadas ao bem do amigo, e baseadas no que ele é, e não pelo que dele se pode obter, como diversão ou trocas. Assim, a amizade verdadeira requer um amor mútuo, ou reciprocidade, no sentido de que os dois amigos devem desejar coisas pelo bem um do outro, e não pelo bem próprio. Nesta amizade perfeita também se podem encontrar as qualidades de utilidade e de prazer, porém em menor grau, já que elas não são suficientes para qualificar a amizade como verdadeira, completa ou perfeita.

A amizade verdadeira é mais duradoura porque carrega consigo a similaridade através das virtudes e o amor incondicional pelo outro. Por esta razão, segundo Aristóteles, estes relacionamentos tendem a ser raros, porque raras são tais pessoas, que amam outro indivíduo incondicionalmente. Além disso, estas amizades requerem tempo, já que, como o filósofo alerta, "um desejo de amizade pode surgir depressa, porém a amizade não" (p. 176). Ainda assim, dependendo das situações e/ou da personalidade das pessoas, as amizades podem surgir de forma bem natural e sem esforço algum. Mas amizades verdadeiras requerem convivência com o amigo e acostumar-se com ele, ambas tarefas difíceis. Também por isso são poucas as amizades deste tipo. Para Aristóteles, "as pessoas que têm muitos amigos e mantêm intimidade com eles passam por não ser amigos de ninguém, exceto no sentido em que os concidadãos são amigos" (p. 213). Isto quer dizer que não é possível cultivar intimidade com todas as pessoas que chamamos de amigas, porque ter intimidade com todas é, ao final, ter intimidade com ninguém. As amizades completas requerem que os amigos vivam juntos no sentido de ter algo em comum, e gostar das mesmas coisas. A pessoa passa a se perceber boa e merecedora de amor, também percebendo seu amigo como um indivíduo bom e passível de ser amado, desejando o mesmo bem para ele.

Flanagan (2002), filósofo norte-americano contemporâneo, salienta a distinção entre a pessoa que não procura amizades verdadeiras e aquela que busca este tipo de relacionamento, mas não consegue encontrá-lo. A primeira deve estar perdendo um componente essencial de uma vida com sentido. Já quanto à pessoa que busca este tipo de amizade, é necessário compreender que o mundo nem sempre contribui com nossas aspirações. Assim, mesmo que não se conquiste uma amizade verdadeira, a simples procura por ela pode consistir em uma das condições necessárias de uma vida boa.

Apreciando-se as ideias de Aristóteles sobre uma pessoa feliz e sobre amizades verdadeiras a partir de uma perspectiva atual, não fica difícil questionar tais ideais. A diversidade de ambientes sociais que se apresentam na atualidade, e a crescente interação entre eles são aspectos que contrastam significativamente com o mundo relativamente pequeno e estável da *polis* grega da Antiguidade. Outrossim, a definição de felicidade de Aristóteles necessita ser revisada, embora não descartada. A amizade verdadeira, ainda que substancialmente ideal, pode encontrar importante correlato contemporâneo (e, portanto, real) nas amizades próximas (*close friendships*), no "melhor amigo", "amigo-amigo", "amigo mesmo", "amigo de verdade", ou "amigo do peito". Conforme apontado por Flanagan (2002), a felicidade não depende apenas do exercício dos talentos e interesses nem de ser uma pessoa moral, mas também de se buscar por boas amizades, com pessoas igualmente morais.

Epicuro foi outro filósofo grego que se debruçou sobre o tema da amizade, embora em um contexto mais conturbado que aquele do florescimento intelectual ateniense (Russell, 1959/2002). As esferas social e política na Grécia helênica oscilavam moralmente, o que levou Epicuro a se debruçar sobre utilidade da amizade em seus aspectos pessoais e privados. Para o filósofo, a amizade nasce da utilidade, sendo o meio para e a chegada à felicidade. Mais que isso, a amizade é um bem, fonte de segurança e de alegria, que possibilita identificar, no amigo, a si mesmo.

Em contraponto com a amizade vista pelos gregos, Cícero retomaria, em consonância com uma visão romana de mundo, a amizade política e utilitária. Cícero considerou diversos aspectos do relacionamento entre amigos. A amizade é um fato natural, porém existente apenas entre sábios virtuosos, que compartilham itens palpáveis (objetos) e abstratos (ideias). Necessitando de similaridades para se estabelecer, ela é superior ao parentesco, gerada e mantida pela virtude, e provedora de esperança. Fundamentada no amor e na verdade, a amizade não contraria a moral, como seria o caso de favores escusos, os quais não se pede aos amigos (Baldini, 2000).

Sêneca foi outro pensador do mundo antigo ocidental a refletir sobre a amizade, tendo influenciado muitos filósofos e políticos nos séculos seguintes, de Aberlado a Montaigne (Baldini, 2000). Em Sêneca, a amizade verdadeira, mais elevada que a amizade em geral, resiste a adversidades (como a distância e o medo), e é desejada pelo sábio que deve praticá-la como virtude, e é naturalmente levado até ela. Para este filósofo, enquanto o amor pode ser prejudicial a quem ama, a amizade sempre traz benefícios, sendo fonte de felicidade.

Outros filósofos abordaram a amizade em suas obras. Na Idade Moderna, Erasmo de Rotterdam foi provocativo ao anunciar que a amizade nasce da loucura e que os filósofos são incapazes de participar de um relacionamento de amizade. Já Montaigne posiciona-se quanto à amizade de modo distinto daquele pelo qual fora tratada até então. Para esse autor, entre pais e filhos não há amizade, e não se pode confundir amor com amizade. Ademais, a exemplo dos filósofos anteriormente citados, ele reafirmaria que não se deve confundir os dois tipos de amizades possíveis: a amizade costumeira, mais geral, e a amizade extraodinária, que se assemelha à amizade verdadeira de Aristóteles. Já Voltaire retoma firmemente a amizade enquanto virtude (Baldini, 2000). Nietzsche critica fortemente a noção de amizade pregada pelo Cristianismo, mediante a qual a virtude da caridade permeia a relação de amigos. Nietzsche procura a própria felicidade na felicidade dos amigos, desuniversaliando-a, retirando a dimensão do amor ao próximo e da caridade – o "amigo universal" que Kant proclama – retomando a amizade na esfera privada como fez Epicuro. Na década de 1960, Croce, filósofo italiano contemporâneo, apontou a existência da amizade mesmo na solidão, afirmando que, ao se optar pela solidão, busca-se "uma companhia menos corpórea" (Baldini, p. 39) nos pensamentos diferentes das diversas épocas e lugares do passado.

Immanuel Kant propôs um modelo semelhante ao de Aristóteles quanto à tipologia para a forma da amizade: baseada na necessidade, no gosto (dependente do prazer), e na intenção ou sentimento (amizade universal). Refere que a amizade "é a superação ética da busca individual da felicidade" (Baldini, 2000, p. 31). Mas a associação que Kant estabelece entre a amizade e a virtude distingue-se do modelo aristotélico. Para o filósofo alemão, "a amizade serve para cultivar as virtudes menores da vida" (p. 32), e o grau mais elevado da amizade encontra-se na capacidade de fazer amizade a todo ser humano, proposição esta associada a seu ideal de convivência cosmopolita. Acima de tudo, o modelo kantiano de amizade vai inovar ao destacar a necessidade de haver respeito mútuo para enfatizar a preocupação pela dignidade de toda pessoa (Badhwar, 1993). Em um estudo cuidadoso dos escritos de Kant sobre amizade, Paton (1964, citado por Badhwar) revela uma impressionante acuidade psicológica do filósofo ao discutir a amizade, deliberando sobre tensões e dúvidas que dificultam o surgimento da amizade perfeita, a amizade com todos os seres humanos. Nestas passagens, Paton identifica argumentos que refutam a acusação de que a ética kantiana é fria e desumana. No entanto, Badhwar cuidadosamente contrapõe as tentativas de Paton de tornar a ética kantiana mais "calorosa", indicando várias passagens do filósofo alemão nas quais a amizade é tratada como um empecilho à moralidade.

Amizade na Bíblia e na tradição hindu

Antes de a Psicologia científica propor distintos aspectos para a investigação empírica do construto de amizade no contexto do estudo das relações humanas, cabe apresentar um curto apanhado sobre a amizade segundo civilizações orientais (duas importantes tradições culturais, a cristã e a indiana). Neste ínterim, discute-se brevemente a raiz da palavra amizade em distintas línguas, atentando para os significados implícitos nos termos utilizados em diferentes culturas.

Com o advento do cristianismo a amizade recebeu ênfase, ainda que citada em apenas duas passagens ao longo de todo o Novo Testamento (Moltmann, 1994). Na primeira menção, no Evangelho de Lucas, Jesus refere-se a João Batista como amigo dos desafortunados, como os pecadores e os cobradores. É claro que nessa primeira acepção, o termo "amigo" não corresponde àquele uso em que se refere a uma relação interpessoal, e sim a uma caracterização do papel e da representatividade do apóstolo na nascente tradição religiosa cristã. Já o Livro de João destaca que o amor a todos os seres humanos se manifesta pela amizade, e a amizade com Jesus permite a amizade com Deus. Esta abertura da amizade torna-se o vínculo nas relações de um com outro. Aqui, diferentemente do primeiro caso, o ensinamento já enfoca a atitude individual de cada seguidor, e o termo "amizade" caracteriza uma relação interpessoal, consequência do sentimento mais valorizado pela doutrina, o amor pelo outro. Um paralelo é identificável entre, por um lado, o relacionamento interpessoal do fiel com o seu próximo, e por outro, o relacionamento simbólico do fiel com Deus. Outrossim, esse próprio relacionamento do fiel com Deus é mediado pela amizade com o Cristo, relação esta que se apresenta estruturalmente equivalente a uma interação interpessoal concreta, posto que o outro está personificado. Em resumo, na tradição cristã o conceito de amizade cumpre dupla função: num nível religioso, todos se tornariam amigos de Deus (Moltmann); na vida cotidiana, ser amigo é forma de concretizar o propalado amor pelos semelhantes.

Parekh (1994) apresenta uma análise do conceito de amizade com base em textos indianos antigos que datam desde mil anos antes de Cristo. Nestes escritos, os pensadores indianos mencionam três formas distintas de amizade. Na primeira, a base da amizade é uma afeição genuína, que emerge na infância e adolescência. O segundo tipo de relação entre amigos fundamenta-se em ajuda mútua e gratidão. Nesta segunda forma de amizade é interessante notar que os dois amigos não necessitam apreciar a companhia um do outro, dado que o mais importante na relação é o peso acumulado de assistência mútua. O terceiro tipo de amizade é "o relacionamento voluntário mais profundo e mais compreensivo entre dois indivíduos, e é considerado na literatura indiana como a forma mais elevada (de amizade)" (p. 107). Nesta relação especial os amigos possuem interesses, valores, ideais e estilos de vida semelhantes, sentem-se completamente à vontade na companhia um do outro, e compartilham amor e confiança intensos. À semelhança do conceito de amizade verdadeira de Aristóteles, Parekh descreve que na amizade indiana de tipo mais elevado os amigos são praticamente um só, "mas retêm individualidade suficiente e espaço entre si para evitar uma fusão total" (p. 107), o que difere da concepção aristotélica que propõe uma síntese entre as duas almas amigas. Os amigos compartilham sentimentos e um *self* – aspecto central na concepção indiana de amizade. Contudo, assim como Aristóteles, os escritores indianos ressalvam que uma amizade de nível superior é rara e divina.

O aporte antropológico sobre a amizade

Além da filosofia, sociologia e psicologia, a antropologia é outra ciência que se dedica ao estudo da amizade. Bell e Coleman (1999) avaliam que a amizade tem se tornado mais evidente no escopo dos relacionamentos tanto no Ocidente como nos demais segmentos do mundo. Segundo os autores, os contatos interpessoais têm expandido pelo planeta, gerando a necessidade de constantes revisões nas regras e orientações para as interações. Nesse sentido, "o estudo da amizade pode nos forçar a criar novas questões sobre todos os aspectos culturais e sociais tacitamente aceitos, sob os quais vivemos e trabalhamos" (p. 5). Nesse processo, fatores como orientação sexual, etapa do ciclo de vida, nível socioeconômico, representação de si, laços de família e parentesco, relações sexuais e amor, e etnicidade impõem distintas ênfases sobre as relações entre amigos. Analisando a amizade em culturas contrastantes, como em Uganda na África ou na sociedade chinesa, Bell e Coleman concluem que não há muita utilidade em se construir uma definição rígida de amizade que seja aplicável ao mundo todo, com critérios de inclusão e de exclusão que apenas trariam debates inférteis. Do ponto de vista destes antropólogos, investigar a amizade auxilia no exame das relações sociais como um todo que incluem, mas que não se restringem, às relações de consanguinidade (Bell & Coleman).

Krappmann (1996) apresenta uma interessante análise da relação entre amizade e cultura, partindo de uma apreciação do significado da palavra amizade em distintas línguas e como as culturas constroem este relacionamento. Dentre as interpretações para, por exemplo, a raiz filológica do inglês *friend* e do alemão *freund* está o significado de um parente próximo ou mesmo distante, também podendo significar um tratamento amigável ou de cuidado (significado encontrado igualmente em hindu antigo). Além disso, no termo alemão identifica-se a mesma raiz para a palavra liberdade, o que destaca o caráter voluntário da amizade. Já os termos latino (*amicus*) e grego (*philos*) carregam consigo, respectivamente, as conotações para afeição e para os indivíduos da rede de relações próximas, como familiares, parentes e amigos. Curiosamente, nem em grego ou latim a palavra amizade e a palavra voluntariedade estão relacionadas. Em russo, amigo implica proximidade, camaradagem e companheirismo; em japonês, mutualidade, afiliação e estar junto, embora melhores amigos sejam referidos por outro termo, que destaca a elevada qualidade do relacionamento.

Da antropologia destaca-se o trabalho de Cohen (1966) na análise de relatórios etnográficos realizados em 65 sociedades distintas. O aspecto da amizade mais recorrente nestes relatos foi o de apoio social de indivíduos externos aos laços familiares. Nesses contextos, a amizade desempenha funções rituais e sociais indispensáveis ao relacionamento, o que acaba convertendo o amigo em "irmão de sangue", trazendo consigo os mesmos comprometimentos de laços consanguíneos. Para Cohen, esta amizade é chamada de inalienável.

Cohen (1966) identificou outros três tipos de amizade no estudo etnográfico que realizou com uma amostra de 65 sociedades. A amizade próxima fundamenta-se numa propinquidade emocional livre de cerimônias e de injunções legais ou religiosas. As regras entre amigos são dadas culturalmente, mas podem ser quebradas, ao contrário da amizade inalienável. Amizades próximas são características em comunidades muito orientadas para o clã, mas que permite a aliança com indivíduos fora dele. Outro tipo de amizade relatado por Cohen é a amizade ocasional, calcada em associações mais frágeis entre grupos familiares mais isolados, com pouco sendo compartilhado pelos amigos ocasionais. A cooperação é transitória, impedindo maior aproximação. Ao final, Cohen conclui sua categorização da amizade com a de tipo expediente, baseada em ganhos mútuos que, embora desiguais, se mantêm enquanto durar a vantagem recíproca. Nesta amizade se ausenta o conteúdo afetivo entre os parceiros.

Na opinião de Krappman (1996), os quatro tipos de amizade propostos por Cohen podem ser encontrados em sociedades ocidentais, o que dificulta a aceitação do argumento do autor sobre a associação direta e estreita entre os tipos e estruturas comunitárias específicas identificadas na amostra dos 65 grupos culturais. Nessa mesma direção, Krappman aponta que qualidades sempre muito associadas à amizade ocidental estão também presentes em outras culturas, e que aspectos tradicionalmente mais ligados a estas podem ser localizados no relacionamento entre amigos no Ocidente. Assim, descobre-se que as qualidades *pessoal*, *privada* e *afetiva* são componentes que variam em grau nas amizades ocidentais, abrandando-os e desprovendo-os de um papel determinante enquanto indicadores destas amizades.

A visão antropológica contribui para a compreensão da amizade à medida que problematiza a questão de o quanto a cultura dá forma a interações significativas como as que ocorrem entre amigos. Contudo, alguns pesquisadores são relutantes em se posicionar quanto ao real peso da cultura sobre a amizade. De fato, é lícito reconhecer, no mínimo, que pode haver mais similaridades do que diferenças nas amizades de distintas épocas e culturas.

A investigação empírica e sistemática do conceito de amizade tem início na metade da década de 1970, ainda que sua discussão tenha aproximadamente um século nas ciências sociais. Dessa longa trajetória decorre uma diversidade de propostas para a definição de amizade, tendo como ponto de partida a amizade em crianças. De fato, parece haver tantas definições quanto há cientistas estudando o assunto (Fehr, 1996), prejudicando um consenso na área (Blieszner & Adams, 1992).

Como bem apontado por Krappman, os primeiros estudos sobre a amizade em crianças foram realizados com amostras de países de língua inglesa (Estados Unidos, Canadá, Inglaterra, Escócia). Fornecendo uma base para os estudos seguintes, estes primeiros trabalhos ocuparam um espaço privilegiado na literatura empírica da área. Na verdade, as investigações subsequentes em pouco inovaram na indicação de aspectos relevantes ao estudo da amizade.

É com a atenção voltada às amizades infantis que o estudo conceitual da amizade avançou tanto na teoria como nas abordagens metodológicas para abordar o conceito. Há trinta anos indivíduos de distintas idades e de diversos países vêm respondendo a pesquisas sobre o que pensam sobre amizade, como são seus amigos, como se sentem em relação a eles, que regras perfazem esse relacionamento e que desafios amigos enfrentam em situações competitivas ou em momentos de quebra de confiança e de lealdade. Tendo em mente esse quadro, será apresentado nos parágrafos seguintes um panorama do desenvolvimento do tratamento conceitual da amizade na literatura empírica mais proeminente da área. A maioria destas propostas advém de revisões de literatura de estudos anteriores, o que evidencia certo distanciamento de esforços teóricos sobre a amizade.

Estudos psicológicos da amizade

Aproximando a trajetória do conceito de amizade na Grécia antiga e a pesquisa empírica da psicologia dos dias atuais, nota-se que a classificação de Aristóteles para a amizade influenciou de modo marcante os trabalhos sobre o tema. Na verdade, o próprio modelo aristotélico para a amizade foi empiricamente testado por psicólogos em pelo menos dois estudos. Murstein e Spitz (1973-1974) procuraram comprovação empírica para um conjunto de hipóteses. Mediante análise fatorial, duas delas procuraram por uma estrutura com três fatores conforme as três dimensões aristotélicas da amizade (bondade, divertimento e utilidade) e pela relação entre melhor amizade e os fatores. Os dados apoiaram a estrutura com os três fatores, mas recusaram a associação esperada entre melhor amizade e bondade, sendo esta substituída por utilidade na percepção de 120 estudantes norte-americanos do sexo feminino que participaram do estudo.

A segunda investigação que procurou testar o modelo de Aristóteles foi conduzida por Bukowski, Nappi e Hoza (1987). Estes autores, na verdade, retomaram o trabalho de Murstein e Spitz (1973-1974) em função de dois problemas metodológicos do estudo pioneiro: a amostra era composta apenas por mulheres, e o método não permitia aos participantes avaliar quão bem as dimensões de Aristóteles se aplicavam às suas amizades reais. Bukowski e colaboradores relatam que a pesquisa que realizaram, por sua vez, possibilitou também que amizades tanto de mesmo sexo como de sexo oposto fossem analisadas, sendo o estudo destas últimas uma novidade metodológica da década de 1980 nos estudos em amizade. Buscando averiguar como as pessoas aplicam as três dimensões da amizade aristotélica na relação com um melhor amigo e uma melhor amiga, 188 universitários norte-americanos de ambos os sexos participaram do estudo preenchendo seis escalas baseadas no trabalho de Murstein e Spitz: bondade, divertimento e utilidade, para um melhor amigo de mesmo sexo e para um de sexo oposto. Os resultados sinalizaram que a bondade é um componente mais central na amizade do que o divertimento e a utilidade, sendo que a amizade que envolve bondade abrange também os outros dois componentes do modelo de Aristóteles. No entanto, a análise apurada dos dados não distinguiu de modo significativo a bondade do divertimento, tendo este último, inclusive, apresentado média levemente superior. Bukowski e cols. entenderam que possivelmente este achado reflete a faixa etária dos participantes – adultos-jovens – que ainda desfrutam de reduzida responsabilidade na vida adulta, desfrutando mais da companhia dos amigos, com eles se divertindo durante os anos universitários. Outra interpretação que os autores propuseram é a de que Aristóteles trabalhou com um conceito de amizade ideal e não real. Sendo assim, há uma diferença epistemológica que valida a discrepância encontrada pelos autores na identificação de melhores amizades reais fundamentadas prioritariamente no bem do outro. Diferenças modestas quanto ao gênero foram detectadas nas amizades de homens que destacaram as qualidades afetivas das melhores amigas, na comparação com melhores amigos.

O relato desses estudos empíricos pretende destacar o diálogo possível entre a reflexão teórica e a argumentação empírica. De um lado, enquanto a filosofia contribui ao debate ao propor o ideal da amizade; por seu turno, as ciências sociais, especialmente psicologia, colaboram com a busca de representação empírica destes ideais nos indivíduos e nas coletividades. Dessa forma, uma relação dialética mostra-se desejável entre as áreas, embora essa postura seja usualmente vista com bastante cautela por ambas as partes.

Wright (1969, 1985) é um dos pesquisadores mais proeminentes na área dos relacionamentos de amizade, com contribuições teórico-conceituais importantes, como a questão das diferenças de gênero nas amizades de homens e de mulheres. Wright foi pioneiro a propor um modelo teórico e um procedimento para operacionalizar as variáveis envolvidas no conceito de amizade. No instrumento que desenvolveu para avaliar relacionamentos, Wright focalizou fatores que também são encontrados nas amizades, como interdependência voluntária, valores (de utilidade, entusiasmo, apoio ao ego, autoafirmação e de segurança), dificuldade de manutenção, exclusividade, permanência, grau de controle social, expressividade emocional, e favorabilidade geral.

Na década de 1970, os trabalhos empíricos sobre a amizade tomaram um ritmo sistemático de pesquisa que originou um corpo considerável de conhecimento na área que direcionou a tendência para a década seguinte. Ao lado de Wright (1969), outros autores que se destacaram nos anos 1970 foram Weiss (1974), Bigelow (1977) e La Gaipa (1977).

Weiss (1974) primeiramente identificou nas amizades de adultos aspectos como apego (afeição, segurança e revelação íntima), aliança confiável, aprimoramento de valor, integração social, orientação, e oportunidade para cuidado. Mais tarde, o autor estudou a amizade de participantes de diferentes etapas do desenvolvimento humano, encontrando seis dimensões, organizadas por elementos afins: similaridade (de experiências, atividades, comunicação verbal, comportamento e interesses), reciprocidade (apoio, ajuda, compreensão, aceitação, confiança), compatibilidade (agradabilidade e divertimento), dimensões estruturais (duração e proximidade geográfica), modelo de conduta (aspectos que o indivíduo aspira ou respeita no amigo, abordando respeito, orientação, aprendizagem de algo útil na interação com ele), e outras respostas (personalidade, *apenas bons amigos*, e outros) (Weiss & Lowenthal, 1975).

Bigelow (1977) identificou 21 dimensões da amizade nas redações de crianças sobre melhores amigos. Ainda que extensa, tal classificação interessa pela abrangência de atributos e funções que identifica em relação à amizade: aceitação, admiração do caráter, atividades em comum, interesses em comum, similaridade demográfica, reforçamento de ego, avaliação, brincar em geral, autenticidade, dar e receber, interação prévia aprimorada, potencial para intimidade, lealdade e comprometimento, brincadeira organizada, propinquidade, apreço recíproco, compartilhar o amigo (tanto em dar como receber), similaridade de atitudes e de valores, e entusiasmo.

Na mesma época, La Gaipa (1977) investigou aspectos como autorrevelação, autenticidade, aceitação, força de caráter, similaridades, e compreensão empática. Mais tarde, trabalhando em colaboração, Bigelow e La Gaipa (1980) identificaram onze elementos presentes na amizade: atividades em comum, avaliação, admiração, aceitação, lealdade e comprometimento, autenticidade, interesses em comum, potencial para intimidade, reforçamento de ego, ajuda, e propinquidade.

Para Mannarino (1980), o conceito de reciprocidade é o componente essencial da amizade. Segundo o autor, toda definição de amizade deve contê-lo, pois duas pessoas podem ser identificadas como amigas se o sentimento delas é mútuo nesse respeito. Reconhecendo a dificuldade em se determinar a reciprocidade ou mutualidade na amizade, este importante pesquisador da área destacou a necessidade de desenvolvimento metodológico apropriado a captar a reciprocidade no relacionamento entre dois indivíduos considerados amigos. Ao contrário de Bigelow e La Gaipa (1980), Weiss inclui a reciprocidade como uma dimensão explícita no seu modelo conceitual de amizade (Weiss & Loventhal, 1975). De todo modo, isso não significa dizer que Bigelow e La Gaipa não considerassem a reciprocidade como um aspecto importante, mas não identificaram nos achados de suas pesquisas uma centralidade evidente deste elemento como Mannarino propõe. De fato, o papel da reciprocidade é destacado na meta-análise de Newcomb e Bagwell (1995), e na proposta de Hartup e Stevens (1997) sobre a estrutura dos relacionamentos de amizade.

Para Hartup e Stevens (1997), a amizade é um recurso desenvolvimental presente em todas as etapas da vida, embora valorizado diferentemente pelos indivíduos em cada uma delas. Esta diferença conforme a etapa depende da consideração de uma *estrutura profunda* (a essência do relacionamento) e de uma *estrutura superficial* (as mudanças sociais específicas, de um dado momento ou situação, que dão forma ao relacionamento). No cerne desta proposta está a reciprocidade, considerada por Hartup e Stevens como estrutura profunda, presente ao longo da vida, dos relacionamentos de amizade.

Os anos de 1981 a 1985 foram muito produtivos em termos de publicação das investigações conduzidas na primeira parte da década de 1980. O trabalho de Bell (1981) é representativo dessa época. Naquela obra Bell aponta que a amizade abrange fatores como voluntariedade, proximidade, estabilidade, direitos e deveres, igualdade, autovalorização, interesses em comum, similaridades (idade, sexo, estado civil, religião, preferências gerais), confiança, intimidade, amor (não sexual), disposição para perdoar, proteção contra medos e ansiedades, expressão dos sentimentos, dedicação mútua, altruísmo, desaprovação, e questionamentos regulares entre amigos. No mesmo ano, Sharabany, Gershoni e Hofman (1981) estudaram aspectos como franqueza e espontaneidade, sensitividade e conhecimento, apego, exclusividade, dar e compartilhar, impor e apropriar-se, atividades em comum, e confiança e lealdade. Comparando os dois trabalhos, nota-se que apenas a confiança e atividades em comum são mencionados por Bell (que, na verdade, refere interesses no lugar de atividades, embora também indique similaridades em geral). A título de associação com a fundamentação filosófica da amizade, são esses dois aspectos que se pode relacionar com a amizade verdadeira (no caso da confiança), e com as amizades prazerosas e nas baseadas na utilidade (atividades em comum).

Furman e Adler (1982, citados por Furman, 1996) apresentam uma proposta de articulação entre fatores que facilita o estudo conceitual e metodológico da amizade. Para estes autores, calor humano e proximidade condensam características como intimidade, afeição, comportamento pró-social, companheirismo, similaridade e admiração; conflito abrange discussão, antagonismo e competição; exclusividade representa o desejo do sujeito e do amigo pela exclusividade no relacionamento; status e poder relativos dão conta das avaliações sobre si e sobre o amigo em termos de desempenho acadêmico, esportivo e de popularidade; e o desencontro afetivo envolve a quantidade relativa de interações negativas entre os amigos. Como se verá mais adiante, alguns fatores da proposta de Furman e Adler serão isolados pelos pesquisadores, como no caso do fator calor humano/proximidade, que possui elementos que já foram tratados separadamente por Murstein e Spitz (1973-1974) (como no caso do companheirismo) ao buscarem corroborar o modelo aristotélico para a relação entre amigos. Nesse sentido, as facilidades conceituais e metodológicas com a articulação entre fatores revelaram novos desafios à pesquisa empírica.

O estudo conduzido por Tesch e Martin (1983) detectou oito dimensões presentes na amizade. A dimensão mais importante para os autores, a reciprocidade – em consonância com Mannarino (1980), foi composta por elementos como lealdade, cuidado/afeição, comprometimento e confiança. As demais dimensões encontradas foram similaridade (de experiências, atividades e preocupações), aceitação (compreensão e apoio ao ego), abertura (confiança, honestidade e autenticidade), compatibilidade (facilidade de comunicação, divertimento e agradabilidade), modelo de conduta (respeito e aprendizagem/aconselhamento), individualidade (diferenças e limitações), e tempo (duração e coexistência).

Steve Duck foi outro pesquisador de destaque na área dos relacionamentos que muito contribuiu para o desenvolvimento das investigações sobre amizade. Em uma de suas importantes obras, Duck (1983) salienta os aspectos que justificam uma necessidade por ter amigos. Estes aspectos são: um senso de pertença, integração e estabilidade emocionais, oportunidades para comunicar sobre si, provimento de ajuda instrumental e psicológica, reafirmação do valor próprio, oportunidade de ajudar outrem, e apoio à personalidade. O autor discute em detalhes cada um destes elementos da amizade, abordando outros fatores mencionados previamente por estudiosos da área, como confiança e intimidade. O livro de Duck publicado em 1983 e o de Bell em 1981 são marcos importantes na primeira metade da década de 1980 quanto às reflexões trazidas sobre o que significa a amizade, tanto para a ciência como para a vida das pessoas.

Furman e Bierman (1984) conduziram um estudo com crianças sobre suas concepções de amizade. Para este trabalho, os autores recolheram de estudos anteriores (Bigelow, 1977; La Gaipa, 1977; Bigelow & La Gaipa, 1980) as dimensões mais utilizadas para definir amizade, reagrupando-as por semelhanças conceituais para reduzir o conjunto de dimensões a um número manejável para a coleta e análise de dados. As concepções de amizade tratadas no estudo de Furman e Bierman foram apoio, intimidade, associação, afeição e similaridade. Esta proposta conceitual, mais concisa, difere sobremaneira do conjunto de fatores que abordava de forma mais ampla diversos elementos da amizade no estudo realizado dois anos antes (Furman & Adler, 1982, citados por Furman, 1996). Contudo, no ano seguinte, Furman e Buhrmester (1985) novamente retomam uma quantidade razoável de fatores para definir a amizade: aliança confiável, aprimoramento de valor, ajuda instrumental ou orientação, afeição, companheirismo, intimidade, cuidado pelo outro, conflito, punição, poder relativo, incomodação e satisfação com o relacionamento. Mais de uma década depois deste último estudo, Furman (1996) elege as seguintes 12 dimensões da amizade: companheirismo, conflito, ajuda instrumental, antagonismo, intimidade, cuidado, afeição, admiração, poder relativo, aliança confiável, apoio e satisfação.

Argyle e Henderson (1985) valorizaram, na conceituação da amizade, fatores como atenção durante uma conversa, tolerância, disponibilidade, apoio emocional, ciúme, crítica em público, e não defender o amigo na ausência deste. A preocupação com habilidades comunicacionais expressa por Tesch e Martin (1983), com a menção à facilidade de comunicação entre os amigos, parece estar representada na proposta de Argyle e Henderson com a importância da atenção durante uma conversa. No entanto, estudos anteriores já demonstravam um interesse pela comunicação, embora com foco na expressão dos sentimentos (Bell, 1981).

Na segunda metade da década de 1980, as propostas de conceituação da amizade começam a preferir modelos mais enxutos para trabalhar com a multiplicidade de fatores envolvidos neste tipo de relacionamento. A título de ilustração, Berndt e Perry (1986) identificaram seis características da amizade encontradas frequentemente em pesquisa: brincadeira/associação, comportamento pró-social, intimidade, lealdade, apego e aprimoramento da autoestima, e conflitos. Em 1987, La Gaipa expôs mais claramente as sete dimensões com as quais vinha desenvolvendo pesquisas em amizade: consideração positiva (apreciação e valorização), aceitação/autenticidade (abertura, honestidade e espontaneidade), apoio e ajuda, autorrevelação (liberdade para expressar sentimentos internos privados, possibilidade de revelar esperanças e ambições secretas, assim como questões embaraçosas), similaridade, força de caráter, e compreensão empática.

A década de 1990 se destacou por uma preocupação com a acuidade psicométrica das medidas que se propunham a apreender a amizade mediante conceitos e seus fatores. Além disso, é de destaque um maior volume de trabalhos dedicados a estudar a amizade na velhice e a averiguar as diferenças entre homens e mulheres e suas amizades de mesmo sexo ou sexo oposto.

O artigo de Monsour (1992) sobre o significado da intimidade nas amizades de mesmo sexo e de sexo oposto mostrou uma vulnerabilidade no trabalho com este fator. Investigando o conceito de intimidade nas amizades de adultos, Monsour encontrou sete elementos que a compõe. A ordenação destes elementos varia à medida que varia o sexo das duplas de amigos (mulher e amiga, mulher e amigo, homem e amigo, e homem e amiga). Autorrevelação, expressividade emocional, apoio incondicional, contato físico, confiança, atividades, e contato sexual foram os elementos encontrados nas definições de intimidade entre amigos. O que chama a atenção nos achados de Monsour é a indicação de contato físico (não-sexual) e de contato sexual na amizade íntima entre dois indivíduos. Este artigo foi de grande importância para o corpo de estudos empíricos construído até então, que não demonstrava se preocupar com o aspecto de contato físico (sexual ou não) nas relações de amizade.

Parker e Asher (1993) são dois pesquisadores da amizade que contribuíram bastante para o estudo deste relacionamento. Nesta primeira metade da década, os autores atentaram para aspectos da amizade como companheirismo e recreação, ajuda e orientação, validação e cuidado, troca íntima, conflito e traição, e resolução de conflito. Esta proposta conceitual foi bem reconhecida na área e servirá de base para outros trabalhos se desenvolverem no período (como em Mendelson & Aboud, 1999).

William Bukowski é outro grande estudioso da amizade que foi, e ainda é, responsável por muito do que já se alcançou sobre o tema. A respeito das características da amizade, é interessante a afirmação que o autor profere sobre a interrelação dos fatores que compõem o conceito de amizade. Para ele, "seria ingênuo esperar que as características da amizade fossem independentes umas das outras" (Bukowski, Hoza & Boivin, 1994, p. 473). Cinco dimensões estão presentes no modelo de Bukowski: companheirismo, ajuda (tanto instrumental como de proteção contra vitimização), segurança (aliança confiável e transcendência de problemas), proximidade (envolvendo os sentimentos de um amigo pelo outro) e conflito.

Outra proposta conceitual de amizade apresentada na primeira metade da década de 1990 é a de Sharabany (1994). Focalizando amizades íntimas, a autora desenha oito dimensões para dar conta deste relacionamento: franqueza e espontaneidade, sensitividade e conhecimento (realmente *conhecer* o amigo), apego, exclusividade no relacionamento, dar e receber, imposição, atividades em comum, e confiança e lealdade. Sharabany também considera que a reciprocidade e a mutualidade são essenciais na amizade, e as avalia no delineamento da pesquisa (mediante as nomeações dos amigos que participam da pesquisa) e não com itens de uma escala, como no caso das oito dimensões.

Fechando este quinquênio de pesquisas, Newcomb e Bagwell (1995) conduziram uma meta-análise sobre amizade em crianças. Analisando 78 estudos empíricos, quatro dimensões foram construídas para agrupar fatores associados: engajamento positivo (contato social, conversar, cooperação e afeto positivo), manejo de conflito (instigar conflito e resolução de conflito), atividade associada a uma tarefa (comunicação e performance durante uma tarefa), e propriedades do relacionamento (similaridade, igualdade, dominância, apreço mútuo, proximidade e lealdade).

A segunda metade da década de 1990 não foi menos produtiva que a primeira no que tange esforços conceituais sobre a amizade. Na verdade, é a partir de então que um cuidado mais apurado, e relativamente crítico, vai ganhar espaço na reflexão e testagem dos elementos que compõem a amizade. Howes (1996), por exemplo, é mais categórica ao afirmar que, embora as definições de amizade variem de pesquisador para pesquisador, três aspectos são fundamentais a estes relacionamentos: companheirismo, intimidade e afeição. Na verdade, não há muita dificuldade em se associar estas três dimensões com as amizades propostas por Aristóteles, demonstrando que há um núcleo conceitual da amizade que vem atravessando séculos de interação.

Na revisão de estudos que conduziu, Howes (1996) identificou que o companheirismo é um aspecto da amizade tratado diferentemente e majoritariamente mediante duas formas. De um lado, os amigos são companheiros quando passam tempo juntos, ou seja, há uma preferência ou proximidade social entre eles (Buhrmester, 1990; Buko-wski e cols., 1994). Outra perspectiva considera que companheirismo envolve diversão conjunta, ou brincar juntos, donde as habilidades sociais terão um papel importante na amizade (Asher, Parker & Walker, 1996; Jones, 1991; Mendelson & Aboud, 1999; Wright, 1985).

Aboud e Mendelson (1996) destacam a similaridade e os atributos pessoais como os dois principais fatores da amizade. Enquanto a similaridade é mais importante nas crianças pequenas, especialmente quanto a sexo, raça, idade e preferência por atividades, é da pré-adolescência em diante que os atributos pessoais vão chamar mais a atenção nos amigos e dos amigos.

Procurando uma unidade na multiplicidade conceitual da amizade, Fehr (1996) compilou cinco das definições de amizade mencionadas anteriormente (Donelson & Gullahorn, 1977; Hartup, 1975; Hays, 1988; Reisman, 1979; Wright, 1984; todos citados por Fehr). Mediante a síntese que elaborou, a amizade é conceituada por meio das características de exclusividade (enquanto relacionamento pessoal), voluntariedade (pode-se escolher os amigos), intimidade, ajuda, afeição recíproca e companheirismo.

O trabalho detalhado de Cole e Bradac (1996) para apreender o conceito de amizade dos participantes de seu estudo revelou fatores negativos interessantes e não mencionados nas publicações anteriores: abuso e violência. Além disso, os autores se propuseram a examinar o que leva à satisfação nas melhores amizade, na contracorrente com as preocupações com dimensões da amizade. Buscando concisão nos achados, Cole e Bradac ressaltaram que, pelo menos entre melhores amigos, o que importa no relacionamento é a proximidade emocional, o comportamento e o nível de atividade. Mais especificamente, os fatores que se destacaram foram acessibilidade, boas habilidades comunicacionais, popularidade (social), inspirar e enriquecer a vida do amigo, de "mente aberta", e emocionalmente equilibrado.

A relevância do trabalho de Parks e Floyd (1996) está no fato de que estes autores identificaram uma fraqueza na pesquisa de Monsour (1992) sobre a intimidade na amizade. Para os autores, Monsour não atentou para a diferença entre intimidade e proximidade, o que qualifica a amizade diferentemente. Para metade dos participantes do estudo de Parks e Floyd, intimidade e proximidade são características bem distintas; para metade destes respondentes, intimidade necessariamente envolve contato sexual. Na definição de proximidade, autor-revelação foi o principal elemento, seguido de ajuda e apoio, interesses e atividades compartilhados, expressividade relacional, conforto e facilidade de interação, confiança, aceitação, compreensão e respeito. O mais importante resultado deste estudo de Parks e Floyd foi a ausência de contato físico, sexual ou não, na definição de proximidade. Dessa forma, entende-se que proximidade e intimidade são aspectos compreendidos de forma distinta pelas pessoas, algo que deveria ser mais valorizado na condução de pesquisas e na conceituação da amizade.

Mendelson e Aboud (1999) realizaram uma análise detalhada de oito questionários disponíveis utilizados para avaliar amizade (Buhrmester, 1990; Buhrmester & Furman, 1987; Bukowski e cols., 1994; Jones, 1991; Mannarino, 1976; Parker & Asher, 1989; Sharabany, 1974; Wright, 1991; todos citados por Mendelson e Aboud). O exame destes instrumentos possibilitou a Mendelson e Aboud a identificação de seis funções relevantes e conceitualmente distintas da amizade: *companheirismo estimulante*, isto é, o engajamento conjunto em atividades agradáveis, divertidas e excitantes; *ajuda*, ou seja, fornecer orientação, auxílio e outras formas de ajuda; *intimidade* – sensibilidade aos estados e necessidades do outro e abertura a expressões honestas sobre pensamentos, sentimentos e informações pessoais; *aliança confiável*, isto é, manter-se disponível e leal; *autovalidação* – confortar, encorajar ou então ajudar o amigo a manter uma autoestima positiva; e *segurança emocional* – fornecer consolo e confiança em situações novas ou ameaçadoras. Para Mendelson e Aboud (1999), a abordagem funcional – ou seja, a consideração de funções da amizade – é mais abrangente do que as demais abordagens, pois: considera a visão das pessoas sobre a amizade como fonte de recursos sociais, emocionais e instrumentais; possibilita desenvolver medidas análogas (ou idênticas) para os diferentes estágios desenvolvimentais; e proporciona a melhor avaliação a um relacionamento maduro ou ideal. Os autores também desenvolveram instrumentos para avaliar sentimentos negativos (conflito, submissão, desapego, ciúme e preocupação) (Mendelson, 1995) e o apego com relação à amizade, abordado mediante sentimentos positivos e satisfação com o relacionamento (Mendelson & Aboud, 1999). As escalas que compõem os instrumentos elaborados por Mendelson e Aboud, identificados como Questionários McGill de Amizade, foram adaptados e validados para uso no Brasil (Souza & Hutz, 2007).

Adams, Blieszner e deVries (2000) é um trabalho significativo do conjunto de estudos que investigou as amizades de idosos. Cinco grupos de fatores foram examinados em dois estudos relatados pelos autores: processos comportamentais (autorrevelação, sociabilidade, ajuda e atividades compartilhadas), processos cognitivos (lealdade/comprometimento, confiança, interesses/valores compartilhados, aceitação, empatia e apreciação/respeito), processos afetivos (compatibilidade e cuidado), características estruturais (solidariedade e homogeneidade) e medidas proximais de processos (frequência de contato, extensão da relação, e duração dos contatos).

Na década de 2000 os esforços conceituais direcionados aos relacionamentos de amizade alcançaram uma estabilidade. Alguns trabalhos procuram correlacionar amizade com outros construtos como solidão, individualismo e coletivismo, autoestima, bem-estar, como vinha sendo realizado em ocasiões esporádicas (com exceção dos estudos de validação de instrumentos). Porém é notável o volume de trabalhos dedicados a comparar a amizade em diferentes países e culturas.

Maeda e Ritchie (2003), por exemplo, apontaram a importância de fatores como conformidade ao grupo, autodefensividade, cooperação, ansiedade e rivalidade, na comparação entre relacionamentos de amizade de universitários japoneses. Seguindo os passos do estudo realizado por Cole e Bradac (1996), Maeda e Ritchie identificaram sete dimensões que abrangem os fatores mencionados, assim como outros: companheirismo, apoio, consideração, integridade, independência, respeito e abertura (para ouvir o amigo).

Adams e Plaut (2003) estudaram as amizades de adultos dos Estados Unidos e de Gana, na África. Os autores focalizaram a percepção dos participantes sobre a amizade. Em comum, as duas culturas indicaram aspectos como companheirismo (atividades compartilhadas e divertimento), revelação (compartilhar segredos, ideias ou informação), apoio emocional, ajuda instrumental, confiança e respeito, aconselhamento (orientação, correção ou advertência), e autoexpansão (aprimoramento ou expansão do senso de si).

Sprecher e Regan (2002) investigaram características das preferências por parceiros românticos, sexuais, e de amizade. Este trabalho forneceu uma indicação de com qual conceito de amizade os autores vêm trabalhando. As características analisadas e associadas às amizades foram calor humano/bondade, expressividade/abertura, atração física, inteligência, ambição, dinheiro/renda potencial, status social, senso de humor, personalidade empolgante, similaridades (das características prévias ao relacionamento, de valores e atitudes, de habilidades sociais, de interesses e atividades de lazer) e complementaridade nas características de personalidade.

Oswald e Clark (2003) apresentam quatro fatores capazes de explicar como as amizades se mantêm ao longo do tempo: atividades compartilhadas, positividade (comportamentos que tornam a amizade agradável e positiva), apoio emocional e autorrevelação (compartilhar comunicação relevante, como segredos sobre si mesmo). Já Hawthorne (2006) desenvolveu uma escala de amizade no contexto da solidão e do isolamento social em idosos. Os fatores encontrados para compor a escala de amizade foram facilidade de relacionamento com os outros, isolamento dos outros, alguém para compartilhar, facilidade para ter contato, sentimento de separação dos outros, solidão/ausência de amigos. Embora esta escala não proponha uma conceituação de amizade como se vem observando até então, pode-se depreender, pelos fatores indicados, que elementos como companheirismo, disponibilidade, compartilhar sentimentos/pensamentos/atividades, e apoio são indiretamente mencionados na nomeação dos fatores realizada por Hawthorne.

No estudo comparativo de Rybak e McAndrew (2006) entre amizades de poloneses e de norte-americanos, quatro grandes dimensões da amizade foram examinadas. Enquanto a viabilidade agrupou os elementos de aceitação, respeito e confiança, a dimensão de apoio abordou apoio emocional e ajuda mútua, a dimensão de intimidade incluiu compreensão, confidência e experiência compartilhada, e a harmonia abarcou o divertimento, a espontaneidade e a estabilidade na amizade.

De modo geral, os estudos empíricos sobre amizade publicados no segundo terço da década passada têm em sua maioria utilizado os conceitos e os instrumentos propostos anteriormente. São utilizadas as conceituações de amizade de Paul Wright, Furman (1996), Parker e Asher (1993), Parks e Floyd (1996), dentre outros, ou mesmo combinações de conceitos. Chan e Cheng (2004), por exemplo, basearam-se em Parks e Floyd, analisando os fatores interdependência, amplitude (de comunicação), profundidade (de comunicação), comunicação codificada (linguagem privada e usada apenas entre os amigos), compreensão, comprometimento, e convergência da rede social (são apresentados ao amigo os familiares e outros amigos).

Considerações finais

A trajetória da investigação filosófica e científica da amizade é entremeada por diversos movimentos e ênfases analíticas, desde as tipologias dos filósofos clássicos até a explicação adaptativa e desenvolvimental que marca a psicologia científica.

Na ética da amizade como virtude e fonte de felicidade, sobretudo para o próprio filósofo, os filósofos voltavam-se para sua própria experiência a fim de compreender o fenômeno da amizade. Eles a contemplaram no contexto da ética, como componente da busca pela felicidade, sobretudo como um elemento da ética do filósofo em seu desenvolvimento pessoal.

Ademais, a maioria dos filósofos antigos e modernos compôs tipologias para a amizade, diferenciando as suas manifestações, geralmente quanto ao grau de perfeição. Entre as contribuições desses pensadores, destaca-se a tipologia de Aristóteles, que fomenta, após mais de dois mil anos, a curiosidade e o investimento de pesquisadores da área da psicologia como Murstein e Spitz (1973-1974), que testaram empiricamente o seu modelo.

Diferentemente do caso dos filósofos, o uso dos termos relacionados a amizade na tradição cristã ressalta o intuito da amizade com Deus e com o próximo. O problema da ética também está em pauta, na forma do bem como valor na relação entre iguais, mas o contexto da relação é dado pelo valor maior da ideia de Deus. Já na tradição hindu, conforme reportada por Parekh (1994), uma hierarquia de perfeição das amizades é ressaltada, bem como o aspecto de comunalidade de um senso de *self* entre as pessoas que experimentam a classe mais elevada da amizade.

A antropologia contribui para o entendimento da amizade como caso especial das relações humanas, que ganha em importância na contemporaneidade diante de mudanças nos laços sociais. Mais que isso, estudos antropológicos têm ressaltado a influência da cultura sobre as definições e funções da amizade (Bell & Coleman, 1999), além de analisar as funções rituais que ela desempenha em diferentes tipos de sociedades (Cohen, 1966).

Os estudos empíricos da era da psicologia científica demonstram um movimento recente, em que a amizade é encarada como fator relevante para o desenvolvimento individual. Não obstante, o sentido do desenvolvimento aqui difere daquele dado pelos filósofos, para quem o foco era a ética, tanto na busca pela perfeição quanto no imperativo de fazer o bem.

Nesse histórico recente de atenção ao tema da amizade, observa-se um movimento no sentido da sistematização do estudo do fenômeno. Nas décadas de 1970 e 1980 o interesse neste campo nascente era por descrições exaustivas de características da amizade, buscando a qualificação do fenômeno em suas dimensões. Nos anos entre 1985 e 1990, verificou-se uma evolução na proposição de modelos explicativos, mais enxutos mediante a redução de características a fatores. Já a década de 1990 e o início do século XXI, a investigação da amizade, teórica e metodologicamente aproximando-se de uma maturidade como campo de estudos, volta-se para a sofisticação dos instrumentos de medida, com ênfase na precisão psicométrica da sua avaliação em populações de diversas etapas do desenvolvimento individual.

Ao acompanhar esta trajetória do que se conheceu e se conhece até hoje a respeito da amizade, foram contemplados, de um lado, teorias filosóficas do papel da amizade na ética do sábio; ensinamentos religiosos sobre a relação entre o crente, e seu próximo, seu Deus e o intermediário d'Ele na Terra; e considerações etimológicas sobre os termos que representam essas relações em diferentes línguas e culturas. De outro lado encontramos, advindo do interesse por aquele conceito de amizade, um campo de estudos empíricos de inserção relativamente recente – nas últimas décadas do século XX – e que se encontra, nos dias atuais, em pleno florescimento. Tal florescimento verifica-se através da emergência de novos modelos, fundamentados em achados recentes e relevantes que continuam a desvelar cada vez mais precisamente as funções da amizade, caracterizando-a dentre as inúmeras modalidades de relações humanas. Embora o objetivo deste texto não tenha sido o de vaticinar sobre o futuro dos estudos da amizade e sim historiar o conhecimento do conceito, pode-se afirmar que a tendência, diante do que aqui acompanhamos, é de crescimento e consolidação. Afinal, a investigação sobre a amizade é um campo de afirmação recente embora com uma história que data de milênios antes de nós.

Referências

Aboud, F. E., & Mendelson, M. J. (1996). Determinants of friendship selection and quality: Developmental perspectives. Em W. M. Bukowski, A. F. Newcomb, & W. W. Hartup (Orgs.), *The company they keep: Friendship in childhood and adolescence* (pp. 87-112). Cambridge: Cambridge University Press.

Adams, G., & Plaut, V. C. (2003). The cultural grounding of personal relationship: Friendship in North American and West African worlds. *Personal Relationships, 10*, 333-347.

Adams, R. G., Blieszner, R., & deVries, B. (2000). Definitions of friendship in the third age: Age, gender, and study location effects. *Journal of Aging Studies, 14*(1), 117-133.

Argyle, M., & Henderson, M. (1985). The rules of relationships. Em S. Duck, & D. Perlman (Orgs.), *Understanding personal relationships: An interdisciplinary approach* (pp. 63-84). London: Sage.

Aristotle (trad. 1985). *Nicomachean ethics* (T. Irwin, Trad.). Indianápolis: Hackett.

Asher, S. R., Parker, J. G., & Walker, D. L. (1996). Distinguishing friendship from acceptance: Implications for intervention and assessment. Em W. M. Bukowski, A. F. Newcomb e W. W. Hartup (Orgs.), *The company they keep: Friendship in childhood and adolescence* (pp. 366-405). Cambridge: Cambridge University Press.

Badhwar, N. K. (1993). Introduction: The nature and significance of friendship. Em N. K. Badhwar (Org.), *Friendship: A philosophical reader* (pp. 1-36). New York: Cornell University Press.

Baldini, M. (Org.) (2000). *Amizade & filósofos* (A. Angonese, Trad.). Bauru, SP: EDUSC.

Bell, R. (1981). *Worlds of friendship*. Beverly Hills, CA: Sage.

Bell, S., & Coleman, S. (1999). The anthropology of friendship: Enduring themes and future possibilities. Em S. Bell e S. Coleman (Orgs.), *The anthropology of friendship* (pp. 1-19). Oxford: Berg.

Berndt, T. J., & Perry, T. B. (1986). Children's perceptions of friendships as supportive relationships. *Developmental Psychology, 22*(5), 640-648.

Bigelow, B. J. (1977). Children's friendship expectations: A cognitive-developmental study. *Child Development, 48*, 246-253.

Bigelow, B. J., & La Gaipa, J. J. (1980). The development of friendship values and choice. Em H. C. Foot, A. J. Chapman e J. R. Smith (Orgs.), *Friendship and social relations in children* (pp. 15-44). New York: Wiley and Sons.

Blieszner, R., & Adams, R. G. (1992). *Adult friendship*. London: Sage.

Buhrmester, D. (1990). Intimacy of friendship, interpersonal competence, and adjustment during preadolescence and adolescence. *Child Development 61*, 1101-1111.

Bukowski, W., Hoza, B., & Boivin, M. (1994). Measuring friendship quality during pre-and early adolescence: The development and psychometric properties of the friendship qualities scale. *Journal of Social and Personal Relationships 11*, 471-484.

Bukowski, W. M., Nappi, B. J., & Hoza, B. (1987). A test of Aristotle's model of friendship for young adults' same-sex and opposite-sex relationships. *The Journal of Social Psychology, 127*(6), 595-603.

Chan, D. K. S., & Cheng, G. H. L. (2004). A comparison of offline and online friendship qualities at different stages of relationship development. *Journal of Social and Personal Relationships, 21*(3), 305-320.

Cohen, Y. A. (1966). Patterns of friendship. Em Y. A. Cohen (Org.), *Social structure and personality* (pp. 351-386). New York: Holt, Rinehart & Winston.

Cole, T., & Bradac, J. J. (1996). A lay theory of relational satisfaction with best friends. *Journal of Social and Personal Relationships, 13*(1), 57-83.

Duck, S. (1983). *Friends, for life: The psychology of close friendships*. New York: St. Martin's Press.

Fehr, B. (1996). *Friendship processes*. London: Sage.

Flanagan, O. (2002). *The problem of the soul: Two visions of mind and how to reconcile them*. New York: Basic Books.

Furman, W. (1996). The measurement of friendship perceptions: Conceptual and methodological issues. Em W. M. Bukowski, A. F. Newcomb e W. W. Hartup (Orgs.), *The company they keep: Friendship in childhood and adolescence* (pp. 41-65). Cambridge: Cambridge University Press.

Furman, W., & Bierman, K. L. (1984). Children's conceptions of friendship: A multimethod study of developmental changes. *Developmental Psychology, 20*(5), 925-931.

Furman, W., & Buhrmester, D. (1985). Children's perceptions of the personal relationships in their social networks. *Developmental Psychology, 21*(6), 1016-1024.

Hartup, W. W., & Stevens, N. (1997). Friendships and adaptation in the life course. *Psychological Bulletin, 121*(3), 355-370.

Hawthorne, G. (2006). Measuring social isolation in older adults: Development and initial validation of the Friendship Scale. *Social Indicators Research, 77*(3), 521-548.

Howes, C. (1996). The earliest friendships. Em W. M. Bukowski, A. F. Newcomb e W. W. Hartup (Orgs.), *The company they keep: Friendship in childhood and adolescence* (pp. 66-86). Cambridge: Cambridge University Press.

Jones, D. C. (1991). Friendship satisfaction and gender: An examination of sex differences in contributors to friendship satisfaction. *Journal of Social and Personal Relationships, 8,* 167-185.

Krappmann, L. (1996). Amicitia, drujba, shin-yu, philia, Freundschaft, friendship: On the cultural diversity of a human relationship. Em W. M. Bukowski, A. F. Newcomb e W. W. Hartup (Orgs.), *The company they keep: Friendship in childhood and adolescence* (pp.19-40). Cambridge: Cambridge University Press.

La Gaipa, J. J. (1977). Testing a multidimensional approach to friendship. Em S. Duck (Org.), *Theory and practice in interpersonal attraction* (pp. 249-270). London: Academic Press.

La Gaipa, J. J. (1987). Friendship expectations. Em R. Burnett, P. McGhee e D. Clarke (Orgs.), *Accounting for relationships: Explanation, representation and knowledge* (pp. 134-157). London: Methuen.

Maeda, E., & Ritchie, L. D. (2003). The concept of *shinyuu* in Japan: A replication of and comparison to Cole and Bradac's study on U.S. friendship. *Journal of Social and Personal Relationships, 20*(5), 579-598.

Mannarino, A. P. (1980). The development of children's friendships. Em H. C. Foot, A. J. Chapman e J. R. Smith (Orgs.), *Friendship and social relations in children* (pp. 45-63). New York: Wiley and Sons.

Mendelson, M. J. (1995). [MFQ-Negative Feelings: Factor analyses]. Dados não-publicados.

Mendelson, M. J., & Aboud, F. E. (1999). Measuring friendship quality in late adolescents and young adults: McGill Friendship Questionnaires (short report). *Canadian Journal of Behavioural Science, 31*(2), 130-132.

Moltmann, J. (1994). Open friendship: Aristotelian and Christian concepts of friendship. Em L. S. Rouner (Org.), *The changing face of friendship* (pp. 29-42). Notre Dame, in: University of Notre Dame Press.

Monsour, M. (1992). Meanings of intimacy in cross- and same-sex friendships. *Journal of Social and Personal Relationships, 9,* 277-295.

Murstein, B. I., & Spitz, L. T. (1973-1974). Aristotle and friendship. A factor-analytic study. *Interpersonal Development: International Journal for Humanistic Approaches to Group Psychotherapy, Sensitivity Training and Organizational Development, 4,* 21-34.

Newcomb, A. F., & Bagwell, C. L. (1995). Children's friendship relations: A meta-analytic review. *Psychological bulletin, 117*(2), 306-347.

Oswald, D. L., & Clark, E. M. (2003). Best friends forever?: High school best friendships and the transition to college. *Personal Relationships, 10,* 187-196.

Parekh, B. (1994). An Indian view of friendship. Em L. S. Rouner (Org.), *The changing face of friendship* (pp. 95-113). Notre Dame, IN: University of Notre Dame Press.

Parker, J. G., & Asher, S. R. (1993). Friendship and friendship quality in middle childhood: Links with peer group acceptance and feelings of loneliness and social dissatisfaction. *Developmental Psychology, 29*(4), 611-621.

Parks, M. R., & Floyd, K. (1996). Meanings for closeness and intimacy in friendship. *Journal of Social and Personal Relationships, 13*(1), 85-107.

Russell, B. (2002). *História do pensamento ocidental* (L. Alves & A. Rebello, Trads.) Rio de Janeiro: Ediouro. (Original publicado em 1959).

Rybak, A. & McAndrew, F. T. (2006). How do we decide whom our friends are? Defining levels of friendship in Poland and the U.S. *The Journal of Social Psychology, 146*(2), 147-163.

Sharabany, R. (1994). Intimate Friendship Scale: Conceptual underspinnings, psychometric properties and construct validity. *Journal of Social and Personal Relationships, 11*, 449-469.

Sharabany, R., Gershoni, R., & Hofman, J. E. (1981). Girlfriend, boyfriend: Age and sex differences in intimate friendship. *Developmental Psychology, 17*(6), 800-808.

Souza, L. K., & Hutz, C. S. (no prelo). A qualidade da amizade: Adaptação e validação dos Questionários McGill. *Aletheia (Canoas)*.

Sprecher, S., & Regan, P. C. (2002). Liking some things (in some people) more than others: Partner preferences in romantic relationships and friendships. *Journal of Social and Personal Relationships, 19*(4), 463-481.

Tesch, S. A., & Martin, R. R. (1983). Friendship concepts of young adults in two age groups. *The Journal of Psychology, 115*, 7-12.

Weiss, R. S. (1974). The provisions of social relationships. Em Z. Rubin (Org.), *Doing unto others* (pp. 17-26). Englewood Cliffs, N.J.: Prentice Hall.

Weiss, L., & Lowenthal, M. F. (1975). Life-course perspectives on friendship. Em M. F. Lowenthal, M. Thurnher, D. Chiriboga & Associates (Orgs.), *Four stages of life: A comparative study of women and men facing transitions* (pp. 48-61). San Francisco: Jossey-Bass.

Wright, P. H. (1969). A model and a technique for studies of friendship. *Journal of Experimental Social Psychology, 5*, 295-309.

Wright, P. (1985). The Acquaintance Description Form. Em S. Duck & D. Perlman (Orgs.), *Understanding personal relationships: An interdisciplinary approach* (pp. 39-62). London: Sage.

CAPÍTULO 2

Amizade na criança pequena: padrões de interação e diferenças de gênero[1]

PATRÍCIA RUSCHEL DAUDT
Universidade Federal do Rio Grande do Sul

LUCIANA KARINE DE SOUZA
Universidade Federal de Minas Gerais

TANIA MARA SPERB
Universidade Federal do Rio Grande do Sul

A interação das crianças vem sendo objeto de estudo de um crescente número de investigações que têm destacado a importância deste fator no desenvolvimento infantil. Estudos sobre interação de crianças procuram compreender melhor como suas relações se estabelecem, uma vez que apresentam características diversas daquelas constituídas entre crianças e adultos (Berndt & Ladd, 1989; Hartup, 1992; Rubin, Coplan, Chen, Buskirk & Wojslawowicz, 2005). É em paralelo aos tradicionais estudos sobre interação mãe-criança (Ainsworth, 1969) e aos estudos mais recentes sobre a relação pais-criança (Cia, Pereira, Del-Prette & Del-Prette, 2006; Harris, Robinson, Chang & Burns, 2007) e a relação entre irmãos (McHale, Kim & Whiterman, 2006) que tais investigações vêm sendo realizadas.

---

[1] Este trabalho apresenta dados inéditos de parte da dissertação de mestrado da primeira autora, sob orientação da terceira autora, defendida no Programa de Pós-Graduação em Psicologia da Universidade Federal do Rio Grande do Sul. Agradecimentos: às bolsistas Teresinha Vianna e Ana Maria Moreira (transcrição e decodificação dos vídeos/filmagens), e aos participantes, seus pais, professores e diretores das pré-escolas, que colaboraram com o estudo. Apoio: CNPq, CAPES e PROPESQ/UFRGS.

Pesquisas que abordam as relações entre crianças preocupam-se em compreender sua influência no desenvolvimento de habilidades sociais, cognitivas e afetivas (Hartup, 1983; Rubin, 1986). Para Hartup, os relacionamentos entre pares são contextos nos quais emergem importantes habilidades sociais, reconhecendo-os como fonte de influência para o desenvolvimento socioemocional e cognitivo na infância. É crescente o número de pesquisadores que têm procurado estudar a natureza e o valor das experiências que as crianças adquirem quando interagem (Coatsworth-Puspoki, Forchuk & Ward-Griffin, 2006; Kupersmidt & Dodge, 2004; Rose & Rudolph, 2006).

A interação de crianças no contexto do desenvolvimento infantil

Os comportamentos sociais observados entre as crianças e seus pares, desde o início do desenvolvimento, evoluem significativamente a partir da aquisição da fala e da locomoção (Vandell, Wilson & Buchanan, 1980). A partir daí, habilidades sociais começam efetivamente a se desenvolver, possibilitando, ao final, um repertório de trocas sociais contínuas. Portanto, de uma sequência de respostas sociais imprevisíveis até os dois anos, se desenvolvem trocas interativas e sequenciais mais previsíveis, complexas, coordenadas e contínuas (Ross, 1982).

O maior avanço na interação social é observado a partir dos três anos de idade, quando a criança já é capaz de compartilhar significados simbólicos através da brincadeira de faz-de-conta (Howes, 1985, 1987; Howes, Unger & Seidner, 1989; Piaget, 1978). Nessa fase também se observa um aumento na frequência de interação social.

Das investigações conduzidas sobre o curso do desenvolvimento da interação criança-criança, destacam-se alguns achados: (1) aos cinco anos de idade, apesar de as crianças despenderem tempo nas brincadeiras livres em sala de aula interagindo com outros, elas ainda permanecem um tempo significativo sozinhas; e (2) o que realmente muda no brincar de pré-escolares é a maturidade cognitiva que as crianças revelam em suas atividades solitárias, paralelas ou de grupo; ou seja, os comportamentos solitários de tipo sensório-motor raramente aumentam nos anos pré-escolares, mas as construções solitárias ou mesmo explorações tornam-se mais frequentes (Barnes, 1971; Rubin, Maioni & Hornung, 1976; Rubin, Watson & Jambor, 1978). Paralelamente, os tipos de atividade sociointerativa também aumentam com a idade, como o brincar sociodramático e os jogos com regras. Observa-se, portanto, que a criança cresce em ambas as formas de comportamento, tanto solitário como em grupo. Hartup (1983) sugere que não se descreva a socialização das crianças tão somente em termos da quantidade de atividade social que ela manifesta, mas que se leve em consideração que as atividades solitárias nessa fase do desenvolvimento também se modificam qualitativamente.

Mudanças qualitativas na interação criança-criança prosseguem ao longo dos anos pré-escolares e com a entrada na escola. As crianças passam a aumentar os contatos entre si e começam a reconhecer que outros indivíduos têm ideias e pontos de vista diferentes dos próprios. A habilidade de comunicação se desenvolve significativamente na infância média. Crianças mais velhas são mais capazes de se colocar no lugar do outro, de entender suas dificuldades, esclarecer devidamente suas dúvidas (Karabenick & Miller, 1977) e de inferir as motivações e interesses das outras crianças (Shantz, 1983).

Nos trabalhos sobre os distintos tipos de relações entre pares, têm sido mais estudadas as implicações da amizade, da familiaridade e da aceitação/rejeição de pares, para o relacionamento das crianças no período pré-escolar. Estas investigações informam, dentre outros aspectos, que o estabelecimento e a manutenção de relações próximas entre crianças é, ao mesmo tempo, uma tarefa desafiante e compensatória que leva à aprendizagem de importantes habilidades sociais, tais como a comunicação social, a cooperação e a habilidade de entrar em grupos (Bukowski, Newcomb & Hartup, 1996; Howes, 1996; Howes, Uger & Siedner, 1989; Lamarche e cols., 2006).

Amizade em pré-escolares

Dentre os estudos que contemplam a interação das crianças, a amizade tem recebido especial atenção devido ao importante papel que desempenha nesta interação. Alguns autores sugerem que as crianças pequenas não formam laços de amizade, alegando que a verdadeira amizade não surge até que a criança alcance a infância média e o início da adolescência (Price & Ladd, 1986). Pesquisas mais recentes sobre a natureza das primeiras relações de pares na infância têm contestado tal afirmação (Howes, 1983, 1987, 1996).

A amizade pode ser avaliada enquanto contexto no qual a criança desenvolve-se social, emocional e cognitivamente (Newcomb & Bagwell, 1995). Crianças amigas se engajam mais em interações positivas (Masters & Furman, 1981), mutuamente afetivas e complementares (Howes, 1983, 1987, 1996; Lindsey, 2002; Newcomb & Brady, 1982), com benefícios emocionais e cognitivos (Azmitia & Montgomery, 1993; Hartup, 1996; Kerns, 1996).

Conforme a fase do desenvolvimento da criança, o relacionamento entre amigos também pode variar quanto ao seu significado e características. No entanto, há concordância entre os pesquisadores quanto a considerar a relação de amizade como uma interação que ocorre em díades, caracterizando-se por escolha mútua e voluntária (Gottman, 1983; Howes, 1983; Ladd & Coleman, 1992; Lindsey, 2002; Webere & Baudonnière, 1988) e de caráter eminentemente afetivo (Hartup, 1992; Howes, 1983, 1987).

Howes (1983) chama atenção para o forte componente emocional presente nas primeiras relações de amizade das crianças. Estas relações são similares àquelas encontradas nos relacionamentos de apego que crianças pequenas formam com seus pais. As crianças investem emocionalmente nos seus amigos e estas relações são relativamente duradouras (Howes, 1987). Esse vínculo aparece em situações de separação dos amigos, por vezes provocando ansiedade e um sentimento de perda, semelhantes aos sentidos mediante a separação da figura de apego (Howes, 1987). Weiss (1986), no entanto, considera que há diferenças entre o apego das crianças com os pais e o de crianças amigas. Para o autor, as relações de amizade são relações afiliativas distintas do apego com os pais por serem menos fortes e exclusivas.

Na literatura empírica, a definição de amizade leva em conta indicadores externos como qualidade, mutualidade, complexidade, extensão de tempo que as crianças permanecem juntas, e estabilidade da interação. Howes (1983), por exemplo, utiliza a qualidade e a complexidade da interação de pares pré-escolares como características para diferençar amigos de não-amigos. Para a autora, a relação de amizade entre duas crianças apresenta necessariamente três componentes: preferência mútua, ou seja, a alta probabilidade da interação da díade seguir-se a uma iniciação social feita por um ou outro parceiro; o mútuo entretenimento, ou seja, a habilidade de se engajar na troca de afeto positivo, por exemplo, vocalização, oferecimento, recebimento, toque ou engajar-se no brincar com pares, enquanto ambos os parceiros expressam emoções positivas (sorrisos, por exemplo); e a habilidade do par de se engajar num brincar recíproco e complementar.

No que concerne à estabilidade, evidências de alguns estudos sugerem que amizades de pré-escolares são estáveis por longos períodos de tempo. No estudo longitudinal de Howes (1987), crianças entre três e cinco anos tendiam a manter mútuas amizades quando os membros das díades permaneciam no mesmo programa de pré-escola por um período extensivo de tempo. De 50 a 70% de relações de amizade recíprocas, Howes constatou que aproximadamente 10% eram mantidas por dois anos. Também Park e Waters (1989) e Gershman e Hayes (1983) encontraram crianças pré-escolares e escolares que permaneciam amigas no período de um ano escolar a 18 meses.

As concepções e expectativas das próprias crianças sobre a amizade também têm sido investigadas por vários pesquisadores (Bigelow, 1977; Damon & Hart, 1982; Selman, 1981; Youniss & Volpe, 1978). As respostas das crianças revelam que a noção que elas têm sobre a amizade torna-se cada vez mais diferençada ao longo de seu desenvolvimento (Berndt & Perry, 1986). Percebe-se, à medida que se aproximam da adolescência, um aumento no uso de construtos teóricos, partindo de uma perspectiva mais simples e concreta, como a proximidade e as atividades em comum, para formas mais complexas e abstratas de definição, como intimidade e lealdade. Segundo Hartup (1992), o que parece ser comum nas respostas das crianças sobre a amizade é a presença de condições fundamentais como igualdade e reciprocidade.

As implicações metodológicas da escolha dos pares de crianças são aspectos importantes na realização e viabilização dos estudos que investigam a relação de amizade. O crescimento das habilidades sociais e simbólicas transforma o significado da amizade, o que interfere na escolha dos métodos para identificar tais relações em pré-escolares. Quando se trata de identificar amigos entre crianças muito pequenas (por exemplo, de dois a três anos de idade), ou pede-se a pais ou professores que o façam, ou observa-se diretamente a interação social dessas crianças.

A partir dos quatro anos, alguns pesquisadores têm preferido obter diretamente das crianças informações sobre o relacionamento de pares (Howes, 1987; Putallaz & Gottman, 1981), em virtude de as mesmas já possuírem habilidades cognitivas e linguagem desenvolvidas de modo a permitir conceituar, refletir e descrever suas amizades. A validade desse método, contudo, depende do conhecimento das crianças sobre o que significa gostar de alguém e da compreensão da palavra amigo. É possível que crianças que gostem umas das outras não sejam amigas, ou ainda que as crianças não consigam distinguir melhores amigos de amigos ocasionais. As evidências mostram que a partir de seis e sete anos de idade as crianças usam o termo amizade com maior precisão, ao passo que a palavra *amigo* já é usada desde os quatro anos de idade (Hartup, 1992).

Há uma tendência de utilizar mais de um critério para a identificação de crianças amigas. Webere e Baudonnière (1988), com crianças de quatro e cinco anos de idade, combinaram três métodos para localizar crianças amigas: (1) pediram aos professores que indicassem díades amigas que estivessem juntas grande parte do tempo; (2) realizaram observações em sala de aula e durante o recreio para identificar díades preferenciais; e (3) perguntaram às crianças sobre seus melhores amigos. Segundo os autores houve concordância nas respostas obtidas mediante os três métodos. Também Howes (1987) constatou que a identificação dos melhores amigos por meio tanto da nominação sociométrica (por professores ou crianças) como da observação direta obtiveram resultados concordantes em 72% dos casos.

Como visto, é importante observar os aspectos metodológicos implicados na determinação da unidade de análise – díade ou tríade – na pesquisa sobre interações sociais significativas em pré-escolares. A conjunção de critérios distintos para a constituição de díades ou tríades de interação parece ser mais adequada e eficiente enquanto procedimento metodológico a ser adotado nos estudos que investigam relações significativas na infância.

A organização social das crianças mediante díades ou tríades, de mesmo gênero ou mistas, tem também chamado a atenção dos estudiosos (Benenson, 1993; Lansford & Parker, 1999; Maccoby, 1990). É notável a associação entre o gênero das crianças e a preferência destas por grupos mais ou menos extensos (Maccoby, 1990). Também tem sido relatado que crianças de mesmo gênero preferem permanecer juntas (Hinde, Titmus, Easton & Tamplin, 1985; Masters & Furman, 1981).

Diferenças de gênero em pré-escolares

A diferença de comportamento entre meninos e meninas é um fenômeno social que merece destaque no desenvolvimento infantil. A literatura sobre diferenças de gênero nas interações das crianças relata padrões qualitativos e quantitativos distintos para meninos e meninas. Observam-se diferenças tanto com respeito ao número de integrantes nos grupos de crianças, como com referência ao modo como elas se relacionam.

Segundo Maccoby (1990), as diferenças nos estilos interativos dos grupos de meninos e meninas referem-se, por exemplo, a questões de dominância. Durante a interação de meninos, esta autora observou uma tendência destes para usarem mais autoridade, recusarem-se a obedecer a certos pedidos do parceiro e a usarem mais ameaças e força física do que as meninas. Já no grupo de meninas, havia mais concordância entre elas, uma vez que conversavam de forma mais agradável e procuravam amenizar seus comandos, envolvendo mais a parceira quando planejavam, por exemplo, uma sequência de brincadeira. Este mesmo padrão de intimidade e diplomacia descrito na literatura como característico das meninas também foi observado durante as situações de brincadeira que envolveram grupos de três crianças (Mello, 1994). Tais diferenças se traduziriam em um processo mais socialmente determinado para as meninas, enquanto que para os meninos prevaleceria uma tendência a buscar mais satisfação individual. A família nuclear teria um papel central na determinação dessas diferenças de comportamento: os meninos seriam reforçados no uso de comportamentos afirmativos/assertivos, enquanto as meninas, de comportamentos mais generosos e cordatos (Maccoby, 1990).

Maccoby (1990) também enfatiza que meninos e meninas tendem a se engajar em diferentes tipos de atividades e jogos. Os meninos, de um modo geral, além de se envolverem em grupos mais extensivos durante suas brincadeiras (Benenson, 1993; Maccoby, 1990), em média também utilizam espaços físicos mais amplos e, em geral públicos, como ruas. As meninas buscam formar relações diádicas mais próximas e íntimas (Benenson; Hartup, 1992; Maccoby, 1990) e se reúnem mais frequentemente em ambientes particulares, como suas próprias casas. Estas diferentes tendências encontradas entre os gêneros conduziriam também a um desenvolvimento diferençado de habilidades sociais. Assim, nos meninos se encontraria o desenvolvimento de habilidades mais relacionadas à decisão e liderança em grupos, enquanto nas meninas haveria uma tendência ao desenvolvimento de habilidades típicas das situações diádicas que envolvem, por exemplo, discussões e negociações. Enquanto para os meninos enfatiza-se a autonomia e o domínio nas interações, nas meninas destacam-se a intimidade e a proximidade nas relações sociais (Hartup, 1992).

Benenson (1993) analisa mais detalhadamente a expressão de afeto mútuo, mais especificamente, de olhares mútuos, no contexto do gênero em crianças. O autor observou que as meninas sorriram mais e apresentaram mais contato visual do que os meninos, em situações diádicas. Já em situações de grupo, os meninos sorriram tanto quanto as meninas. Benenson explica estes resultados pela preferência das meninas por situações diádicas, refletindo-se isto em seus estilos interativos.

A literatura aponta que, entre meninas, a amizade caracteriza-se por um vínculo mais intenso do que entre meninos, e estes, por sua vez, possuem um número maior de amigos na comparação com as meninas. Eder e Hallinan (1978) analisaram tríades de crianças em idade escolar que mantinham relações de amizade exclusivas e recíprocas em suas turmas de colegas. Os autores encontraram que díades de amizades exclusivas foram mais comuns em tríades de meninas do que de meninos. Nas tríades de meninos incidiram mais escolhas não-recíprocas.

Muitos estudos têm corroborado a elevada incidência da escolha de amizades de mesmo sexo em crianças. No trabalho de Hinde e colaboradores (1985), somente 5% das crianças amigas formaram díades mistas (idade média de quatro anos e dois meses). Também Masters e Furman (1981) obtiveram resultado semelhante, ao observarem escolhas de mesmo sexo na maioria das crianças de quatro e cinco anos: 78% dos meninos e 77% das meninas se escolheram mutuamente. Além das diferenças nos comportamentos de meninos e meninas relatadas na literatura, há estudos que verificam a relação entre gênero e tipo de relacionamento entre crianças pequenas, por exemplo, de amizade, e suas implicações para a interação (deGuzman, Carlo, Ontai, Koller & Knight, 2004; Halle, 2000; Howes & Phillipsen, 1992; Murray-Close, Ostrov & Crick, 2007; Tomada, Schneider & Fonzi, 2002; Vespo & Caplan, 1993).

Uma forma complementar de se apresentar os estudos sobre a interação social das crianças é examinar suas interações verbais e não-verbais No primeiro grupo destacam-se os trabalhos que se dedicam a examinar o fluxo conversacional nas interações; no segundo, as expressões afetivas, como as trocas de sorrisos e de olhares.

Padrões de interação verbal e não-verbal em crianças

A interação das crianças vista sob uma perspectiva dinâmica leva em consideração o fluxo conversacional nas interações verbais. Mediante o estudo do fluxo conversacional analisa-se a interligação das verbalizações das crianças que interagem. Gottman (1983) avaliou as regras sociais implícitas na interação social das crianças de três a seis anos. O autor procurou descrever como as crianças tornavam-se amigas por meio da identificação das variáveis envolvidas no processo social de tornar-se amigo. Para tal, analisou as variáveis organizadas em eventos sequenciais, observando o padrão temporal e verificando, passo a passo, a comunicação. O autor concluiu que as crianças que obtinham sucesso na interação num primeiro momento buscavam trocar informação, administrar o conflito e estabelecer um terreno comum para a atividade; os encontros subsequentes caracterizaram-se por outros aspectos, como clareza na comunicação, busca de similaridades e diferenças, resolução do conflito, autorrevelação e troca de informações. Nelson e Abound (1985) também observaram que as crianças amigas explicavam mais suas posições do que as não-amigas durante suas discussões, indicando uma maior interação verbal entre as primeiras.

Já Garvey (1974), estudou o processo envolvido na interação verbal em crianças na atividade social da brincadeira simbólica. Conduziu uma pesquisa com 36 díades de crianças que já se conheciam, agrupando-as em três grupos etários: de 3 anos e 6 meses a 4 anos e 6 meses, de 4 anos e 6 meses a 5 anos, e de 5 anos a 5 anos e 6 meses. Garvey identificou que os turnos de fala, ou seja, a participação alternada de cada criança na interação verbal, estão fundamentados no princípio da reciprocidade, mediante o qual a criança ou repete ou complementa a verbalização do parceiro. Nesse sentido, fazer ou dizer a mesma coisa que o parceiro implica num reconhecimento prévio das suas intenções. Acima de tudo, dizer ou fazer algo em complemento à ação do parceiro implica uma interpretação mais acurada da sua intenção prévia, bem como no reconhecimento da função dos próprios atos na interação.

Goncü e Kessel (1984) examinaram como as crianças mantinham suas conversações durante a brincadeira de faz-de-conta. A pesquisa envolveu 24 crianças, entre três anos e quatro anos e seis meses, agrupadas em díades por gênero, idade e vínculo de amizade. Os autores analisaram a função das verbalizações das crianças durante a brincadeira, utilizando uma classificação que levou em conta o grau de conexão das verbalizações. Apesar de estes autores investigarem apenas crianças amigas, não oferecendo, portanto, uma apreciação de diferenças para tipo de vínculo, o estudo é importante por utilizar uma grade de categorias que permite avaliar a natureza dinâmica da interação verbal, oportunizando a verificação do fluxo conversacional estabelecido pela díade.

Por sua vez, Newcomb, Brady e Hartup (1979) examinaram 88 díades de crianças de primeira e terceira séries do ensino fundamental, de mesmo sexo, amigas e não-amigas, mediante um experimento para avaliar a influência da amizade em uma situação de resolução de um problema social. A situação apresentada às díades proporcionava a emergência tanto de competição como de cooperação para resolver o problema. Os autores examinaram os comportamentos verbais e não-verbais das crianças. Os resultados indicaram o uso de mais comandos mútuos entre as díades amigas e apontaram que comportamentos verbais sugestivos são elementos que tornam a interação de amigos mais harmônica e mutuamente dirigida. Quanto às interações não-verbais, os autores observaram que as duplas de crianças amigas foram mais afetivas, rindo e se divertindo mais que as não-amigas.

Newcomb e Brady (1982) utilizaram sessenta díades de meninos de duas faixas etárias (com médias de idade de sete anos e nove meses, e de onze anos e nove meses), organizando-as em pares de melhores amigos ou pares de apenas conhecidos, mutuamente identificados pelos próprios participantes. Os pares de meninos eram convidados a realizar uma tarefa conjuntamente que envolvia explorar uma caixa-surpresa dotada de uma série de características, como compartimentos, fechaduras, botões que ativavam funções, e brinquedos escondidos. A manipulação da caixa requeria por vezes uma colaboração coordenada da díade, por exemplo, no manuseio sincrônico de fechaduras mecanicamente conectadas. As crianças foram filmadas e as imagens analisadas com respeito às trocas verbais e afetivas.

Com relação à troca comunicativa, Newcomb e Brady (1982) utilizaram as seguintes categorias: a fala (frequência de todo comportamento verbal); discussão (frequência de trocas verbais recíprocas relativas à tarefa e exclusivamente na forma de comandos); comandos mútuos; e atenção ao monólogo (proporção de vezes em que uma criança atentava ao monólogo do parceiro virando-se para ele, observando-o ou aparentemente escutando-o). Na concepção dos autores, um comando de orientação mútua é "uma diretiva, sugestão ou pedido de informação os quais, quando seguidos, facilitariam a atividade em andamento na díade, e respostas a estes comandos foram avaliadas em termos de aceitação ou ausência de resposta" (p. 394). Para a análise da expressão afetiva dos meninos nas díades, os autores consideraram a incidência de risos, sorrisos, olhares, toques, e a proporção de respostas emitidas em conformidade com a ação do parceiro, por exemplo, um sorriso em resposta a outro sorriso. Também foi examinada cada atividade mútua da díade e cada reconhecimento mútuo da díade, isto é, aquelas vezes em que uma descoberta era creditada a ambos participantes da díade.

Os autores observaram em seu estudo que a mutualidade, expressa nas trocas de comunicação, na expressão afetiva e na sincronia do comportamento orientado à tarefa dada às crianças, diferençou-se entre meninos amigos e não-amigos. As díades de meninos amigos falaram mais, apresentando maior mutualidade nas discussões, prestando maior atenção ao monólogo do parceiro, emitindo mais comandos mutuamente orientados, e concordando mais com tais comandos, do que as díades de meninos não-amigos. Maior expressividade afetiva foi também identificada nos pares de amigos, assim como um maior engajamento nas atividades mutuamente orientadas. A reciprocidade presente na interação dos pares de crianças amigas pareceu intensificar a comunicação, o afeto e as trocas no comportamento dirigido à tarefa. Isso pôde ser constatado mediante a observação de que amigos falavam mais entre si, apresentavam mais expressões afetivas – sorrisos e toques – e trabalhavam juntos por mais tempo, compartilhando mais os méritos de seus esforços.

Justificativa e objetivos do estudo

Apesar de a literatura revelar diferenças nos padrões de comportamento interativos decorrentes do gênero das crianças (Maccoby, 1990), há necessidade ainda de se entender melhor quais são estas diferenças e em que situações são mais evidentes, bem como entender por que o gênero, em determinados estudos, atua como um diferencial nas relações entre as crianças amigas, mas não entre crianças não-amigas.

Para aumentar a compreensão do papel da amizade e do gênero nas interações das crianças, este estudo investigou a interação das crianças mediante duas formas complementares de análise da interação verbal: pelo fluxo conversacional e pela presença de comportamentos de comando. Também foi analisada a interação não-verbal por meio das expressões afetivas estabelecidas entre os diferentes pares de crianças agrupadas pelo tipo de vínculo (amigo/não-amigo) e pelo gênero (masculino/feminino). Com base nas evidências teóricas e empíricas disponíveis na literatura, esperou-se que o tipo de vínculo e o gênero da criança exercessem influência sobre o fluxo conversacional, os comportamentos de comando, e as expressões afetivas das díades de crianças de mesmo gênero e faixa etária.

Um estudo com crianças do sul do Brasil

Quarenta e oito crianças – 24 meninas e 24 meninos – participaram do presente trabalho. A faixa etária foi de 5 anos e 2 meses a 6 anos e 6 meses, com média de idade de 5 anos e 8 meses. As crianças frequentavam o nível B da pré-escola de duas escolas infantis de nível socioeconômico médio-alto que pertencem à rede particular de ensino de Porto Alegre, Rio Grande do Sul, e que seguem projetos pedagógicos semelhantes.

As professoras das duas pré-escolas indicaram dois conjuntos de pares de crianças, de mesmo gênero: crianças identificadas como amigas, isto é, que estão frequentemente juntas e escolheram-se mutuamente para brincar; e as não-amigas, ou seja, consideradas não muito próximas e que raramente ou nunca se escolhiam para brincar. Após as indicações, o ambiente das escolas foi observado por duas semanas por uma pesquisadora treinada, com a finalidade tanto de familiarização com as crianças como de conferir as nomeações das professoras. As crianças foram observadas durante o recreio e em sala de aula. Não foram incluídas crianças com nível extremamente elevado ou baixo de aceitação pelos colegas, ou crianças em tratamento psicopedagógico ou psicoterapêutico. Vinte e quatro díades de crianças compuseram a amostra final, organizada em quatro grupos de seis díades cada, segundo gênero e tipo de vínculo: 1) meninos amigos, 2) meninos não-amigos, 3) meninas amigas, e 4) meninas não-amigas.

Em uma sala de aula cedida para a realização do estudo, duas mesas e duas cadeiras foram arranjadas no centro do ambiente, com duas câmeras de vídeo fixas, posicionadas em cantos diagonalmente opostos, permitindo a visualização das crianças de frente e de perfil. As díades de crianças eram conduzidas à sala, quando lhes eram mostrados dois conjuntos de peças coloridas de montar, comercialmente conhecidas como "Lego": um dos conjuntos, previamente montado, representava uma casa de 16 cm de largura, 16 cm de altura, e 8 cm nas laterais; o outro possuía as mesmas peças, mas soltas e espalhadas na mesa, juntamente com uma pequena árvore, uma cerca, um boneco e um buquê de flores. O modelo montado era apresentado com a finalidade de que crianças pudessem optar por copiá-lo ou montar algo novo. A instrução verbal fornecida às crianças era que utilizassem as peças soltas para montarem algo juntas e de sua preferência. As díades foram filmadas em sessões com 30 minutos de duração, em média, com final anunciado pelas próprias crianças.

Na edição do material coletado, as cenas captadas pelas câmeras foram combinadas para se obter os melhores ângulos de visualização das crianças durante a tarefa. Escolheram-se 15 minutos iniciais de cada sessão para fins de análise. As falas das crianças foram transcritas por duas auxiliares de pesquisa treinadas, e a pesquisadora responsável era consultada em casos de desacordo.

Para analisar a interação verbal foram utilizadas as categorias do fluxo conversacional e dos comportamentos de comando. Para avaliar o fluxo conversacional da díade examinaram-se as emissões verbais e os turnos de fala nas díades de crianças. Primeiramente foram demarcadas as emissões verbais; em seguida, os turnos. Foram utilizadas na análise as categorias referidas por Goncü e Kessel (1984), conforme segue:

- Emissões verbais: esta é a menor unidade de verbalização de cada criança, expressa mediante: a) uma única palavra; b) por um grupo de palavras; e c) onomatopéias.

- Turnos: refere-se a toda emissão verbal de uma criança antes que a outra também se manifeste verbalmente. Em outras palavras, turno é a vez de cada criança no decorrer do fluxo da interação verbal.

Para avaliar o grau de interligação dos turnos de cada criança na díade foram utilizadas as seguintes categorias, de natureza mutuamente exclusiva:

- Turno conectado: refere-se a emissões verbais de reconhecimento da verbalização prévia do parceiro. Incluem simples concordâncias, discordâncias e imitações das emissões verbais do parceiro.

- Turno conectado com acréscimo: apresenta emissões verbais que, além de oferecerem uma resposta à expectativa e uma intenção prévia do parceiro, adiciona uma nova expectativa que possibilita a continuidade na conversação pelo parceiro. Nesse sentido, este tipo de turno não apenas estabelece uma relação entre o que tinha sido dito pelo parceiro como também prepara o terreno para este último responder na sequência. Este seria o mais conectado dos turnos.

- Turno conectado de forma vaga: são emissões verbais que estabelecem uma nova expectativa sem fazer referência direta ao material verbalizado anteriormente pelo parceiro, e também sem mudar o tópico do diálogo completamente.
- Turno desconectado: diz respeito a emissões verbais que não apresentam interligação com o que foi verbalizado previamente pelo parceiro.

A segunda dimensão de análise das interações verbais relacionou-se aos comandos. Para analisá-los, duas modalidades foram empregadas – simples e mútua, classificadas de acordo com os tipos: sugestivos, informativos e diretivos, adaptados dos estudos de Newcomb e Brady (1982). Estes autores definem comando como aquele turno que apresenta verbalizações relacionadas à tarefa envolvida na interação da díade. Para avaliar a presença de mutualidade, classificaram-se os comandos como:

- Comandos simples: acontece quando há apenas a emissão do comando.
- Comandos mútuos: ocorre quando, ao emitir um comando, a outra criança oferece uma resposta verbal de concordância no sentido de aceitar o comando do parceiro, facilitando assim o andamento da atividade da díade.

As categorias para os tipos de comando foram as seguintes:

- Comandos diretivos: apresentam verbalizações de modo imperativo.
- Comandos sugestivos: apresentam verbalizações com condicional:
- Comandos informativos: são verbalizações que oferecem informações, ou que as buscam na forma de uma interrogação.

A análise da interação não-verbal abrangeu as expressões afetivas das crianças na interação em díades. As categorias de análise das expressões afetivas basearam-se nos estudos de Newcomb e Brady (1982), apresentando a seguinte configuração:

- Olhares: quando uma criança dirigia o olhar exclusivamente para a outra criança.

- Sorrisos: incluem as manifestações de sorrisos e risadas de uma criança para a outra. As risadas envolvem necessariamente uma emissão sonora.

Tanto os olhares como os sorrisos foram ainda classificados como simples, quando a expressão advinha de uma só criança, ou mútuos, quando a expressão afetiva era correspondida da mesma forma pela outra criança.

Uma análise de variância 2 x 2 foi utilizada para avaliar o efeito do tipo de vínculo (crianças amigas ou não-amigas) e do gênero (masculino ou feminino) na interação verbal e não-verbal das díades. Quando indicado, foram levadas a efeito comparações posteriores entre médias, através do teste de Tukey. Ao se examinar as subcategorias, oriundas das categorias gerais, utilizaram-se, para fins de análise, as frequências relativas destas categorias – a frequência relativa de um determinado tipo de subcategoria foi calculada, dividindo-se a frequência absoluta desta subcategoria pela frequência absoluta da categoria geral a qual se referia.

Resultados

Os resultados são apresentados primeiramente com respeito à interação verbal, seguidos pelos achados para a interação não-verbal. A tabela 1 mostra a incidência média e o desvio padrão de emissões verbais, de turnos de fala e tipos de turnos de fala, em cada um dos quatro grupos: meninos amigos, meninas amigas, meninos não-amigos, e meninas não-amigas.

Quanto às emissões verbais, os resultados indicaram um efeito principal para tipo de vínculo ($F_{(1)} = 12,30$, $p = 0,002$). O grupo de amigos apresentou significativamente mais emissões verbais do que o grupo de não-amigos. Houve também um efeito de interação para tipo de vínculo e gênero, indicando uma diferença significativa ($F_{(1)} = 9,17$, $p = 0,006$) entre os quatro grupos. Comparações posteriores entre médias

Tabela 1

Incidência de emissões verbais, de turnos de fala e seus tipos de turnos de fala, por grupo

	Amigos		Não-amigos	
	Masculino M[1] (DP[2])	Feminino M (DP)	Masculino M (DP)	Feminino M (DP)
Emissões verbais	318,3 (66,9)	278,5 (61,3)	127 (61,3)	264,5 (92,9)
Turnos de fala				
Total	136,5 (54,4)	108,5 (19,3)	45,3 (36,1)	90,8 (34,6)
Conectados com acréscimo	0,53 (0,09)	0,56 (0,10)	0,46 (0,15)	0,52 (0,10)
Conectados	0,14 (0,07)	0,11 (0,05)	0,12 (0,07)	0,12 (0,04)
Conectados vagos	0,18 (0,04)	0,18 (0,03)	0,15 (0,08)	0,14 (0,04)
Desconectados	0,14 (0,04)	0,13 (0,06)	0,25 (0,11)	0,20 (0,09)

Notas: M = média; DP = desvio-padrão.

mostraram que o grupo de meninos não-amigos emitiu significativamente menos verbalizações do que os demais grupos.

Resultado semelhante foi encontrado na análise dos turnos de fala, uma vez que a análise mostra uma diferença significativa para tipo de vínculo ($F_{(1)} = 12,15$, $p = 0,002$). A Tabela 1 mostra que as crianças amigas apresentaram uma incidência maior de turnos de fala do que as crianças não-amigas. Também com referência aos turnos observou-se um efeito de interação para tipo de vínculo e gênero ($F_{(1)} = 5,54$, $p = 0,028$). Comparações posteriores entre médias indicaram o grupo de meninos não-amigos como fazendo significativamente menos trocas verbais do que as crianças amigas.

A avaliação do efeito do tipo de vínculo e do gênero quanto aos tipos de turnos revelou um efeito principal para tipo de vínculo, apontando uma diferença significativa ($F_{(1)} = 7,20$, $p = 0,014$) entre os grupos de crianças amigas e não-amigas com respeito aos turnos desconectados, com as crianças não-amigas apresentando maior incidência nessa categoria. A amizade entre as crianças produziu um fluxo conversacional mais coeso.

A análise das respostas de comando permitiu avaliar a incidência de verbalizações que dirigem a atividade da díade em relação à tarefa. Foram consideradas ao todo três categorias de comando – sugestivo, informativo e diretivo, tomadas em duas modalidades (simples e mútua). A Tabela 2 apresenta a incidência média e o desvio padrão para os comandos, por grupo.

Com relação ao total de comandos emitidos, os resultados revelaram um efeito principal para tipo de vínculo ($F_{(1)} = 14,94$, p = 0,001): o grupo de crianças amigas emitiu significativamente mais comandos do que o grupo de crianças não-amigas. Houve também um efeito de interação para tipo de vínculo e gênero, indicando uma diferença significativa na frequência de comandos emitidos por meninos e meninas amigos e não-amigos ($F_{(1)} = 9,30$, p = 0,006). Comparações posteriores entre médias apontaram que tanto os meninos amigos como as meninas amigas emitiram significativamente mais comandos dirigidos à tarefa do que o grupo dos meninos não-amigos. Não houve diferença significativa, no entanto, entre meninos não-amigos e meninas não-amigas.

Tabela 2
Incidência de comandos na interação verbal, por grupo

	Amigos		Não-amigos	
	Masculino M[1] (DP[2])	Feminino M (DP)	Masculino M (DP)	Feminino M (DP)
Total	44,5 (8,5)	33,1 (7,8)	14,8 (8,4)	29,6 (15,3)
Sugestivo	0,24 (0,07)	0,25 (0,19)	0,12 (0,14)	0,17 (0,06)
Informativo	0,42 (0,08)	0,47 (0,19)	0,48 (0,17)	0,44 (0,13)
Diretivo	0,32 (0,05)	0,27 (0,15)	0,38 (0,12)	0,37 (0,18)
Mútuos	0,44 (0,08)	0,42 (0,09)	0,28 (0,16)	0,47 (0,10)
Orientados à mutualidade	0,67 (0,05)	0,72 (0,15)	0,61 (0,12)	0,62 (0,18)
Orientados à mutualidade com resposta mútua	0,30 (0,04)	0,34 (0,06)	0,20 (0,12)	0,34 (0,15)

Notas: M = média; DP = desvio-padrão.

A avaliação do efeito do tipo de vínculo e do gênero nos diferentes tipos de comandos revelou um efeito de interação ($F_{(1)}$ = 4,52, p = 0,04) no que se refere ao total de comandos mútuos. Comparações posteriores entre médias mostraram que o grupo de meninos não-amigos emitiu significativamente menos comandos mútuos do que o grupo de meninas não-amigas, não diferindo, entretanto, dos demais grupos.

Para examinar se tipo de vínculo e gênero teriam influência na emissão do tipo de comando orientado para a mutualidade, no caso, sugestivos e informativos, combinou-se o total dos escores destes dois tipos de comandos em um só escore. A análise da modalidade de comandos simples e mútuos revelou, para as respostas mútuas (ou seja, comandos sugestivos e informativos tomados juntos), um efeito principal para gênero. O grupo de meninas diferiu significativamente do grupo de meninos ($F_{(1)}$ = 4,89, p = 0,038): as meninas emitiram, mais do que os meninos, comandos orientados para a mutualidade com presença de respostas mútuas.

Para analisar a interação não-verbal foram utilizadas as expressões afetivas de sorriso e olhar em duas modalidades: simples e mútua. A Tabela 3 apresenta a incidência média e o desvio padrão para as respostas afetivas, afetivas mútuas, e de sorrisos e olhares mútuos tomados separadamente.

Tabela 3
Incidência de expressões afetivas na interação, por grupo

	Amigos		Não-amigos	
	Masculino M[1] (DP[2])	Feminino M (DP)	Masculino M (DP)	Feminino M (DP)
Total	50,83 (23,4)	62,0 (18,4)	37,83 (26,7)	37,0 (6,9)
Afeto mútuo	0,38 (0,23)	0,44 (0,12)	0,27 (0,17)	0,54 (0,10)
Sorriso mútuo	0,45 (0,30)	0,59 (0,24)	0,29 (0,20)	0,51 (0,17)
Olhar mútuo	0,31 (0,24)	0,35 (0,10)	0,27 (0,17)	0,62 (0,19)

Notas: M = média; DP = desvio-padrão.

Os resultados da análise do total de expressões afetivas revelaram um efeito principal para tipo de vínculo, mostrando uma diferença significativa entre o grupo de crianças amigas e o de não-amigas ($F_{(1)}$ = 5,26, p = 0,032). As crianças amigas apresentaram significativamente mais expressões afetivas do que as crianças não-amigas.

A análise das expressões afetivas simples e mútuas mostrou um efeito principal para gênero no que se refere às expressões afetivas mútuas. O grupo de meninas teve uma incidência significativamente maior de expressões afetivas mútuas do que o grupo de meninos ($F_{(1)}$ = 5,65, p = 0,027).

O mesmo procedimento foi utilizado para avaliar sorrisos mútuos e olhares mútuos. As análises, de acordo com a tabela 6, mostram um efeito principal para gênero, no que concerne aos olhares mútuos. O grupo de meninas ($F_{(1)}$ = 7,10, p = 0,014) apresentou um número de olhares mútuos significativamente maior do que o grupo de meninos.

Discussão

Os resultados são discutidos separadamente conforme o tipo de interação, verbal ou não-verbal. Primeiramente são discutidos os achados concernentes à relação entre tipo de vínculo, gênero e interação verbal; em seguida, a relação entre tipo de vínculo, gênero e interação não-verbal.

Amizade e gênero na interação verbal: fluxo conversacional e comandos

Um primeiro passo para se entender como se processa a interação verbal das crianças é verificar o quanto estas falam, como está distribuída esta fala e de que modo está interligada. No que se refere ao quanto as crianças interagem verbalmente, os resultados deste estudo, a partir da análise das emissões verbais, mostraram que as crianças amigas falaram mais do que as não-amigas. Observando-se as trocas verbais, verificou-se que as crianças amigas, quando juntas, não só falaram mais, como também dialogaram mais. Estes resultados apóiam a literatura, que aponta que as crianças amigas conversam mais entre si (George & Krantz, 1981; Howes, 1983; Newcomb & Brady, 1982).

Há, portanto, uma relação significativa entre o tipo de vínculo entre as crianças e as verbalizações que trocam durante a interação. Como a comunicação verbal nessa faixa etária do desenvolvimento já está estabelecida, é de se esperar que seja um forte indicador de como a interação das crianças está se processando. Nesse sentido, a questão do tipo de vínculo aparece como um diferencial no contexto das interações, revelando que a preferência mútua das crianças conduz, por si só, a uma participação verbal mais efetiva da díade.

A interação verbal das crianças amigas pode ser igualmente observada verificando-se a maneira como suas falas estão interligadas. Os resultados mostraram, no decorrer da comunicação entre crianças amigas, um número significativamente menor de falas desconectadas durante a interação. As crianças amigas apresentaram uma maior coerência com respeito ao que foi dito e respondido pelo parceiro. O grau de conexão da fala atingido pelas díades amigas indica que as díades de crianças que não apresentam um vínculo mais íntimo estariam em condições menos favoráveis para estabelecer uma interação verbal coesa.

Com relação a este aspecto, Hartup (1992) afirma que o relacionamento de amizade entre as crianças cria um contexto no qual habilidades sociais básicas são adquiridas e desenvolvidas. Para este autor, as crianças amigas, ao apresentarem uma maior combinação de habilidades por intermédio da elaboração de *scripts* verbais, mais facilmente alcançam objetivos diante de tarefas que envolvem, por exemplo, resolução de problemas. É nesse sentido que a amizade é considerada um contexto de socialização cooperativa (Hartup, 1989).

A coesão observada nas falas das crianças amigas também encontra respaldo nos estudos de Nelson e Aboud (1985) sobre a maior busca de compreensão do ponto de vista do parceiro em situações de discussão entre crianças amigas e a mudança indiscriminada de perspectiva entre as não-amigas. Seguindo essa linha de interpretação, Gottman (1983) observou que as crianças envolvidas em interações exitosas eram aquelas que também apresentavam uma comunicação gradativamente mais coesa.

A amizade, portanto, contribui de modo ímpar para a interação verbal das crianças. Nas relações de amizade há uma tendência para a aceitação da existência de uma disposição bilateral básica dos parceiros para estarem um com o outro do modo mais conectado possível, seja desenvolvendo *scripts* verbais, seja dando razões para suas posições.

Os resultados deste estudo revelaram que as emissões verbais e as trocas verbais parecem depender da influência conjunta do tipo de vínculo e do gênero. Nas comparações entre os quatro grupos (meninas amigas, meninas não-amigas, meninos amigos, e meninos não-amigos), os meninos não-amigos reduziram significativamente seu comportamento verbal durante a interação. Já os meninos amigos apresentaram um maior número de verbalizações e de diálogos, diferençando-se significativamente dos meninos não-amigos. Essa diferença não ocorreu entre os grupos de meninas amigas e não-amigas. Para as meninas, a amizade praticamente não exerceu influência sobre o comportamento verbal. A questão decorrente desse achado, portanto, abrange a diferença marcante entre meninos não-amigos e os demais grupos de crianças.

Há, portanto, diferenças no comportamento verbal das crianças de acordo com o gênero. Nesse estudo, porém, tais diferenças só se mostram significativas quando se verifica o contexto de relação no qual se inseriram as crianças. Chama atenção que, quando em situação diádica e com relacionamento de amizade, os meninos amigos tenham apresentado uma interação verbal semelhante a das meninas. Quanto ao gênero, os resultados deste estudo estão de acordo com a literatura no que concerne aos comportamentos dos meninos não-amigos.

Apesar de muitos estudos considerarem as diferenças de gênero na interação verbal, não está totalmente esclarecido na literatura a influência conjunta que exercem o tipo de vínculo e o gênero na emissão de determinados comportamentos verbais. Parece, em geral, que para os meninos o contexto de não-amizade promoveria mais desconforto e os colocaria em desvantagem para interagirem socialmente. Poderia se concluir que, quando em situação diádica, os meninos sofreriam uma influência maior do tipo de relacionamento que partilham, na comparação com as meninas. Ficam também evidentes as dificuldades dos meninos para se adaptarem às situações diádicas não-amistosas e para buscarem recursos, pelo menos verbais, para estabelecer uma interação socialmente mais efetiva.

É possível dizer que o fluxo conversacional das díades foi influenciado tanto pelo tipo de vínculo quanto pela interação tipo de vínculo e gênero. As crianças amigas além de falarem mais, dialogaram mais e de forma mais coesa do que as crianças não-amigas. Além disso, os meninos não-amigos foram aqueles que menos se expressaram verbalmente, assim como menos dialogaram.

A análise da interação verbal das crianças nos diferentes grupos pode ser complementada e, portanto, melhor entendida através da discussão dos resultados das categorias de comando. A análise dos comandos oferece uma noção do modo como as díades de crianças conduziram a interação. A amizade entre as crianças, nesse caso, influenciou, de modo significativo, as emissões de comandos. As crianças amigas utilizaram mais comandos, assim como já havia sido constatada sua maior participação verbal.

A interação tipo de vínculo e gênero influenciou também a emissão de comandos. O grupo de meninos não-amigos novamente diferençou-se significativamente dos meninos e meninas amigas. Repete-se aqui a mesma tendência de comportamento verbal das categorias do fluxo conversacional: os meninos não-amigos são aqueles que menos comandos emitiram dentre todos os grupos.

Estes dados concordam, em parte, com a literatura no que se refere às divergências de estilos interativos entre meninos e meninas. Há uma tendência maior nos meninos para o comando e domínio de seus parceiros, enquanto, nas meninas, de mútua concordância. No presente estudo, tal observação não ocorreu para todos os meninos, apenas para os amigos.

Quanto à forma de comandar, mesmo tendo o grupo de crianças amigas apresentado praticamente o dobro de comandos de tipo sugestivo, não é significativa esta diferença, assim como não são significativas as diferenças dos demais tipos de comandos, nos grupos estudados. Apesar dos resultados não significativos, a maneira sugestiva de comandar revela em relação às demais formas, uma característica diferençada, uma vez que usar verbalizações no condicional e/ou convidar a outra criança são recursos que apresentam características mais próximas às utilizadas nas interações socialmente competentes (Newcomb e cols., 1979). No presente estudo, foram exatamente as crianças amigas que apresentaram um índice maior de comandos sugestivos. Este resultado mostra que a amizade é um contexto que promove o desenvolvimento de certas habilidades sociais (Hartup, 1989, 1992).

A presença dos comandos mútuos revelou diferenças entre os grupos, o que se relaciona diretamente à maneira como as crianças conduziram a interação. Com relação a estes comandos, tipo de vínculo e gênero exerceram influência conjunta. Apesar do grupo de crianças amigas ter apresentado um grande número de comandos mútuos, não foi este o principal responsável pelas diferenças encontradas entre os grupos. Novamente, o grupo de meninos não-amigos apresentou um número significativamente menor de comandos mútuos. Esta diferença deveu-se ao fato de que as meninas não-amigas apresentaram uma grande incidência deste comportamento. Estes resultados podem ser melhor compreendidos quando se verifica que também são significativas as diferenças de gênero quanto à emissão de comandos orientados à mutualidade com respostas também mútuas, isto é, comandos sugestivos e informativos, ambos na modalidade mútua. As meninas, independentemente do tipo de vínculo, apresentaram mais este padrão de comportamento do que os meninos.

A análise dos comportamentos mútuos tem sido útil para a compreensão dos aspectos ligados à reciprocidade nas interações das crianças. A reciprocidade nos comportamentos das crianças, principalmente amigas, é um aspecto de destaque nas evidências empíricas obtidas nos estudos sobre interação social na infância (Hartup, 1992; Howes, 1983; Newcomb & Brady, 1982).

Outros estudos têm mostrado indícios de que as meninas seriam recíprocas nas interações. Maccoby (1990), por exemplo, refere que as meninas estariam mais voltadas para o desenvolvimento de estilos de interação mútua; os meninos, a comportamentos mais diretivos para fins individuais.

Neste estudo, dois pontos merecem atenção: primeiramente, as interações verbais das meninas não-amigas abrangeram mais elementos de reciprocidade do que meninos não-amigos; e as meninas, no uso de comandos sugestivos e informativos, foram mais correspondidas por seus parceiros do que os meninos. Duas explicações possíveis e relacionadas ao mesmo fato podem ser dadas. As meninas não-amigas buscam, por meio da reciprocidade, estabelecer uma interação verbal mais próxima com a parceira, como forma de contato social mais efetivo. A reciprocidade presente nos comportamentos verbais das meninas, tanto amigas como não-amigas, como também nos comportamentos verbais dos meninos amigos, apesar de menos evidente, pode se constituir em um dos aspectos que promoveria um melhor desempenho verbal nestes últimos. Ao mesmo tempo, o decréscimo da reciprocidade nas díades de meninos não-amigos estaria associado à redução na eficácia no desempenho destes últimos. Essas questões poderiam apontar indícios das implicações do gênero e do efeito conjunto do tipo de vínculo e gênero nos comportamentos verbais das crianças.

Amizade e gênero na interação não-verbal: expressões afetivas

A investigação das expressões de afeto, como sorrisos e olhares, que acompanham as relações das crianças, têm sido estudadas para ampliar o conhecimento sobre os comportamentos não-verbais nas interações das crianças (Benenson, 1993; Masters & Furman, 1981; Newcomb & Brady, 1982; Newcomb e cols., 1979). Observam-se não só a presença de determinadas expressões como também a forma com que estas expressões são emitidas e os distintos fatores que interferem no seu aparecimento.

Este estudo mostra, primeiramente, que as expressões de afeto, como sorrisos e olhares, estão significativamente mais presentes nas interações das crianças amigas do que nas interações das não-amigas. Estes resultados estão de acordo com a literatura, que revela uma expressiva presença de manifestações desse tipo de afeto em crianças com vínculo de amizade (Howes, 1983; Masters & Furman, 1981; Newcomb & Brady 1982). É possível concluir, no que tange à amizade, que as crianças que se gostam têm uma predisposição maior para interagir entre si.

A análise das expressões afetivas de tipos sorriso e olhar, juntamente às respostas evocadas dos parceiros, indicaram a presença de mutualidade afetiva nas interações observadas. O gênero influiu de forma expressiva na presença desse padrão de comportamento mediante a incidência significativamente maior nas meninas de emissão de expressões de afeto com mutualidade, na comparação com os meninos. Mais especificamente, foi possível constatar que foi por intermédio de olhares que a mutualidade mais claramente se instalou entre as meninas. Os dados analisados concordam, em parte, com os resultados das investigações de Benenson (1993) com relação à presença de olhares mútuos. Parece que a amizade entre as crianças tem relação direta com a maior expressão de comportamentos afetivos, com ênfase na troca de olhares entre as meninas que mediaria suas interações.

Tais resultados acerca dos comportamentos verbais (fluxo conversacional e comandos) e afetivos (expressão de olhares e sorrisos) proporcionam uma visão mais completa da interação das crianças. Acima de tudo, esses dados revelam que é prudente olhar-se não só os comportamentos gerais, mas também os específicos de cada grupo, sendo estes especialmente úteis quando se pretende compreender melhor o fenômeno da interação.

Considerações finais

Há fatores que exercem influência direta sobre a interação das crianças. No presente estudo foram investigados dois desses fatores:

a amizade e o gênero. Com relação à amizade, esta se mostrou um contexto de socialização promotor de habilidades sociais, evidente na maior conexão presente nas trocas verbais das crianças amigas. Estes resultados apóiam os de outros autores no que concerne a características presentes na amizade, como reciprocidade, prévio e mútuo conhecimento, e atitudes que possibilitam às crianças continuarem seus relacionamentos (Garvey, 1974; Newcomb & Brady, 1982; Vespo & Caplan, 1993).

Com relação ao gênero, este se mostrou influente nas respostas que envolveram reciprocidade: o fato de ser menina teve implicações, por exemplo, na emissão de comportamentos com presença de mutualidade. No entanto, a mais evidente contribuição deste estudo tem a ver com o efeito interativo dos fatores amizade e gênero nas respostas das crianças: os meninos não-amigos engajaram-se consistentemente menos nas situações de interação, desviando-se significativamente dos outros três grupos. A relação diádica sem amizade a que estava exposto este grupo de meninos evidenciou que situações não-amistosas não lhe são bem-vindas nem são estimulantes. Em concordância com a literatura, a situação diádica é geralmente considerada mais adaptada às meninas (Benenson, 1993; Maccoby, 1990). Portanto, se esperaria que os comportamentos específicos para manter a interação da díade fossem mais facilmente emitidos pelos grupos de meninas do que pelos dos meninos, mesmo amigos. Estes comportamentos familiares para as meninas, no entanto, também aconteceram nas díades de meninos amigos. Como conclusão deste estudo, é possível dizer que, para as díades de meninos, a amizade promove o aparecimento dos mesmos comportamentos socialmente dirigidos que aparecem naturalmente em díades de meninas.

As colocações feitas permitem que se façam algumas considerações aos profissionais que lidam com crianças para que sejam consideradas no planejamento de atividades que envolvem a organização social das crianças. Psicólogos e educadores poderiam incluir em suas avaliações observações sobre os comportamentos interativos das crianças, considerando as diferenças decorrentes da amizade e do gênero. Crianças com dificuldades de aprendizagem ou de interação poderiam beneficiar-se da interação com companheiros socialmente mais competentes (Selman & Schultz, 1989).

As relações de amizade que as crianças estabelecem não são as únicas responsáveis pelo desenvolvimento de competências sociais. Há outros fatores a serem considerados no estudo da interação das crianças, como a família, a personalidade, o contexto social. Valem, no entanto, as considerações de Sullivan (1953) acerca da importância das relações sociais entre as crianças. Para esse autor, trata-se de interações diferentes das relações com os pais em virtude de oportunizarem para o indivíduo "ver o seu eu através dos olhos dos outros" (p. 248). É, no entanto, em relação à amizade que Sullivan é mais enfático, afirmando que, nesse contexto, o indivíduo, além de adquirir sensibilidade interpessoal teria a oportunidade de "validar os componentes de sua autoestima" (p. 248).

Referências

Ainsworth, M. (1969). Object relations, dependency, and attachment: A theoretical review of the infant-mother relationship. *Child Development, 40*(4), 969-1025.

Azmitia, M., & Montgomery, R. (1993). Friendship, transactive dialogues, and the development of scientific reasoning. *Social Development, 2*(3), 202-221.

Barnes, K. E. (1971). Preschool play norms: A replication. *Developmental Psychology, 5*(1), 99-103.

Benenson, J. F. (1993). Greater preference among females than males for dyadic interaction in early childhood. *Child Development, 64*(2), 544-555.

Berndt, T. J., & Ladd, G. W. (1989). *Peer relationships in child development.* New York: Wiley.

Berndt, T. J., & Perry, T. B. (1986). Children's perceptions of friendships as supportive relationships. *Developmental Psychology, 22*(5), 640-648.

Bigelow, B. J. (1977). Children's friendship expectations: A cognitive-developmental study. *Child Development, 48*(1), 246-253.

Bukowski, W., Newcomb, A., & Hartup, W. (Orgs.) (1996). *The company they keep: Friendship in childhood and adolescence.* Cambridge: University Press.

Cia, F., Pereira, C., Del-Prette, Z., & Del-Prette, A. (2006). Habilidades sociais parentais e o relacionamento entre pais e filho. *Psicologia em Estudo, 11*(1), 73-81.

Coatsworth-Puspoki, R., Forchuk, C., & Ward-Griffin, C. (2006). Peer support relationships: An unexplored interpersonal process in mental health. *Journal of Psychiatric and Mental Health Nursing, 13*, 490-497.

Damon, W., & Hart, D. (1982). The development of self-understanding from infancy through adolescence. *Child Development, 53*(4), 841-864.

deGuzman, M. R. T., Carlo, G., Ontai, L. L., Koller, S. H., & Knight, G. P. (2004). Gender and age differences in Brazilian children's friendship nominations and peer sociometric ratings. *Sex Roles, 51*(3/4), 217-225.

Eder, D., & Hallinan, M. (1978). Sex differences in children's friendships. *American Sociobiological Review, 43*, 237-250.

Field, T. M. (1979). Infant behaviors directed toward peers and adults in the presence and absence of mother. *Infant Behavior and Development, 2*, 47-54.

Fogel, A. (1979). Peer vs. mother directed behavior in 1- to 3-month-old infants. *Infant Behavior and Development, 2*, 215-226.

Garcia, A. (2005). Psicologia da amizade na infância: Uma revisão crítica da literatura recente. *Interação em Psicologia, 9*(2), 285-294.

Garvey, C. (1974). Some properties of social play. *Merrill-Palmer Quarterly Behavior and Development, 20*, 163-180.

George, S. W., & Krantz, M. (1981). The effects of preferred play partnership on communication adequacy. *Journal of Psychology: Interdisciplinary and Applied, 109*(2), 245-253.

Gershman, E. S., & Hayes, D. S. (1983). Differential stability of reciprocal friendships and unilateral relationships among preschool children. *Merrill-Palmer Quarterly, 29*(2), 169-177.

Goncü, A., & Kessel, F. (1984). Children's play: A contextual-functional perspective. *New Directions for Child Development, 25*, 5-22.

Gottman, J. M. (1983). How children become friends. *Monographs of the Society for Research in Child Development, 48*(3, Serial No. 201).

Halle, T. G. (1999). Implicit theories of social interactions: Children's reasoning about the relative importance of gender and friendship in social partner choices. *Merrill Palmer Quarterly, 45*(3), 445-467.

Harris, R. C., Robinson, J. B., Chang, F., & Burns, B. M. (2007). Characterizing preschool children's attention regulation in parent-child interactions: The roles of effortful control and motivation. *Journal of Applied Developmental Psychology, 28*(1), 25-39.

Hartup, W. W. (1983). Peer relations. Em P. H. Mussen (Org.), Handbook of child psychology: Vol. 4. Socialization, personality, and social development. New York: Wiley.

Hartup, W. W. (1989). Behavioral manifestations of children's friendships. Em T. J. Berndt & G. W. Ladd (Orgs.), *Peer relationships in child development* (pp. 46-70). New York: Wiley.

Hartup, W. W. (1992). Friendships and their developmental significance. Em H. McGurk (Org.), *Child social development: Contemporary perspectives* (pp. 175-205). Hillsdale, NJ: Erlbaum.

Hartup, W. W. (1996). Cooperation, close relationships, and cognitive development. Em W. Bukowski, A. Newcomb & W. Hartup (Orgs.), *The company they keep: Friendship in childhood and adolescence* (pp. 213-237). Cambridge: Cambridge University Press.

Hinde, R. A., Titmus, G., Easton, D., & Tamplin, A. (1985). Incidence of 'friendship' and behavior toward strong associates verus nonassociates in preschoolers. *Child Development, 56*(1), 234-245.

Howes, C. (1983). Patterns of friendship. *Child Development, 54*(4), 1041-1053.

Howes, C. (1985). Sharing fantasy: Social pretend play in toddlers. *Child Development, 56*(5), 1253-1258.

Howes, C. (1987). Peer interaction of young children. *Monographs of the Society for Research in Child Development, 53* (1, Serial No. 217).

Howes, C. (1996). The earliest friendships. Em W. Bukowski, A. Newcomb & W. Hartup (Orgs.), *The company they keep: Friendship in childhood and adolescence* (pp. 66-86). Cambridge: Cambridge University Press.

Howes, C., & Phillipsen, L. (1992). Gender and friendship: Relationships within peer groups of young children. *Social Development, 1*(3), 230-242.

Howes, C., Uger, O., & Seidner, L. B. (1989). Social pretend play in toddlers: Parallels with social play and solitary pretend. *Child Development, 60*(1), 77-84.

Huston, A. C. (1983). Sex-typing. Em P. H. Mussen (Org.), *Handbook of child psychology: Vol. 4. Socialization, personality, and social development* (pp. 1-101). New York: Wiley.

Karabenick, J. D., & Miller, S. A. (1977). The effects of age, sex, and listener feedback on grade school children's referential communication. *Child Development, 48*(2), 678-683.

Kerns, K. A. (1996). Individual differences in friendship quality: Links to child-mother attachment. Em W. Bukowski, A. Newcomb & W. Hartup (Orgs.), *The company they keep: Friendship in childhood and adolescence* (pp. 137-157). Cambridge: Cambridge University Press.

Kupersmidt, J. B., & Dodge, K. A. (Orgs). (2004). *Children's peer relations: From development to intervention*. Washington, DC: American Psychological Association.

Ladd, G. W. (1990). Having friends, keeping friends, making friends, and being liked by peers in the classroom: Predictors of children's early school adjustment? *Child Development, 61*(4), 1081-1100.

Ladd, G. W., & Coleman, C. C. (1992). *Young children's peer relationship: Forms, features, and functions*. Manuscrito não-publicado. University of Illinois, Urbana-Champaign.

Lamarche, V., Brendgen, M., Boivin, M., Vitaro, F., Perusse, D., & Dionne, G. (2006). Do friendships and sibling relationships provide protection against peer victimization in a similar way? *Social Development, 15*(3), 373-393.

Lansford, J. E., & Parker, J. G. (1999). Children's interactions in triads: Behavioral profiles and effects of gender and patterns of friendships among members. *Developmental Psychology, 35*(1), 80-93.

Lindsey, E. W. (2002). Preschool children's friendships and peer acceptance: Links to social competence. *Child Study Journal, 32*(3), 145-156.

Maccoby, E. E. (1990). Gender and relationships: A developmental account. *American Psychologist, 45*(4), 513-520.

Masters, J. C., & Furman W. (1981). Popularity, individual friendship selection, and specific peer interaction among children. *Developmental Psychology, 17*(3), 344-350.

McHale, S. M., Kim, J. Y., & Whiterman, S. D. (2006). Sibling relationships in childhood and adolescence. Em P. Noller & J. A. Feeney (Orgs.), *Close relationships: Functions, forms and processes* (pp. 127-149). Hove, England: Psychology Press/Taylor & Francis.

Murray-Close, D., Ostrov, J. M., & Crick, N. R. (2007). A short-term longitudinal study of growth of relational aggression during middle childhood: Associations with gender, friendship intimacy, and internalizing problems. *Development and Psychopathology, 19*, 187-203.

Nelson, J., & Aboud, F. E. (1985). The resolution of social conflict between friends. *Child Development, 56*(4), 1009-1017.

Newcomb, A. F., & Bagwell, C. L. (1995). Children's friendship relations: A meta-analytic review. *Psychological bulletin, 117*(2), 306-347.

Newcomb, A. F., & Brady, J. E. (1982). Mutuality in boys' friendship relations. *Child Development, 53*(2), 392-395.

Newcomb, A. F., Brady, J. E., & Hartup, W. W. (1979). Friendship and incentive condition as determinants of children's task-oriented social behavior. *Child Development, 50*(3), 878-881.

Park, K. A., & Waters, E. (1989). Security of attachment and preschool friendships. *Child Development, 60*(5), 1076-1081.

Piaget, J. (1990). *A formação do símbolo na criança: Imitação, jogo e sonho, imagem e representação* (A. Cabral, Trad.). Rio de Janeiro: LTC. (Original publicado em 1964)

Price, J. M., & Ladd, G. M. (1986). Assessment of children's friendships: Implications for social competence and social adjustment. *Advances in Behavioral Assessment of Children and Families, 2,* 121-149.

Putallaz, M., & Gottman, J. M. (1981). Social skills and group acceptance. Em S. R. Asher & J. M. Gottman (Orgs.), *The development of children's friendships.* New York: Cambridge University Press.

Rose, A. J., & Rudolph, K. D. (2006). A review of sex differences in peer relatioship processes: Potential trade-offs for the emotional and behavioral development of girls and boys. *Psychological Bulletin, 132*(1), 98-131.

Ross, H. S. (1982). Establishment of social games among toddlers. *Developmental Psychology, 18*(4), 509-518.

Ross, H. S., & Goldman, B. M. (1976). Establishing new social relations in infancy. Em T. Alloway, L. Kramer & P. Pliner (Orgs.), *Advances in communication and affect: Vol. 4.* New York: Plenum Press.

Rubin, K. H. (1986). Play, peer interaction, and social development. Em A. W. Gottfried & C. C. Brown (Orgs.), *Play interactions: The contribution of materials and parental involvement to children's development* (pp. 163-174). Lexington: Lexington Books.

Rubin, K. H., Coplan, R., Chen, X., Buskirk, A. A., & Wojslawowicz, J. C. (2005). Peer relationships in childhood. Em M. H. Bornstein & M. E.

Lamb (Orgs.), *Developmental Science: An advanced textbook* (pp. 469-512). Mahwah, NJ: Erlbaum.

Rubin, K. H., Maioni, T. L., & Hornung, M. (1976). Free play behaviors in middle- and lower-class preschoolers: Parten and Piaget revisited. *Child Development, 47*(2), 414-419.

Rubin, K. H., Watson, K. S., & Jambor, T. W. (1978). Free-play behaviors in preschool and kindergarten children. *Child Development, 49*(2), 534-536.

Selman, R. L. (1981). The child as a friendship philosopher. Em S. R. Asher & J. M. Gottman (Orgs.), *The development of children's friendships* (pp. 242-272). New York: Cambridge University Press.

Shantz, C. U. (1983). Social cognition. Em E. M. Hetherington, J. H. Flavell & E. M. Markman (Orgs.), *Handbook of child psychology. Cognitive development* (pp. 495-555). New York: Wiley.

Tomada, G., Schneider, B. H., & Fonzi, A. (2002). Verbal and nonverbal interactions of four- and five-year-old friends in potential conflict situations. *The Journal of Genetic Psychology, 163*(3), 327-339.

Vandell, D. L., Wilson, K. S., & Buchanan, N. R. (1980). Peer interaction in the first year of life: An examination of its structure, content, and sensitivity to toys. *Child Development, 51*(2), 481-488.

Vespo, J. E., & Caplan, M. (1993). Preschoolers' differential conflict behavior with friends and acquaintances. *Early Education and Development, 4*(1), 45-53.

Webere, M. J. G., & Baudonnière, P. M. (1988). Friendship among preschool children. *International Journal of Behavioral Development, 11*(3), 291-304.

Weiss, R. S. (1986). Continuities and transformations in social relationships from childhood to adulthood. Em W. W. Hartup & Z. Rubin (Orgs.), *Relationships and Development* (pp. 95-110). Hillsdale, NJ: Erlbaum.

Youniss, J., & Volpe, J. (1978). A relational analysis of children's friendships. Em W. Damon (Org.), *New directions for child development* (pp. 1-22). San Francisco: Jossey-Bass.

CAPÍTULO 3

Quem tem um amigo nunca está sozinho?
Ou antes só do que mal acompanhado?

Relações de amizade: fatores de risco e proteção[1]

CAROLINA LISBOA
Universidade do Vale do Rio dos Sinos

Desde a publicação de um artigo de Monroe (1898, citado por Bukowski, 2004) que distinguia a percepção que as crianças possuíam de seus amigos em comparação com as percepções dos demais colegas, pesquisadores têm se interessado pelas características e efeitos das amizades infantis no desenvolvimento subsequente. Mesmo que exista esta referência datada de 1898, o interesse pelo estudo sobre amizade cresceu realmente nos últimos 20 anos nos Estados Unidos, Canadá e, mais recentemente, na Europa. No Brasil, embora ainda existam poucos estudos, cresce o interesse pelo estudo sobre as relações que se estabelecem entre amigos, o que, em parte, foi impulsionado pelo movimento da Psicologia Positiva (Seligman & Csikszentmihalyi, 2001).

A Psicologia Positiva representa um movimento dentro da Ciência Psicológica que enfatizava, através de publicações e estudos, a necessidade de mudança no foco das contribuições desta ciência, ainda centrada numa prática historicamente orientada para a compreensão e tratamento de patologias. Martin Seligman, pesquisador de importante

---

[1] O presente trabalho originou-se a partir de estudos realizados durante o curso de Doutorado em Psicologia do Desenvolvimento na UFRGS. Agradecimentos especiais à Dra. Silvia Helena Koller (UFRGS), orientadora da tese de Doutorado e ao Dr. William Bukowski (Universidade de Concórdia, Canadá).

influência neste movimento teórico-prático (Seligman & Csikszentmihalyi, 2001; Sheldon & King, 2001) refere que a ciência psicológica estava negligenciando a sua importante missão de construir e promover uma visão de ser humano com ênfase em aspectos saudáveis. Assim, o movimento da Psicologia Positiva almejava romper com a perspectiva negativa e reducionista de algumas teorias e sistemas psicológicos. Pesquisadores que estudavam temas como bem-estar subjetivo, rede de apoio sócio-afetiva, apego e comportamento pró-social começaram a relacionar seus temas de trabalho aos novos modelos da Psicologia Positiva, inclusive ampliando seus focos de estudo e estudando temas aparentemente negligenciados pela Psicologia Científica e considerados "triviais" no senso comum. Dentre estes temas, destacam-se: otimismo, lazer e as relações de amizade (Koller & Lisboa, 2007).

Neste sentido, as relações de amizade foram classificadas como importantes fatores de proteção ao desenvolvimento saudável. Entende-se por fatores de proteção todos os mecanismos mediadores entre as pessoas e seus ambientes capazes de minimizar o impacto das reações negativas em cadeia e promover a resiliência (Masten & Garmezy, 1985).

O termo *resiliência* foi importado das Ciências Exatas, como a Física e Engenharia, onde é considerado como a capacidade que um corpo físico tem de armazenar energia, deformar-se em função disto e, quando se cessa esta força externa, voltar ao seu estado inicial (Moura-Branco, 1985). Na Psicologia e outras Ciências Humanas não se pode transpor o conceito "tal e qual", pois uma pessoa que sofre impacto de um determinado estressor, independente da natureza deste, não volta à sua mesma "forma" inicial. Assim, entende-se por resiliência o processo pelo qual uma pessoa, na exposição a fatores de risco, consegue lidar com estes estressores e manter o curso de seu desenvolvimento saudável (Zimmermann & Arunkumar, 1994). Como um exemplo, as amizades por incrementarem a autoestima individual, favorecerem o desenvolvimento cognitivo e social e promoverem afeto incondicional foram e são consideradas importantes fatores de proteção para promoção de resiliência em crianças, adolescentes e também adultos (Bukowski, 2004; Lisboa & Koller, 2004; Lisboa, 2005).

Entretanto, embora sejam enfatizados os aspectos positivos desta relação e, durante muito tempo, tenham sido somente estes salientados, atualmente, levantam-se questionamentos sobre possíveis fatores de risco relacionados às amizades. Consideram-se como fatores de risco todos os aspectos negativos e/ou situações adversas que podem dificultar o desenvolvimento saudável podendo resultar em comportamentos disfuncionais até patologias mais severas (Masten & Gramezy, 1985). Neste sentido, alguns estudos têm demonstrado que as relações de amizade podem ser prejudiciais ao invés de benéficas, especialmente, quando os amigos engajam-se juntos em atos anti-sociais ou uso e abuso de drogas. Ainda, estudos recentes mostram que os amigos agressivos influenciam/aumentam a agressividade de seus amigos e a mesma correlação também ocorre no caso da depressão (Bukowski, Brendgen & Vitaro, 2007; Dishion, Nelson & Yasui, 2005; Lisboa, 2005; Stevens & Prinstein, 2005).

O presente capítulo apresentará algumas ideias acerca das relações de amizade, analisando a dinâmica de fatores de risco e proteção envolvida neste processo interpessoal. Serão discutidos dados de um estudo realizado no Sul do Brasil com crianças em situação de vulnerabilidade social. As perspectivas teóricas utilizadas para a compreensão deste fenômeno serão a Psicologia Positiva (Seligman & Csikszentmihalyi, 2001) e a Abordagem Ecológica do Desenvolvimento Humano (Bronfenbrenner, 1979/1996, 1989, 1995, 1999; Bronfenbrenner & Evans, 2000; Bronfenbrenner & Morris, 1998). Assim, a relação de amizade será entendida do ponto de vista de um processo que resulta da interação de características individuais de forma dinâmica com os contextos específicos nos quais acontece, valorizando-se aspectos saudáveis e pontos para a promoção de resiliência.

Relações de amizade: considerações conceituais e metodológicas

A amizade é uma interação de dois ou mais indivíduos, recíproca e iniciada por livre escolha. É uma relação diádica bilateral, íntima, mútua e voluntária. Chama-se atenção para o forte componente afetivo presente nesta relação. Inicialmente, os estudos realizados partiam do conceito de amizade como uma relação formada pela escolha e/ou preferência mútua, ou seja, reciprocidade (Daudt, 1995; Price & Ladd, 1986; Rubin, Coplan, Nelson, Cheah & Laguace-Seguin, 1999). Atualmente, comunicações em Congressos científicos têm refletido e incluído no conceito de amizade as relações para além das diádicas, sem reciprocidade, típicas de pequenos grupos de amigos ou de crianças com possíveis distorções cognitivas (Bukowski, 2006).

Segundo Hartup (1995, 1996), os estudos sobre amizade, em sua maioria, orientam-se por pelo menos dois dos seguintes três questionamentos: (1) A criança é parte de uma relação de amizade? (2) Como é este(a) amigo(a)? e (3) Quais são as características desta amizade? É claro que a segunda e a terceira pergunta só serão realizadas se a primeira tiver uma resposta positiva. É interesse de pesquisas atuais verificar se as crianças possuem amigos e como são estes amigos. Já existem evidências sobre a correlação entre a amizade e a agressividade e os estados deprimidos (Bukowski e cols., 2007; Lisboa, 2005). Entretanto, evidências que correlacionem a amizade com comportamentos pró-sociais ainda são relativamente escassas na literatura científica (Bukowski, 2006; Lisboa, 2005, 2007).

Durante muito tempo, a investigação sobre amizade afirmou que somente existe amizade se houver reciprocidade e, então, para que os pesquisadores identificassem uma relação de amizade uma criança precisaria nomear um colega como seu amigo, este colega precisaria, necessariamente, nomear esta criança reciprocamente. Esta condição ou critério conceitual (reciprocidade), largamente adotada nos estudos, atualmente é criticada, pois se remete à importância de considerar as motivações e critérios individuais e talvez unilaterais (incluindo percepções e cognições) das crianças para definir quem são seus amigos e para uma compreensão ecológica deste processo. As motivações e opiniões podem variar de acordo com contextos, culturas, idades, gênero e nível sócio-econômico. É importante considerar que existem muitas formas de amizade e de amigos, assim como pequenos grupos de amigos e não somente díades e estas não são, necessariamente, menos válidas ou relevantes.

Metodologicamente, o uso de escalas que visem a identificar características das relações de amizade representa uma tentativa de minimizar problemas (ou viéses) teórico-metodológicos (Bukowski, Hoza & Boivin, 1993; Parker & Asher, 1993). Entretanto, nestes instrumentos, apresenta-se para criança definições *a priori* de amizade e, ainda, solicita-se que a mesma pense em um(a) amigo(a) em específico. Segundo Bukowski (2004), até o presente momento, ainda não existe um sistema que defina amizade de uma maneira rica e mais interessante que seja capaz de acessar a questão do afeto recíproco de forma eficaz e fidedigna. Métodos qualitativos de coleta de dados e análises, como entrevista, grupos operativos e análise de conteúdo são recursos ricos e que se mostram interessantes para acessar a complexidade deste fenômeno (Lisboa, 2007; Ramires, 2002).

Outra pergunta que, ainda, demanda respostas na pesquisa sobre amizade refere-se à questão da atração. Ou seja, o que faz com duas crianças ou adolescentes se tornem amigos? Uma das hipóteses reside na questão da identificação por similaridade (Hamm, 2000). Outra hipótese reside na questão do compartilhamento de atividades que sejam interessantes para ambos os amigos (Almeida, 2000; Hartup, 1983). Segundo Duck (1973), o que inicialmente faz com que as pessoas se unam, nem sempre é o mesmo que as mantêm juntas. A similaridade, bem como as atividades compartilhadas, têm importância diferente, de acordo com a faixa etária ou contexto em questão, por exemplo. Dentre as crianças, um objetivo comum, atividades e brinquedos compartilhados são pontos importantes para o início e a manutenção de uma amizade. À medida que estas crescem e seu desenvolvimento cognitivo fica mais complexo e elaborado, elas necessitam compartilhar ideias, pensamentos e valores (Gottman, 1983).

Mais estudos sobre a atratividade entre amigos necessitam ser realizados. Berndt (1982) afirmou que ter um amigo contribui para o bem estar subjetivo e igualmente, uma visão positiva de si mesmo aumenta a atratividade que um jovem pode ter e, consequentemente, facilita a formação de uma amizade. O que viria antes? Sentimentos positivos oriundos da proteção por sentir-se parte de uma relação de amizade que acabaria elevando a autoestima? Ou uma autoestima elevada que atrai amigos e então se formam as amizades? Mesmo que seja impossível em uma perspectiva de análise ecológica, dinâmica e não-linear responder a qualquer uma destas perguntas (ou optar por uma destas hipóteses), o papel da amizade na adaptação saudável de jovens pode estar significativamente relacionado à atração e identificação entre os grupos de amigos. A desconsideração presente na literatura deste tópico surpreende devido ao expressivo número de pesquisas longitudinais que relacionam a amizade ao bem estar e que, mesmo assim, não focalizam ou explicitam mais diretamente os mecanismos responsáveis por seus benefícios e tampouco qual é especificamente seu papel na adaptação saudável ao longo do ciclo vital.

Relação de amizade: proteção ou risco?

A maioria dos registros existentes sobre amizade, tanto na área da Psicologia como na literatura e cinema em geral, referem-se a esta interação como extremamente benéfica e positiva para os seres humanos. Entretanto, algumas evidências de estudos que apontam associações de amigos em gangues (Dishion e cols., 2005), nas quais há o compartilhar de atividades anti-sociais e uso e abuso de substâncias psicoativas, fazem com que esta constatação seja problematizada.

A relação de amizade tem a função de promover afeto, intimidade e confiança e, neste sentido, ou seja, se existem estes aspectos, representa um significativo fator de proteção para o desenvolvimento adequado. A experiência de amor e afeto proveniente das relações de amizade é única no ciclo vital. Os amigos reconhecem a consideração positiva e o cuidado que uns dedicam aos outros e, desta forma, experimentam sentimentos de mais valia. As relações afetivas com pais, por exemplo, provêm de uma natureza hierárquica distinta e existe uma expectativa social de que os pais devem amar seus filhos, por isto, o afeto e a aceitação que a criança experimenta nas relações com pais podem não ser tão poderosos e influentes no seu processo de desenvolvimento, como o sentimento de afeição demonstrada livremente por um amigo (Erdley, Nangle, Newman & Carpenter, 2001).

Compartilhar valores, atividades e confidências faz com que a relação de amizade influencie positivamente também o desenvolvimento cognitivo, estimulando o processo de aprendizagem, embora maiores estudos ainda precisem ser realizados nesta direção (Lisboa, 2007). Talvez por apresentar uma função protetiva e gerar sentimentos e experiências capazes de reduzir a ansiedade, a amizade pode estimular atividades de exploração do meio ambiente e aprendizagem de novos conteúdos (Bukowski, 2001). De acordo com Azmitia (1988), autores como Piaget e Vygotsky já afirmavam que a interação da criança com o grupo de iguais pode contribuir para o desenvolvimento cognitivo e sócio-cognitivo. Os amigos desafiam-se com relativa impunidade. Amigos discordam menos entre si do que não-amigos. Crianças podem e fazem avanços cognitivos quando discutem em grupo, ou em pares. A habilidade de resolver conflitos pode propiciar uma maior estabilidade e fortalecimento da amizade, mesmo frente a obstáculos e riscos do desenvolvimento. A capacidade de resolução de conflitos pode ser encarada, também, como resultado e não causa de uma relação de amizade estável e forte (Fonzi, Schneider, Tani & Tomada, 1997). Amigos tendem, entre si, a criticar ideias, clarear e elaborar suas próprias opiniões, o que não surpreende que o processo de amizade seja crucial no desenvolvimento de habilidades sociais como cooperação, imitação, habilidade de responder e atender adequadamente às necessidades dos outros e resolver problemas (Bukowski, 2001). Os amigos sentem-se mais seguros entre si para discutir, pois não fazem uma autoavaliação negativa que, geralmente, as pessoas experimentam durante discussões (Fonzi e cols., 1997). Interações em um grupo de crianças da mesma faixa etária possibilitam às mesmas, a aprendizagem de habilidades sociais, através do desenvolvimento da comunicação, maior controle dos impulsos agressivos e internalização de valores morais. A relação com um amigo permite que as crianças aprendam a reconhecer o valor dos outros, através do reconhecimento de seu próprio valor (Daudt, 1995;

Ladd & Kochenderfer, 1996; Price & Ladd, 1986; Rubin, Bukowski & Parker, 1998; Rubin e cols., 1999).

Mesmo frente a constatações sobre o papel positivo da amizade no desenvolvimento social, afetivo e cognitivo de crianças, evidências de que a relação de amizade pode ser um fator de risco também devem ser salientadas. Características dos amigos, bem como do contexto no qual a amizade acontece precisam ser cuidadosamente analisadas neste sentido. Sem o conhecimento de quem e como são os amigos das crianças agressivas ou deprimidas, por exemplo, não se pode afirmar que a amizade para estas é um fator de proteção e tampouco prevenir a formação de amizades ditas "não saudáveis", as quais envolvem a formação de gangues com estímulo a comportamentos individuais anti-sociais (Bukowski e cols., 2007). Desta forma, o papel da amizade como proteção pode não ser tão óbvio como estudos científicos, literatura, expressões artísticas em geral e senso comum sugerem. A relação amizade e bem-estar é complexa e envolve um número considerável de variáveis, tais como: características individuais dos amigos, atividades e valores compartilhados, contexto, estabilidade da amizade, bem como os fatores de atração entre amigos.

Existem evidências que podem ir contra valores éticos, mas que sugerem que amigos agressivos são fatores de proteção e não de risco, para crianças que se encontram em risco para a vitimização (exclusão) no grupo de pares. Hodges, Malone e Perry (1997) afirmaram que os efeitos protetivos e benéficos da amizade se mostraram mais fortes e consistentes, quando se trata de uma criança em situação de risco que interage com um amigo agressivo. Na mesma linha de pensamento, o estudo de Lisboa (2005) mostra que um amigo classificado pelos colegas como um agressor (*bully*) protege significativamente as crianças contra a exclusão ou vitimização grupal (*bullying*). A interpretação para este achado pode ser que uma criança hesite em vitimizar (ou excluir) outra criança que tenha um amigo que possa revidar e brigar com outros na defesa e proteção deste seu amigo. Como salientado antes, este dado é paradoxal e deve ser tratado com cuidado ético, pois, em outras palavras afirma que a melhor intervenção ou orientação a ser feita para uma criança em situação de risco é que esta possa se aliar (ser amiga) a um agressor (*bully*).

A explicação oferecida por Hodges e colaboradores (1997) atribui o efeito protetivo da amizade às características do(a) amigo(a) por si só. Mas, segundo a análise contextualizada e ecológica (Bronfenbrenner, 1979/1996), além destas características individuais, outros fatores tais como o contexto no qual ocorre a amizade e a influência grupal na díade devem ser atentadas.

Os efeitos associados às características comportamentais do amigo estão também relacionados ao funcionamento ou dinâmica do grupo de pares. Ou seja, mais do que agressividade individual do amigo ser um fator de proteção na relação diádica que se estabelece, a interação, o processo mediador que ocorre entre amigos e o papel social que estes exercem no grupo maior (tanto a criança focalizada como seu amigo) é que pode estar agindo como fator protetivo (Cillessen & Mayeux, 2004). Mais objetivamente, crianças que ocupam importantes e notórias posições sociais no grupo de iguais (líderes) podem mostrar altos níveis de agressividade. E, por este fato, fatores como: sua proeminência social e função no grupo é que podem auxiliar que seus amigos mais vulneráveis sejam protegidos e não suas características de personalidade individualizadas (por exemplo, comportamento agressivo, QI, entre outros).

Outro aspecto que, segundo pesquisas atuais que consideram a complexidade do conceito de amizade, mostra-se responsável pelo fator de proteção de uma amizade é a presença ou não de reciprocidade afetiva entre amigos. No estudo de Lisboa (2005), construiu-se um modelo explicativo visando à investigação sobre a influência da reciprocidade como fator de proteção dentro da relação de amizade, podendo ou não minimizar os riscos para ocorrência da vitimização entre pares. Testou-se o papel de risco de características individuais como: agressividade, isolamento ativo e competência escolar para ocorrência da vitimização entre pares em crianças que possuíam amizades recíprocas e crianças que não possuíam amizades recíprocas. As crianças que não possuíam amizades recíprocas mostraram ter maior chance de serem vitimizadas pelo grupo de iguais, caso fossem agressivas ou isoladas ativamente, do que as crianças que possuem amizades recíprocas e que também apresentam estas mesmas características individuais vulneráveis. As crianças que são competentes academicamente e não possuem amizades recíprocas não estão tão protegidas contra a vitimização quanto as crianças que são competentes na escola e que possuem amizades recíprocas. O valor protetivo da reciprocidade numa relação de amizade evidenciado em outros estudos (Bukowski, 2004; Bukowski & Sippola, 2001) foi corroborado nesta pesquisa. O estudo de Lisboa (2005) mostra que a reciprocidade na amizade é um fator de proteção capaz de minimizar os efeitos de características que deixam as crianças mais vulneráveis socialmente como a agressividade e isolamento ativo, bem como potencializar os efeitos de características e comportamentos pró-sociais, como a competência acadêmica, diminuindo as chances da ocorrência da vitimização e exclusão grupal de jovens. Estes dados vão ao encontro de dados encontrados no estudo de Bukowski e Sippola (1995).

Ainda nesta pesquisa (Lisboa, 2005), também foi investigada a relação entre a popularidade ou proeminência social de crianças em um grupo de pares e suas relações de amizade diádicas. Existem estudos sobre este tema que investigaram o comportamento social, as amizades e interações de crianças populares e não populares, os quais evidenciam que as crianças populares nem sempre são as mais queridas no grupo de iguais, inclusive muitas vezes, estas não possuem amigos (Bukowski & Hoza, 1989; Bukowski e cols., 1993; Bukowski, Pizzamiglio, Newcomb & Hoza, 1996). Verificou-se que quanto mais a criança for popular, menos chance esta terá de ser excluída pelo grupo e estas característica individual também mostrou aumentar suas chances de fazer/ter amigos. Os resultados de análises estatísticas encontrados indicam que as crianças populares que se aliam a amigos agressivos correm riscos de serem vitimizadas (fator de risco), mas as crianças agressivas que possuem amigos populares estão protegidas da vitimização. O mesmo acontece com crianças que apresentam isolamento ativo, quando estas possuem amigos populares correm menos riscos de serem excluídas do grupo. Já crianças que são agressivas e também apresentam isolamento ativo, mesmo se aliando a amigos populares, parecem estar significativamente vulneráveis à vitimização. Todos estes dados devem ser contextualizados, não adotados como verdades absolutas, mas encarados como perspectivas válidas para se pensar intervenções clínicas, comunitárias e em escolas, bem como o desenvolvimento de políticas públicas.

Verificou-se, ainda, com relação a características pessoais, que se uma criança ou adolescente tiver um amigo considerado como um agressor (*bully*) pelos seus colegas esta corre menos riscos de ser vitimizada (excluída) pelo grupo (Lisboa, 2005). Entretanto, se esta possuir o amigo agressor, mas também possuir outros amigos com características pró-sociais suas chances de proteção diminuem e esta corre mais riscos de ser excluída. Ambos achados são paradoxais, tanto na proteção oferecida por uma criança com características socialmente não aceitas (*bully*) e consideradas teoricamente de risco, quanto pelo risco oferecido por uma criança com comportamentos positivos. Convém salientar que o estudo foi realizado com cerca de 200 crianças de nível sócio-econômico baixo, no Sul do Brasil e que em outros contextos estes achados poderiam ser diametralmente diferentes. O entendimento destes resultados deve ser, portanto, contextualizado. O macrossistema em questão deve ser cuidadosamente analisado ao invés de serem sugeridas, por exemplo, intervenções que estimulem crianças a se vincularem com outras crianças agressoras e não pró-sociais, infringindo, inclusive, conceitos e princípios éticos.

Ou seja, deve-se admitir que amigos influenciam-se entre si, servindo de modelos de comportamentos um para o outro. E, ainda, os dois membros da díade influenciam a qualidade da relação de amizade. Segundo a perspectiva de análise ecológica, é difícil definir se amigos agressivos de crianças agressivas já eram assim antes da díade se formar ou não, por exemplo (Lisboa, 2005).

É possível concluir que a reciprocidade na amizade e características do amigo representaram aspectos protetivos. Entretanto, a interação das variáveis pode resultar ora em fatores de risco, ora em fatores de proteção e isto reafirma a relevância de análises ecológicas e dinâmicas sobre estas influências interativas e sugere que se evite constatações estanques com relação ao papel de risco ou de proteção das amizades.

Considerações finais: pensando aspectos clínicos e políticas públicas em escolas

Embora o estudo sobre amizade atualmente seja questionado e repensado em alguns aspectos, tradicionalmente uma característica inerente a este constructo esteve sempre relacionada à questão da reciprocidade e níveis de afeto mútuo (Bukowski & Newcomb, 1984; Bukowski e cols., 1996; Parker & Asher, 1993). O aspecto que varia de amizade para amizade refere-se às características destes amigos e ao "colorido" dado pelas mesmas a cada relação. A função protetiva da amizade está relacionada a teorias que enfatizam a importância de relações próximas que funcionam como sistemas de base segura (Bowlby, 1969; Moreno, 1934; Sullivan, 1953). Além das questões conceituais e fatores relacionados à estrutura de uma relação de amizade, já é um consenso entre pesquisadores de que esta relação pode promover e fomentar a capacidade de resiliência em jovens em desenvolvimento.

Existe uma proteção inerente à relação de amizade, porque esta se configura como uma relação de intimidade e proximidade única no ciclo vital. As crianças, inclusive, verbalizam esta segurança experimentada na amizade, ressaltando que amigos são aqueles que *estão sempre disponíveis quando se precisa* (Bukowski & Sippola, 1995). O que precisa ser atentado, tanto na clínica, nas escolas ou para se desenvolver intervenções mais abrangentes, é a influência da simples presença de um amigo na vida do jovem (reciprocidade), bem como, mais especificamente, sobre as características comportamentais e cognitivas deste(a) amigo como fatores de proteção ou risco. Estudos que investiguem as cognições de amigos e as influências dinâmicas destas cognições na díade são necessários, relativamente escassos no Brasil e fundamentais para se pensar a prática clínica (Lisboa, 2007).

Mesmo que o fato de ser agressor (*bully*) possa deixar a criança em risco para a vitimização/exclusão grupal, como dito anteriormente, se esta se aliar a um amigo que for agressor (*bully*), do contrário, estará mais protegida de ser vitimizada. Este dado pode ser explicado pelo fato de que experenciar uma relação de amizade, por si só é um fator protetivo. Entretanto, por outro lado, alerta para possíveis riscos do uso da agressividade individual física e verbal direta como proteção entre amigos, comportamentos que, por sua vez, estão diretamente relacionados à violência (Olweus, 1978). Ou seja, revidar ou proteger da vitimização seu amigo com agressividade tende a perpetuar um ciclo vicioso de comportamentos agressivos que vão ganhando força, sendo reforçados e resultando em violência (Rutter, 1999). Além disto, a relação de amizade que, para ser benéfica e saudável, deve possuir equilíbrio de poder, afeto e reciprocidade na díade e pode ser que, nestas amizades de crianças agressoras, estabeleça-se uma relação de desigualdade de poder, na qual um (agressor) domina (ou protege) o outro (seu amigo). Ainda, o fato de um agressor impedir que uma criança seja vitimizada (excluída), provavelmente, com o uso da agressividade, remete a uma reavaliação de valores intrínsecos às relações sociais (como respeito, por exemplo).

De uma forma geral, as crianças do estudo de Lisboa (2005) mostraram-se satisfeitas com suas relações de amizade. Tal dado que confirma que esta relação é um fator de proteção ao desenvolvimento no ciclo vital, especialmente por propiciar uma experiência única, de afeto incondicional e vínculo de livre escolha, diferente das demais relações sociais estabelecidas em outros ambientes como na família, por exemplo. Além disto, este resultado reafirma o que já foi salientado anteriormente, sobre a relevância para o desenvolvimento de intervenções preventivas ou focalizadas em escolas que deveriam promover o estímulo a amizades, bem como ressaltar a importância desta relação.

No que diz respeito às relações entre popularidade e amizade, o estudo de Lisboa (2005) não encontrou correlação significativa entre a reciprocidade da amizade e a popularidade, nem entre à qualidade da amizade percebida e a popularidade. Estes resultados contrariam estudos de Bukowski e Sippola (1995, 2001) e de Prinstein e Cillessen (2003) que encontraram correlação forte entre popularidade e amizade, mais especificamente, com a reciprocidade na amizade, o número de amigos e a qualidade da amizade. Segundo estes estudos, a popularidade aumenta a probabilidade das crianças engajarem-se em amizades, ou seja, é um preditor do fato da criança ter amigos.

Sullivan (1953), referência fundamental no estudo das relações interpessoais, enfatizou a relevância da popularidade e amizade ao longo do ciclo vital, à medida que diferentes necessidades sociais emergem. Dependendo do tempo individual da pessoa em desenvolvimento, esta sentirá demandas contextuais específicas e, assim, expressará determinados comportamentos (Koller, 2004; Lisboa & Koller, 2004). A amizade, embora qualitativamente diferente, mostra-se importante para a vida social desde muito cedo, já a popularidade ganha importância na metade para o final da infância, faixa etária em que se encontravam as crianças desta pesquisa. Nesta fase do desenvolvimento humano, a necessidade de aceitação grupal é crucial na vida das pessoas e abre caminho para um aumento da confiança na intimidade mais próxima (amizade) na pré-adolescência e adolescência. Na pesquisa de Lisboa (2005), o fato da criança ser popular não significa necessariamente que esta terá amigos, mas a existência de reciprocidade na amizade está relacionada à que estas percebam suas amizades como satisfatórias.

Algumas crianças foram referidas por muitos colegas como melhor amigo(a). E estas crianças também foram as que se mostraram mais satisfeitas com suas relações de amizade (qualidade percebida; Lisboa, 2005). Este dado faz refletir mais uma vez sobre a influência positiva do fato da criança ter mais de uma relação de amizade e, ainda, fazer parte de uma relação destas. Pois, pode-se pensar que as crianças citadas por vários colegas como melhor amigo sejam crianças que transitem por mais de uma relação de amizade e, assim, tenham vários amigos. O número de amigos pode, então constituir um fator de proteção ou um aspecto protetivo para as crianças. Mais estudos necessitam ser realizados nesta direção para que possam ser realizadas conclusões mais consistentes.

O ambiente ecológico das relações interpessoais é rico em características e processos. A importância do estudo e análise das relações sociais é consenso entre pesquisadores (Hartup, 1983; Moreno, 1934; Rubin, Bukowski & Parker, 2006; Sullivan, 1953) e, segundo indicam alguns estudos, já é percebida entre professores, pais e os próprios protagonistas: as crianças. Ninguém se desenvolve sozinho, o ser humano é um ser relacional.

Assim sendo, evidencia-se que as crianças e adolescentes possuem a necessidade de ter amigos e sentirem-se aceitas em um grupo social. As amizades e os pequenos grupos de amigos na escola representam uma "ponte" da família para o mundo social (macrossistema). Famosos jargões como "quem tem um amigo nunca está sozinho" são verdadeiros. Entretanto, nesta dinâmica de fazer amigos e sentir-se aceito, grupos sociais se formam e o processo de exclusão também emerge. E, neste contexto, alianças entre crianças excluídas podem não ser tão positivas assim como aponta a tradicional visão romântica acerca das amizades. Amigos podem brincar, jogar, divertirem-se, aprender juntos e desafiarem-se cognitivamente. Mas também podem se envolver em transgressões, aprenderem comportamento agressivo ou ficarem mais deprimidos. Antes só que mal acompanhado? Não. As relações de amizade possuem características positivas que são importantes fatores de proteção e ainda devem ser levadas em conta no momento do planejamento de intervenções focalizadas ou preventivas. É importante, entretanto, que os estudos, práticas clínicas e o desenvolvimento de políticas públicas contextualizem este processo visando à promoção da resiliência, abandonando uma visão estereotipada e respeitando diferenças dos vínculos estabelecidos entre amigos, suas características e especificidades, atividades compartilhadas e múltiplas formas de expressão desta relação.

Referências

Almeida, A. M. T. (2000). *As relações entre pares em idade escolar*. Braga: Bezerra.

Azmitia, M. (1988). Peer interaction and problem solving: When are two heads better than one? *Child Development, 59,* 87-96.

Berndt, T. J. (1982). The features and effects of friendship in early adolescence. *Child Development, 53,* 1447-1460.

Bowlby, J. (1969). *Attachment and loss (Attachment)*. London: Hogarth.

Bronfenbrenner, U. (1989). Ecological systems theory. *Annals of Child Development, 6,* 187-249.

Bronfenbrenner, U. (1995). The bioecological model from a life course perspective: Reflections of a participant observer. Em P. Moen, G. H. Elder & K. Lüscher (Orgs.), *Examining lives in context: Vol. 1* (pp. 599-618). Washington: American Psychological Association.

Bronfenbrenner, U. (1996). *A ecologia do desenvolvimento humano: Experimentos naturais e planejados*. Porto Alegre, Artes Médicas. (Original publicado em 1979).

Bronfenbrenner, U. (1999). Environments in Developmental perspective: Theoretical and operational models. Em D. L. Friedman & T. D. Wachs (Orgs.), *Conceptualization and assessment of environment across the life span* (pp. 3-30). Washington: American Psychological Association.

Bronfenbrenner, U., & Evans, G. W. (2000). Developmental science in the 21th century: Emerging questions, theoretical models, research designs and empirical findings. *Social Developmental, 9,* 115-125.

Bronfenbrenner, U., & Morris, P. (1998). The ecology of developmental processes. Em Damon (Org. Série), & R. M. Lerner (Org. Volume), *Handbook of child psychology: Vol. 1. Theoretical models of human development* (pp. 993-1027). New York: John Wiley.

Bukowski, W. M. (2001). Friendship and the worlds of childhood. Em D. W. Nangle & C. A. Erdley (Orgs.), *The role of friendship in psychological adjustment – New directions of child and adolescent development* (pp. 93-106). San Francisco: Jossey-Bass.

Bukowski, W. (2004). *The place of place in peer relations research*. Trabalho apresentado em uma Conferência intitulada "hot topics" on peer relations. Catholic University of Nijmegen, Nijmegen, The Netherlands.

Bukowski, W. M. (2006). Code book for the /One World/Whole Child/ study: Teacher and Peer Assessments. Unpublished questionnaires, Department of Psychology, Concordia University, Montreal Quebec, Canada.

Bukowski, W., Brendgen, R. M., & Vitaro, F. (2007). Peers and socialization. Em J. Grusec & P. Hastings (Orgs.), *Handbook of Socialization*. New York: Guilford.

Bukowski, W. M., & Hoza, B. (1989). Popularity and friendship: Issues in theory, measurement, and outcomes. Em T. Berndt & G. Ladd (Orgs.), *Peer relations in child development* (pp. 15-45). New York: John Wiley.

Bukowski, W. M., Hoza, B., & Boivin, M. (1993). Popularity, friendship and emotional adjustment during adolescence. Em B. Laursen & W. Damon (Org.), *New directions for child development*: n. 60. *Close friendships in adolescence* (pp. 23-37). San Francisco: Jossey-Bass.

Bukowski, W. M., & Newcomb, A. F. (1984). The stability and determinants of sociometric status and friendship choice: A longitudinal perspective. *Developmental Psychology, 20,* 941-952.

Bukowski, W. M., Pizzamiglio, M. T., Newcomb, A. F., & Hoza, B. (1996). Popularity as an affordance of friendship: The link between group and dyadic experience. *Social Development, 5,* 189-202.

Bukowski, W. M., & Sippola, L.K. (1995). *Friendship protects at-risk children from victimization by peers*. Presented at the Biennial Meeting of the Society for Research on Child Development, Indianapolis, Indiana.

Bukowski, W. M., & Sippola, L. K. (2001). Groups, individuals, and victimization: A view of the peer system. Em S. Graham & J. Juvonen (Orgs.), *Peer harassment in school* (pp. 355-377). New York: Guilford.

Cillessen, A. H. N., & Mayeux, L. (2004). From censure to reinforcement: Developmental changes in the association between aggression and social status. *Child Development, 75,* 147-163.

Daudt, P. R. (1995). *As implicações do tipo de relação na interação e nos conflitos entre crianças*. Dissertação de Mestrado não publicada. Curso de

Pós-Graduação em Psicologia do Desenvolvimento, Instituto de Psicologia, Universidade Federal do Rio Grande do Sul. Porto Alegre, RS.

Dishion, T. J., Nelson, S. E., & Yasui, M. (2005). Predicting Early Adolescent Gang Involvement From Middle School Adaptation. *Journal of Clinical Child and Adolescent Psychology, 34*(1), 62-73.

Duck, S. (1973). Personality similarity and friendship: Similarity of what, when? *Journal of personality, 41,* 543-558.

Erdley, C. A., Nangle, D. W., Newman, J. E., & Carpenter, E. M. (2001). Children's friendship experiences and psychological adjustment: Theory and research. Em D. W. Nangle & C. A. Erdley (Orgs.), *The role of friendship in psychological adjustment – new directions of child and adolescent development* (pp. 5-24). San Francisco: Jossey-Bass.

Fonzi, A., Schneider, B. H., Tani, F., & Tomada, G. (1997). Predicting children's friendship status from their dyadic interaction in structured situations of potential conflict. *Child Development, 68,* 496-506.

Gottman, J. (1983). How children become friends. *Monographs of the Society for Research in Child Development, 48* (3, série n. 201).

Hamm, J. V. (2000). Do birds of a feather flock together? The variable bases for African American, Asian American, and European American adolescents' selection of similar friends. *Developmental Psychology, 36,* 209-219.

Hartup, W. W. (1983). Peer relations. Em E. M. Hetherington & P. H. Mussen (Orgs.). *Handbook of child psychology: Vol. 4. Socialization, personality, and social development* (pp. 103-196). New York: John Wiley & Sons.

Hartup, W. W. (1995). The three faces of friendship. *Journal of Social and Personal Relationships, 12,* 569-574.

Hartup, W. W. (1996). Cooperation, close relationships and cognitive development. Em W. Bukowski, A. F. Newcomb & W. W. Hartup (Orgs.), *The company they keep: Friendship in childhood and adolescence* (pp. 213-237). Cambridge: Cambridge University Press.

Hodges, E. V. E., Malone, M. J., & Perry, D. G. (1997). Individual risk and social risk as interacting determinants of victimization in the peer group. *Developmental Psychology, 33,* 1032-1039.

Koller, S. H. (2004). *Ecologia do desenvolvimento humano: Pesquisa e intervenção no Brasil.* Porto Alegre: Casa do Psicólogo.

Koller, S. H., & Lisboa, C. (2007). Brazilian approaches to understanding and building resilience in at-risk populations. *Child and Adolescent Psychiatric Clinics of North America, 16*(2), 341-356.

Ladd, G. W., & Kochenderfer, B. J. (1996). Linkages between friendship and adjustment during early school transitions. Em W. Bukowski, A. F. Newcomb & W. W. Hartup (Orgs.), *The company they keep: Friendship in childhood and adolescence* (pp. 322-345). Cambridge: University Press.

Lisboa, C., & Koller, S. H. (2004). Interações na escola e processos de aprendizagem: Fatores de risco e proteção. Em J. A. Bzuneck & E. Boruchovitch (Orgs.), *Aprendizagem: Processos psicológicos e contexto social na escola* (pp. 201-224). Petrópolis: Vozes.

Lisboa, (2005). *Comportamento agressivo, relações de amizade e vitimização em crianças em idade escolar: Fatores de risco e proteção.* Tese de Doutorado não publicada. Programa de Pós-Graduação em Psicologia, Universidade Federal do Rio Grande do Sul, Porto Alegre, RS.

Lisboa, C. (2007). *Diga-me com quem andas e te direi quem és – Relações entre pares e influências no comportamento individual: Relações de amizade, comportamentos pró-sociais e agressão.* Projeto de Pesquisa. Curso de Mestrado em Psicologia Clínica. Universidade do Vale do Rio dos Sinos, São Leopoldo, RS.

Masten, A. S., & Garmezy, N. (1985) Risk, vulnerability and protective factors in developmental psychopathology. Em B. B. Lahey & A. E. Kazdin, *Advances in clinical child psychology* (pp. 1-52) New York: Plenum Press.

Moura-Branco, C. A. G. (1985). *A Mecânica dos Materiais.* Lisboa: Fundação Calouste-Gulbenkian.

Moreno, J. L. (1934). *Who shall survive? A new approach to the problem of human interrelations.* Washington, DC: Nervous and Mental Disease.

Olweus, D. (1978). *Aggression in schools: Bullies and whipping boys.* Washington, DC: Hemisphere (Wiley).

Parker, J. G., & Asher S. R. (1993). Friendship and friendship quality in middle childhood: Links with peer group acceptance and feelings of loneliness and social dissatisfaction. *Developmental Psychology, 29*, 611-621.

Price, J. M., & Ladd, G. W. (1986). Assessment of children's friendships: Implications for social competence and social adjustment. *Advances in Behavioral Assessment of Children and Families, 2,* 121-149.

Prinstein, M. J., & Cillessen, A. H. (2003). Forms and functions of adolescent peer aggression associated with high levels of peer status. *Merrill-Palmer Quarterly, 49*(3), 310-342.

Ramires, V. R. (2002). *O amor e suas vicissitudes: As concepções de crianças e adolescentes.* Tese de Doutorado não publicada. Doutorado em Psicologia Clínica. Pontifícia Universidade Católica de São Paulo.

Rubin, K. H., Bukowski, W., & Parker, J. G. (1998). Peers interations, relationships, and groups. Em W. Damon (Org. Série) & N. Eisenberg (Org. Volume), *Handbook of child psychology: Vol. 3. Social, emotional, and personality development* (pp. 619-700). New York: John Wiley & Sons.

Rubin, K., Bukowski, W., & Parker J. (2006). Peer Interactions, Relationships, and Groups. *Handbook of child psychology: Vol. 3, Social, emotional, and personality development* (6a ed., pp. 571-645). New York: John Wiley.

Rubin, K. H., Coplan, R. J., Nelson, L. J., Cheah, C. S. L., & Lagace-Seguin, D. (1999). Peer relationships in childhood. Em M. H. Bornstein & M. E. Lamb (Orgs.), *Developmental psychology: An advanced textbook* (4a ed., pp. 451-502). Mahwah, NJ: Erlbaum.

Rutter, M. (1999). Resilience concepts and findings: Implications for family therapy. *Journal of Family Therapy, 21,* 119-144.

Seligman, M., & Csikszentmihalyi, M. (2001). Positive psychology: An introduction. *American Psychologist, 55,* 5-14.

Sheldon, K. M., & King, L. (2001). Why positive psychology is necessary. *American Psychologist, 56*(3), 216-217.

Stevens, E. A., & Prinstein, M. J. (2005). Peer Contagion of Depressogenic Attributional Styles Among Adolescents: A Longitudinal Study. *Journal of Abnormal Child Psychology, 33*(1), 25-37.

Sullivan, H,. S. (1953). *The interpersonal theory of psychiatry.* New York: Norton.

Zimmermann, M. A., & Arunkumar, R. (1994). Resiliency research: Implications for schools and policy. *Social Policy Report: Society for Research in Child Development, 8*(4), 1-18.

CAPÍTULO 4

As relações de amizade de futuros pais adolescentes[1]

VANESSA DE CASTILHOS SUSIN
Universidade de Caxias do Sul e Instituição Psicanalítica Constructo

DANIELA CENTENARO LEVANDOWSKI
Universidade Federal de Ciências da Saúde de Porto Alegre

A gravidez/maternidade na adolescência é um tema bastante estudado em nosso contexto. Contudo, segundo Saito (2001), na maioria das pesquisas realizadas sobre esse assunto, o pai do bebê não é considerado. No entanto, é possível inferir as dificuldades enfrentadas por ele, principalmente no caso de ser também adolescente. Por exemplo, a partir do momento em que o jovem descobre que se tornará pai, as suas atividades, comportamentos e atitudes podem mudar, o que pode refletir no seu meio social, incluído nisso o seu grupo de amigos. Essa parece ser uma mudança de vida importante, uma vez que os adolescentes ocupam a maior parte do seu tempo com amigos e colegas (Sprinthall & Collins, 2003).

Assim, o presente estudo teve, por objetivo geral, verificar a eventual ocorrência de mudanças no grupo de amizades de jovens que se tornam pais. Mais especificamente, investigar a reação do grupo de amizades frente à paternidade do jovem, examinar o envolvimento do futuro pai adolescente com o grupo de amizades, identificando a ocorrência de eventuais mudanças neste envolvimento, descrever a percepção do pai adolescente sobre o seu grupo de amizades e investigar mudanças na vida pessoal e nas atividades diárias do adolescente em decorrência da paternidade.

---

[1] O presente trabalho deriva do Trabalho de Conclusão de Curso de Psicologia, realizado pela primeira autora, sob a supervisão da segunda, no Departamento de Psicologia da Universidade de Caxias do Sul.

Cabe ressaltar que o interesse pelo tema surgiu da experiência de estágio em Psicologia Comunitária da primeira autora em uma Unidade Básica de Saúde da cidade de Caxias do Sul, quando foram realizados grupos abordando os temas sexualidade e drogas com adolescentes, em que a gravidez e, portanto, a paternidade, foram assuntos muito presentes.

A fim de situar teoricamente o tema em estudo, apresenta-se uma revisão da literatura, organizada em torno dos seguintes tópicos: Breve caracterização da adolescência, a paternidade na adolescência, e as relações de amizade na adolescência.

Breve caracterização da adolescência

Bee (1997) considera a adolescência como um período que se situa psicológica e culturalmente entre a meninice e a vida adulta, não entre idades específicas. É um período no qual a criança se modifica física, mental e emocionalmente, sendo mudanças biopsicológicas e sociais responsáveis pelo último grande impulso do processo do desenvolvimento humano (Justo, 2005).

Na visão dos próprios adolescentes, a adolescência é um período caracterizado como "tempo de curtir" e "tempo de descoberta e/ou preparação para o futuro" (Yépez & Pinheiro, 2005). Conforme estudo realizado por Pacheco (2003), adolescentes do sexo feminino referiram uma visão positiva da adolescência, indicando ser esta uma fase de descobertas, a melhor fase da vida, pela ausência de responsabilidades e compromissos. Contudo, um outro estudo realizado por Martins, Trindade e Almeida (2003), constatou uma diferença na definição de adolescência para adolescentes de zonas urbanas e rurais. Enquanto os primeiros caracterizaram a adolescência como uma fase de curtição, representada pelo verbo *ter* (liberdade, bons pais, amigos, uma boa escola, segurança, dinheiro, apoio e ambiente seguro), os segundos enfatizaram o verbo *ser*, pois acreditam precisar ser muito bons para alcançarem os próprios objetivos, dependendo basicamente de si mesmos.

Em relação ao desenvolvimento cognitivo nessa fase do ciclo de vida, as mudanças se referem à maior capacidade do sistema do processamento da informação, tornando-se o pensamento mais complexo e sofisticado (Sprinthall & Collins, 2003). Pode ser alcançado o estágio de operações formais, quando acontece o uso de uma variedade maior de operações cognitivas e estratégias de resolução de problemas, a possibilidade de enxergar as situações sob inúmeros pontos de vista e de raciocinar sobre problemas hipotéticos e reais (Mussen, Conger, Kagan & Huston, 1995).

Já no que se refere ao desenvolvimento físico, as transformações mais importantes estão ligadas às mudanças hormonais, desencadeando, segundo Bee (1997), o desenvolvimento da maturidade sexual, incluindo mudanças nas características sexuais primárias (aumento dos testículos e do pênis nos meninos e dos ovários, do útero e da vagina nas meninas) e secundárias (desenvolvimento das mamas e dos pelos nas meninas e a mudança na voz e o aparecimento de pelos no corpo e no rosto nos meninos).

Em decorrência dessas mudanças físicas, observa-se um despertar da sexualidade, com a experimentação afetiva muitas vezes culminando em uma relação sexual. A iniciação sexual dos jovens varia conforme o sexo, sofrendo os meninos uma pressão muito maior do grupo em comparação às meninas (Tiba, 1992). Assim, sua primeira relação sexual não resulta necessariamente de uma progressão do relacionamento afetivo, sendo, muitas vezes, uma cópula sem afeto, apenas objetivando satisfazer o impulso e o desejo sexual. Tal aspecto pode ser reforçado pelo tipo de mundo em que o adolescente vive, que não favorece a aproximação entre as pessoas, a criação de vínculos duradouros, a associatividade e a grupalização, segundo Justo (2005).

Abordando o desenvolvimento psicossocial na adolescência, cabe salientar inicialmente a questão da consolidação da identidade. De fato, para Erikson (1998), esta seria a principal tarefa desse período. Um senso global de identidade ajusta gradualmente as várias autoimagens experienciadas durante a infância, que, neste momento, podem ser recapituladas, e as oportunidades de papel social que são oferecidas aos jovens para seleção e comprometimento. Dessa forma, o processo de formação da identidade é visto pelo autor como tendo uma configuração desenvolvimental, integrando dados constitucionais, necessidades libidinais idiossincráticas, capacidades preferidas, identificações significativas, defesas efetivas, sublimações bem-sucedidas e papéis consistentes.

Para Knobel (1981), tal processo ocupa grande parte da energia do adolescente, até mesmo em função dos novos modelos identificatórios escolhidos por ele além dos pais, no caso, o grupo de amigos, os professores e outros adultos significativos (Blos, 1996). Em relação ao grupo de pares, Knobel refere que este aparece como uma forma de socialização de culpas, defesa contra as ansiedades e comparação e/ou identificação no aspecto corporal, que, devido à puberdade, está sendo modificado. De fato, o jovem tende à uniformidade, e dentro do grupo todos se identificam com cada um, o que proporciona ao adolescente certa segurança. Dessa maneira, a convivência em grupo favorece a resolução da crise de identidade própria da adolescência, com o grupo se constituindo como um importante apoio para a transição ao mundo adulto (Knobel, 1981). Isso porque o grupo acaba servindo como "substituto" dos pais que estão sendo desinvestidos emocionalmente (Blos, 1996). Em função disso, os adolescentes passam mais tempo com os iguais (Oliva, 2004), dependendo mais deles para a intimidade e o apoio (Papalia, Olds & Feldman, 2006).

Com isso, exercitam uma outra questão psicossocial importante da adolescência, no caso, a aquisição de autonomia, ou seja, estabelecer-se como independente e autogovernado em termos emocionais, para tomada de decisões e estabelecimento de um código de valores próprios (Steinberg, 1985). Conforme Blos (1996), essa seria uma importante tarefa psíquica da adolescência.

A vivência de grupo também permite aos jovens resolver uma outra questão emocional da adolescência, segundo Steinberg (1985): a aquisição da intimidade, que se refere à capacidade de estabelecer relação de amor e verdade com os pares, seja de amizade ou de namoro. A intimidade é favorecida pelo senso de identidade definido (Papalia e cols., 2006), pois, como salienta Aberastury (1981), somente quando se percebe como um ser único, que necessita de um outro para sua complementação, é que o adolescente poderá lançar-se a relacionamentos afetivos mais duradouros.

A partir dessa breve exposição acerca das características desenvolvimentais da adolescência, percebe-se a quantidade e a qualidade diversa das transformações que ocorrem nessa etapa, desafiando os jovens em seus recursos pessoais. Muitas vezes, em função de tais demandas, os adolescentes podem se encontrar vulneráveis e adotar comportamentos de risco, como o uso de drogas e o sexo sem proteção, que pode acarretar em doenças sexualmente transmissíveis, como também em uma gravidez não programada.

A gravidez na adolescência tem sido bastante estudada em nosso contexto, mas, segundo Guimarães e Colli (1998), pouca atenção tem sido direcionada aos pais adolescentes, apesar de as dificuldades por eles enfrentadas serem numerosas, até mesmo por se encontrarem em uma fase de construção de sua identidade, tendo que assumir, sem preparo emocional nem econômico, a responsabilidade de manter uma família. Sendo este estudo focalizado no pai adolescente, fez-se necessário analisar, a seguir, alguns aspectos que envolvem a paternidade na adolescência.

A paternidade na adolescência

Na maioria das vezes em que ocorre, a paternidade na adolescência parece ter um pequeno impacto na vida dos rapazes, pois é comum não assumirem a gravidez e/ou a criança, usando como justificativa a desconfiança da paternidade (Amazarray, Machado, Oliveira & Gomes, 1998; Heilborn e cols., 2002). O que parece motivar tal comportamento é o medo de perda da liberdade (Nunes, 1998). Outras razões para tal comportamento poderiam ser a dúvida quanto à capacidade para desempenhar o papel paterno e certa dificuldade para imaginar-se como pai, conforme referido em estudo de Levandowski e Piccinini (2006) com 23 futuros pais adultos e adolescentes.

Contudo, quando o adolescente se envolve com a gestação e assume a paternidade, tal envolvimento terá importantes repercussões psíquicas e comportamentais (Levandowski & Piccinini, 2004), pois ele passará a lidar com dois papéis sociais contraditórios: *ser adolescente*, que inclui fazer festa, ficar com meninas e experimentar, e *ser pai*, que impõe responsabilidade, privação de saídas noturnas e redução da liberdade (Nunes, 1998). Parece contribuir para tal envolvimento, dentre outros aspectos, um novo conjunto de atitudes sociais relativas à paternidade, que vem incrementando a participação dos homens na gestação e no cuidado da criança (Costa, Lima, Júnior, Santos, Araújo & Assis, 2005; Piccinini, Silva, Gonçalves, Lopes & Tudge, 2004).

Diante disso, no momento em que o adolescente recebe a notícia de que se tornará pai, os sentimentos manifestados mais comumente são abalo, choque, revolta, medo e vergonha, como referidos por jovens capixabas de nível sócio-econômico baixo e médio, em estudo realizado por Trindade e Menandro (2002). O choque frente à notícia mostra como os jovens estão presos ao seu presente: "A imediatez, o envolvimento com o agora de suas vidas, fez com que as relações afetivo-sexuais com as parceiras não fossem refletidas como englobando a possibilidade de uma gravidez" (Trindade & Bruns, 1999, p. 43). A paternidade aparece, então, como uma experiência dolorosa, arrancando-os de seu cotidiano demarcado pela irresponsabilidade e falta de envolvimento com seus projetos. Reações negativas dos adolescentes frente à gravidez também foram encontradas por Levandowski (2001) em estudo qualitativo com jovens gaúchos, estando relacionadas ao não planejamento da mesma.

De fato, o sentimento de alegria dos adolescentes frente à notícia da gravidez, também evidenciado nos estudos de Trindade e Menandro (2002) e Levandowski (2001), apareceu principalmente entre aqueles que desejavam ser pais e/ou que haviam planejado a gestação. Desse modo, poderia se pensar na questão da afirmação pessoal que um filho traz, principalmente quanto à identidade sexual. Nessa direção, Montgomery (1998) afirma que a autoestima do homem deriva principalmente de seu sentido de virilidade e da sua capacidade produtiva, criativa e reprodutora. "Os jovens parecem dizer que 'se tornam homens' ao assumir a paternidade, ou antes, que é preciso 'ser homem' para 'tomar responsabilidade' e assumir o que fez" (Cabral, 2003, p. 289).

A participação do futuro pai é vista como um elemento de influência positiva na evolução da gestação (Saito, 2001), diminuindo, assim, os riscos de efeitos psicológicos desfavoráveis para a gestante e o bebê. No entanto, no caso dos adolescentes, Trindade e Bruns (1999) destacam que essa participação surge, muitas vezes, para "manter as aparências", com os jovens casando para satisfazer as expectativas dos pais, amigos e da sociedade, mais do que por uma consciência de sua responsabilidade pela gravidez. De qualquer modo, a partir do momento que o adolescente descobre que se tornará pai e decide encarar essa situação, várias mudanças pessoais podem ficar evidentes, tais como, o aumento da responsabilidade, o amadurecimento e a modificação do modo de pensar, já que o principal objetivo passa a ser a aquisição de bens para garantir o futuro do bebê (Levandowski, 2001). Em função disso, alguns jovens iniciam atividades profissionais, tendo seus compromissos aumentados.

Nesse sentido, estudos conduzidos por Trindade e Menandro (2002) e Dias e Aquino (2006) demonstraram que a inserção do adolescente no mercado de trabalho reflete em sua vida escolar, pois, enquanto alguns abandonam os estudos, outros se dividem entre as duas atividades (Dias & Aquino, 2006). Fica patente, então, que, no momento em que o adolescente se torna pai, existe a expectativa de que assuma a chefia e a responsabilidade financeira da sua família. "A rapidez deste salto – da irresponsabilidade para a responsabilidade financeira e familiar, aliada às crescentes exigências de currículo para enfrentar o mercado de trabalho e ao forte desemprego formal – é percebida pelos jovens como uma grande fonte de estresse" (Lowenstein & Barker, 1998, p. 153).

Especificamente em relação ao exercício da paternidade, dados do estudo de Levandowski e Piccinini (2006) apontaram uma expectativa bastante idealizada do desempenho do papel paterno, que pareceu não considerar as dificuldades inerentes a tal tarefa. Quanto à criação/educação do filho, a expectativa era de que fosse feita de forma amigável, baseada no aconselhamento e na liberdade, o que demonstrava não existir uma identificação com o papel paterno como aquele que educa e limita, talvez em função da própria vivência da adolescência.

Constata-se que, diante dessa realidade inesperada, da qual possuem uma ideia vaga e frente a qual encontram-se despreparados, os adolescentes buscam como ponto de apoio a família (Levandowski, 2001; Trindade & Bruns, 1999) e os amigos. Infelizmente, conforme Cabral (2003), justamente em função da paternidade, ocorrem alterações no âmbito da sociabilidade, pois os imperativos de "dar o exemplo" e do "ter que trabalhar" diminuem o "tempo livre" e a "zoação", ou seja, levam à "perda de liberdade", referidas pelos jovens entrevistados por Trindade e Menandro (2002) e Levandowski (2001). Igualmente os estudos realizados por Aquino e colaboradores (2003) e Dias e Aquino (2006), com jovens de três capitais brasileiras, mostraram que, durante o primeiro ano após o nascimento do filho, a convivência com os amigos diminuiu consideravelmente.

Apenas um estudo localizado enfocou as reações dos amigos frente à paternidade do adolescente. No caso, a pesquisa levada a cabo por Levandowski (2001) revelou tanto reações positivas dos amigos (alegria, incentivo e interesse pelo bebê e pelo casal) como negativas (afastamento, críticas e desaprovação). Todavia, independentemente da reação inicial, os amigos continuaram presentes durante a gravidez, apoiando os futuros pais. Conforme o entendimento da autora, para os adolescentes e seus amigos parece ser difícil lidar com a "perda" de um igual, que se torna diferente em função da paternidade. De modo oposto, o fato de alguns amigos já terem filhos facilitou a aceitação por parte deles, provavelmente em função da empatia, da identificação pela vivência da mesma situação.

Em função desses achados, fica evidenciada a importância de um estudo mais aprofundado sobre o tema das relações de amizade de futuros pais adolescentes, tendo em vista a importância do grupo de iguais para o adolescente e o fato de alguns estudos já haverem demonstrado modificações na rede de amizades de mães adolescentes (Sgarbossa & Ford-Gilboe, 2004) e de pais e mães adultos na transição para a parentalidade (Bost, Cox, Burchinal & Payne, 2002). Passa-se agora a discorrer mais detalhadamente sobre as relações de amizade na adolescência.

As relações de amizade na adolescência

A amizade pode ser entendida como uma relação horizontal, isto é, simétrica, baseada na igualdade, na reciprocidade e na cooperação entre pessoas com *status* e destrezas semelhantes. É também uma relação voluntária e não-obrigatória, baseada no prazer de estar junto e no benefício advindo de tal convivência (Moreno, 2004a).

Tal tipo de relação já costuma se estabelecer desde a primeira infância (Youniss, 1986), abarcando diversas funções: fonte de informação e conhecimentos sobre si mesmo, os outros e o mundo; promoção de capacidades ligadas à resolução de problemas; fonte de apoio emocional e meio para a aquisição ou elaboração de habilidades sociais (Daudt, 1997). Desse modo, entre os dois e os três anos, as crianças já costumam dirigir comportamentos diferentes aos iguais que consideram amigos, sendo mais frequentes nessas interações as trocas sociais positivas (sorriso, afeto), a cooperação, o consolo e os comportamentos pró-sociais (Moreno, 2004a; Piotto & Rubiano, 1999; Youniss, 1986).

Nos anos escolares, em função de passarem mais tempo juntas, as amizades se tornam mais intensas e os grupos, mais numerosos e unissexuados. Entre os amigos costuma ser encontrada semelhança quanto à idade, sexo e condutas e atitudes. Entre si, exibem mais frequentemente comportamentos positivos, reciprocidade afetiva e compreensão emocional (Moreno, 2004b). Nesse período já ficam evidentes algumas diferenças entre meninos e meninas, pois elas estabelecem relações mais intensas, exclusivas (em geral diádicas) e duradouras (Antoniazzi, Hutz, Lisboa, Xavier, Eickhoff & Bredemeier, 2001). Tais diferenças parecem decorrer da maior empatia e competência social das meninas em comparação aos meninos (Cecconello & Koller, 2000).

Na pré-adolescência as afinidades mais relevantes se concentram nas atitudes em relação à escola e em certas condutas normativas típicas da idade (uso de bebidas ou drogas e experiência sexual). O número de amigos tende a diminuir, pois os indivíduos se tornam mais seletivos em função da consciência das obrigações exigidas pela relação de amizade (Moreno, 2004b). Um aspecto de influência sobre tais relações nessa faixa etária parece ser a rede de amigos dos pais, pois, conforme estudo realizado por Uhlendorff (2000) com 116 crianças de 7 a 12 anos, quanto mais amigos os pais tinham e com os quais realizavam atividades de lazer, mais amigos fora da escola e mais relações próximas com os colegas de aula as crianças referiram ter.

Outro aspecto de influência sobre as amizades na pré-adolescência parece ser o local de residência, no caso, a rua ou a família, de acordo com os achados de Rohde, Ferreira, Zomer, Forster e Zimmermann (1998), a partir de pesquisa feita com 30 meninos de rua e 51 residentes com suas famílias de baixa renda. Aqueles meninos que viviam na rua apresentaram mais problemas nas relações de amizade em comparação aos demais.

Um outro estudo pareceu apontar nessa mesma direção, apesar de focalizar a relação entre as mudanças de residência de adolescentes e os comportamentos desviantes e acadêmicos de seus amigos (Haynie, South & Bose, 2006). Em uma amostra de aproximadamente doze mil participantes, os adolescentes de ambos os sexos e todas as idades que mudaram de residência pertenciam a um grupo de iguais cujos membros exibiam pior desempenho e expectativas acadêmicas, menor engajamento com a escola e taxas mais altas de comportamentos desviantes (uso de álcool, cigarro e drogas), em comparação aos adolescentes que permaneceram residindo no mesmo local.

Na adolescência, como comentado anteriormente, embora a família ainda ocupe um lugar importante, em decorrência da desvinculação que deve ser realizada em relação aos pais, as amizades ganham em intensidade e estabilidade, passando a ser o contexto de socialização mais influente para o adolescente (Oliva, 2004). De fato, segundo Sprinthall e Collins (2003), os adolescentes ocupam a maior parte do seu tempo com amigos e colegas, fenômeno que denominam "alargamento do mundo social". Entretanto, Silva, Schoen-Ferreira, Medeiros, Aznar-Farias e Pedromônico (2004) indicaram a interferência de fatores culturais no tempo despendido pelo adolescente com os pais e o grupo de amigos.

De qualquer modo, como consequência dos avanços desenvolvimentais em termos sócio-emocionais e cognitivos, também abordados anteriormente, os amigos passam a se compreender melhor, formando relações mais recíprocas e mais íntimas, especialmente na etapa inicial e média (Oliva, 2004). Assim, o comportamento entre amigos difere consideravelmente daquele exibido perante os não amigos, pois os adolescentes compartilham mais seus segredos e são mais empáticos para com os primeiros (Sprinthall & Collins, 2003; Youniss, 1986). Nesse sentido, Marques (1996) constatou maiores índices de autorevelação entre adolescentes de 15 e 16 anos, o que parece demonstrar ser esse período o auge dos intercâmbios afetivos entre os pares, justamente para ampliar os horizontes de relacionamento interpessoal além da família.

Nessa fase os adolescentes acreditam também que seus amigos são menos competitivos com eles em comparação aos demais adolescentes (Sprinthall & Collins, 2003). Em função disso, Schneider, Woodburn, Toro e Udvari (2005) realizaram um estudo transcultural com canadenses, costa-riquenhos e cubanos sobre a hipercompetitividade. Apesar de haver ficado evidenciada certa tolerância em relação ao comportamento competitivo do amigo, especialmente entre os meninos, a hipercompetitividade apareceu associada a problemas nas relações de amizade, incluindo o seu término.

Outra característica das relações de amizade na adolescência é a semelhança. O já clássico estudo de Kandel (1978), investigando tal aspecto entre 773 meninos e 1106 meninas de 13 a 18 anos, indicou grande similaridade entre os pares em relação a características sócio-demográficas (sexo, etnia, idade e série escolar) e alguns comportamentos (uso de drogas ilícitas, interesses acadêmicos e participação em atividades com os amigos). Uma investigação posterior de Akers,

Jones e Coyl (1998), com 1159 adolescentes norte-americanos, revelou que os amigos eram mais semelhantes entre si nas características avaliadas (estado de desenvolvimento da identidade, comportamentos, atitudes e intenções) em comparação aos pares não amigos. As semelhanças foram mais marcantes em algumas medidas específicas de identidade e alguns comportamentos, atitudes e intenções, como interesse e desempenho acadêmico e uso de substâncias. Outro estudo publicado nesse mesmo ano por Urberg, Degirmencioglu e Tolson (1998) corroborou tais achados, uma vez que indicou, em uma amostra de 1183 adolescentes norte-americanos, grande similaridade entre amigos em alguns comportamentos (uso de álcool e cigarro e pequenos comportamentos delinquentes) e realização de atividades sociais, esportivas e organizadas por adultos. Segundo os autores, apesar de a seleção dos amigos haver acontecido com base nas semelhanças, mais do que nas diferenças/complementaridades, não necessariamente essas diferenças levam ao término da relação, pois outros aspectos também importantes para a manutenção da amizade são compartilhar atividades e ter interações prazerosas com o amigo.

Diante disso, percebe-se que as relações de amizade acabam sendo muito gratificantes para o adolescente, não só pela influência positiva que exercem sobre o seu autoconceito e autoestima, mas também pela promoção do seu desenvolvimento intelectual, moral e social. De modo geral, os benefícios da amizade incluem o apoio emocional para enfrentar os conflitos da adolescência, o apoio instrumental para a resolução de problemas práticos, e o apoio informacional a respeito de determinados temas (Oliva, 2004). De fato, pesquisa realizada por Lima (2005) com 382 adolescentes e jovens (13 a 24 anos) na cidade de Natal, revelou as relações de amizade como um contexto de apoio social para o enfrentamento da violência intra e extrafamiliar. Tal papel ficou igualmente evidenciado entre jovens norte-americanos de origem mexicana (Stanton-Salazar & Spina, 2005).

Já os possíveis malefícios da amizade ficariam mais evidenciados na adolescência inicial, quando, em função da falta de delimitação da própria identidade, o adolescente poderia se mostrar mais dependente dos amigos e, portanto, mais vulnerável às pressões do grupo (Reato, 2001). Contudo, deve-se destacar que nem sempre essa pressão é negativa, nem todos os adolescentes se mostram vulneráveis e nem todos os amigos exercem a mesma influência sobre o jovem (Oliva, 2004). Por exemplo, a influência do grupo de pares foi encontrada em alguns adolescentes de 16 a 18 anos do Distrito Federal em relação às decisões sobre a sua escolha profissional, mesmo após a participação em um programa de orientação profissional (Santos, 2005).

Na escola, os grupos tendem a ser constituídos por muitos adolescentes do mesmo sexo. Já fora da escola, são menores e mistos, e tendem a ser, como nos outros períodos etários, formados por pessoas da mesma raça e meio sócio-econômico (Sprinthall & Collins, 2003). Dentro disso, DuBois e Hirsch (1993) examinaram as atividades realizadas na escola e fora da escola com amigos por 292 adolescentes de nível sócio-econômico baixo e médio. Em geral os estudantes referiram realizar mais atividades na escola com os amigos do que fora dela, referindo como obstáculos para isso as restrições parentais, as atividades concorrentes e os conflitos domésticos. Tais achados apontam para a importância dos fatores ambientais no envolvimento do adolescente com amigos fora do contexto escolar.

Tratando de um aspecto importante das relações de amizade na adolescência, a intimidade, Sprinthall e Collins (2003) referem que essa difere conforme o sexo. A amizade entre as meninas é mais profunda do que entre os rapazes, conforme indicou a pesquisa realizada por Hussong (2000) com 451 adolescentes. As meninas referiram mais frequentemente comportamentos de intimidade (autorrevelação, companheirismo, lealdade e afeição), enquanto que os meninos, mais comportamentos de controle dos pares (verbal e físico, aberto ou encoberto). Resultados semelhantes foram obtidos por Marques (1996), examinando as habilidades interpessoais em 260 adolescentes de classe média, de 11 a 20 anos. A autora constatou entre as meninas maior índice de autorrevelação e apoio emocional em comparação aos meninos. Tais diferenças nas relações de amizade entre adolescentes femininos e masculinos parecem permanecer na idade adulta (Souza, 2006).

Uma possível explicação para tais achados pode ser o fato de as meninas tenderem a limitar mais do que os meninos o tamanho do grupo de amigos, apesar de incluírem com mais facilidade novos membros. Já os rapazes que são amigos têm tendência a conhecer-se há mais tempo (Sprinthall & Collins, 2003). Nessa direção, Silva e colaboradores (2004), a partir de uma investigação de 250 prontuários de adolescentes (11 a 18 anos), encontraram maior número de amigos entre os meninos (quatro ou mais amigos) em comparação às meninas (dois a três). Não se pode esquecer também que tais diferenças podem ser decorrentes de normas de socialização diferenciadas para cada gênero, gerando diferentes comportamentos e habilidades interpessoais (Hussong, 2000).

De fato, o estudo de DuBois e Hirsch (1993) apontou maiores dificuldades nas habilidades sociais entre os meninos, em comparação com as meninas. Por outro lado, Luthar e McMahon (1996) constataram que comportamentos agressivos estiveram positivamente associados às taxas de popularidade entre os pares, a partir de investigação realizada com 332 adolescentes em comunidade de nível sócio-econômico baixo. Conforme os autores, provavelmente o nível sócio-econômico tenha contribuído para uma visão positiva da agressividade, que muitas vezes parece ser adaptativa em algumas comunidades. Não se pode desconsiderar, contudo, que a dimensão de liderança pró-social, associada à competência acadêmica, também esteve positivamente relacionada à popularidade entre os pares para outra grande quantidade de adolescentes.

Um aspecto importante relacionado à capacidade para a intimidade e às habilidades interpessoais é o tipo de apego. De fato, Weinfeld, Ogawa e Sroufe (1997) constataram, a partir de um estudo longitudinal no qual participaram 41 adolescentes norte-americanos entre 15 e 16 anos de idade, que adolescentes com história de apego do tipo seguro eram socialmente mais competentes que os demais. Corroborando tais achados, Miller e Hoicowitz (2004), comparando retrospectivamente memórias de apego a pais, amigos e parceiros românticos e a manutenção de amizades e relações românticas na adolescência, de

118 estudantes de 16 a 21 anos, constataram o apego aos pais como o fator preditor mais confiável dos resultados das amizades. Ou seja, escores indicando apego evitativo aos pais correlacionaram-se negativamente à duração e qualidade das amizades. De modo complementar, Seginer (1998) indicou que as relações de 147 adolescentes com um irmão(ã) mais velho(a) eram semelhantes às relações com mães, pais e amigos.

A partir das ideias expostas, fica evidente a importância das relações de amizade na adolescência, uma vez que os jovens estão passando por um momento de construção de identidade, e o outro é fundamental para o indivíduo estabelecer comportamentos e atitudes próprias, em função da comparação e do aprendizado de novas atitudes e comportamentos. Sendo assim, reveste-se de capital importância investigar as relações de amizade na situação de paternidade na adolescência, pois, como visto anteriormente, tais relações parecem ser afetadas pela paternidade.

Investigando as relações de amizade de futuros pais adolescentes

Participaram do estudo seis futuros pais adolescentes, com idade entre 15 e 20 anos, de nível sócio-econômico baixo. Todos esperavam seu primeiro filho. Suas companheiras/namoradas eram usuárias do Sistema Único de Saúde da cidade de Caxias do Sul/RS.

Caxias do Sul conta atualmente com 360 mil habitantes e está localizada a 120 quilômetros da capital do estado (Porto Alegre). A região onde se localiza a cidade foi colonizada por imigrantes italianos. No início da colonização, a maior produção era de uva e trigo. Hoje a cidade abriga grandes indústrias, internacionalmente conhecidas. Portanto, a economia é bastante diversificada, abrangendo desde a produção rural até um variado parque industrial e um comércio rico e dinâmico[2].

---

[2] Disponível em http://www.caxias.rs.gov.br, acesso em 15 de fevereiro de 2007.

A Tabela 1 apresenta os dados demográficos dos participantes do estudo de forma mais detalhada. Cabe ressaltar que, embora o Estatuto da Criança e do Adolescente considere que a adolescência se situa entre os 12 e os 18 anos, e a Organização Mundial da Saúde, dos 10 aos 19 anos, foram incluídos alguns participantes que já haviam completado 20 anos de idade, um vez que a OMS utiliza o termo *young people* para designar as idades entre 10 e 24 anos (www.who.int, acesso em 15 de dezembro de 2004). Além disso, por se ter levado em consideração as tarefas desenvolvimentais específicas da idade adulta jovem, as quais não haviam sido totalmente cumpridas por esses participantes, no caso: vivência da terceira individuação, com a conquista de uma autossuficiência no mundo adulto; desenvolvimento da capacidade para a intimidade emocional e sexual; parentalidade biológica e psicológica; formação de uma identidade profissional adulta, com a conquista de um lugar gratificante no mundo do trabalho; tomada de consciência da limitação do tempo e da morte pessoal; e desenvolvimento de amizades adultas, com pessoas de diferentes idades e *backgrounds* (Osório, 2001).

O trabalho realizado teve um caráter qualitativo (Richardson, Peres, Wanderley, Correia & Perin, 1999). Para a realização do presente estudo, primeiramente foi feito um contato telefônico com quatro Unidades Básicas de Saúde de Caxias do Sul, a fim de apresentar o projeto de pesquisa e solicitar a autorização para contato direto com as gestantes adolescentes. Após concedida esta autorização, foi realizada uma primeira seleção dos participantes, a partir dos prontuários das gestantes, tendo por base a idade das mesmas. Foi feito então um contato telefônico com as selecionadas, para um esclarecimento sobre a pesquisa e a verificação da idade do pai do bebê. Após a aceitação da adolescente, e a idade do pai do bebê enquadrar-se entre 15 e 20 anos, era solicitado então um telefone para contato direto com o adolescente. Por telefone, os jovens foram informados a respeito da pesquisa e dos aspectos éticos envolvidos. A partir de sua aceitação em participar, era agendado um horário e um local para a realização da entrevista.

Tabela 1

Dados demográficos dos participantes do estudo

Participantes	Idade (anos)	Escolaridade	Relacionamento com a gestante	Tempo de relacionamento (meses)	Tempo de gestação (meses)	Ocupação	Número de amigos	Tempo de amizade (anos)
P1	20	Superior incompleto	Casamento	18	03	Inspetor de Qualidade	100	01
P2	18	Ensino Médio incompleto	Amizade	05	03	Músico	30	14
P3	20	Ensino Médio incompleto	Coabitação	05	03	Mecânico	05	10
P4	18	Ensino Fundamental completo	Coabitação	12	07	Polidor de metal	01	03
P5	20	Ensino Fundamental completo	Coabitação	06	05	Transportador	20	13
P6	15	Ensino Médio incompleto	Coabitação	03	07	Carregador	12	15

Apenas cinco adolescentes não aceitaram participar da pesquisa, dos doze convidados. Alguns informaram sua recusa quando do contato telefônico, enquanto outros chegaram a agendar a entrevista, mas não compareceram. Tal recusa pode ser entendida como um reflexo da imaturidade do público-alvo do trabalho, uma vez que alguns enfrentaram o ciúme da companheira pela sua participação no estudo e pelo fato de a entrevistadora ser jovem e do sexo feminino. Contudo, não se pode deixar de pensar também que isso tenha ocorrido em função de dificuldades do adolescente para lidar com a paternidade, que pode ter gerado uma falta de interesse para a participação na pesquisa.

No dia e local combinado, inicialmente os jovens assinavam um Termo de Consentimento Livre e Esclarecido, preenchiam uma Ficha de Dados de Identificação e logo após respondiam a uma entrevista semi-estruturada, com questões relacionadas aos objetivos do trabalho. Cabe ressaltar que as entrevistas foram realizadas em diferente locais (trabalho, residência, biblioteca da Universidade de Caxias do Sul e Unidade Básica de Saúde). A duração média de cada entrevista foi de trinta minutos. Antes do início da coleta de dados, foi realizada uma entrevista piloto, com o objetivo de averiguar a adequação do roteiro da entrevista aos objetivos do estudo. Como as respostas foram satisfatórias, não houve necessidade de alterações, dando-se continuidade ao processo.

Para a análise dos dados do presente estudo, foi utilizada análise de conteúdo qualitativa, conforme proposta por Laville e Dionne (1999). Tal análise possibilita organizar as respostas em categorias e subcategorias, derivadas dos elementos retirados das entrevistas.

Primeiramente, as entrevistas foram transcritas, permitindo uma maior facilidade no momento da análise e da interpretação. Mesmo assim, como o material continua bruto, é necessário um estudo minucioso de seu conteúdo, das palavras e frases, para descartar o acessório e reconhecer o essencial, selecionando as ideias principais. Este é o princípio da análise de conteúdo: desmontar a estrutura e os elementos deste conteúdo, para esclarecer suas diferentes características e extrair sua significação (Laville & Dionne, 1999).

Assim, realizou-se uma leitura das entrevistas, para a delimitação das categorias e subcategorias temáticas. Em seguida, foram feitas diversas releituras desse material, identificando os trechos que se enquadravam (em termos de conteúdo) nas categorias e subcategorias temáticas recém-construídas. A partir da definição da uma estrutura de categorias e subcategorias temáticas, essa foi complementada com as respectivas falas dos participantes que as exemplificavam. Dois codificadores identificaram as categorias e realizaram a análise das entrevistas. Eventuais discordâncias na codificação eram dirimidas através de discussão. Cabe salientar ainda que no processo de construção de tais categorias e subcategorias temáticas foi utilizado um modelo misto de análise, isto é, as categorias foram delimitadas previamente, em função dos temas das perguntas do roteiro de entrevista, mas houve modificações e acréscimos de temas, em função dos conteúdos surgidos durante a leitura d as entrevistas (Laville & Dionne, 1999).

As categorias e subcategorias temáticas a seguir detalhadas emergiram da análise de conteúdo qualitativa realizada com as entrevistas. Em cada quadro, são apresentadas as categorias e subcategorias, suas descrições e exemplos de falas dos participantes. Após isso, encontra-se uma discussão de cada categoria, tendo por base a literatura revisada e hipóteses explicativas das próprias autoras.

Categoria 1: Reação dos amigos à descoberta da gravidez
Nessa categoria foram englobadas as falas dos futuros pais adolescentes que descreviam as reações dos amigos frente à descoberta da gravidez.

Subcategorias	Exemplos de falas
Ambivalente	"Ah, tomaram um baita de um choque né? Uns fugiam do assunto, outros... diziam que legal, me cumprimentavam, outros me chamavam de louco, né, de doido..." (P1)

Subcategorias	Exemplos de falas
Positiva (alegria, apoio, incentivo)	"Só riram, né? Acharam engraçado, alguns deles já são pais né?" (P2) "Acho que foi um incentivo, sabe? Porque não teve assim: 'Pô, acho que não era agora', sabe, eles me deram, incentivo: 'É isso aí, cara, agora tem que batalhar', sabe?" (P5)
Negativa	"Bah! Pra eles era o fim do mundo sabe? eu ser pai, então, novo, nem casado não é, pra eles era o fim do mundo, ser pai..." (P3) "Ficou mais louco que eu!" (P4) "Ficaram naquela, surpresos também, né? Sempre eu disse que filho talvez, pra mim, depois do casamento, aquela coisa toda, depois de ter uma vida... né... com os pés... um alicerce bem firme, ai, eles ficaram bem surpresos também" (P5) "Acho que antes eu falei só pra um mesmo, mais amigo assim... e ele... ficou confuso na hora assim, não sabia se acreditava, ninguém acreditou, por causa da nossa idade" (P6)

A reação dos amigos do adolescente diante da notícia da gravidez foi, em sua maioria, negativa, como também encontrado no estudo de Levandowski (2001). Pode-se pensar que tais reações demonstrem uma dificuldade de lidar com a "perda" do amigo, uma vez que, como apontaram os estudos realizados por Aquino e cols. (2003) e Dias e Aquino (2006), a convivência com os amigos diminui consideravelmente após o nascimento da criança.

Por outro lado, o apoio e o incentivo dos amigos também ficaram evidentes. O fato de os amigos já serem pais, como referiu o participante 2, segundo Levandowski (2001), parece facilitar a aceitação da paternidade alheia, talvez por ganharem um novo companheiro na mesma situação, uma vez que as amizades na adolescência tendem a ser baseadas mais nas semelhanças do que nas diferenças (Kandel, 1978; Akers e cols., 1998; Urberg e cols., 1998). Além disso, ficou evidenciado ainda que o futuro pai busca a turma como um ponto de apoio, talvez por não se sentir preparado para refazer seus objetivos de vida (Trindade & Bruns, 1999).

No que se refere à reação ambivalente dos amigos diante da notícia, relatada pelo participante 1, pode-se pensar que, por se tratar de um grupo de amizade muito grande (100 amigos), provavelmente de idades variadas, isso faz com que os mesmos apresentem diferentes formas para lidar com a condição de paternidade, alguns tendo reações positivas e outros negativas. Mas também se pode pensar que essa reação dos amigos seja um reflexo da ambivalência dos próprios pais adolescentes diante da paternidade.

Categoria 2: Sentimentos pessoais frente à reação dos amigos
Nessa categoria foram listados os sentimentos dos adolescentes frente à reação dos seus amigos à notícia da gravidez.

Subcategorias	Exemplos de falas
Brincadeira (alegria)	"Toda a gurizada quando vão se pai lá, nós entre amigos, tudo eles pulam de faceiro, porque gostam de rir gostam de brincar, daí as vezes o cara não pode sair, não pode se divertir, e eles simplesmente acham engraçado, e a gente leva tudo para o lado da brincadeira" (P2)
Negativo (incomodação, decepção)	"Eu me senti incomodado, eu pensava assim: 'O que eu fiz da minha vida?', ser pai agora, tinha que ser pai, mas não cedo demais, né? A gente se sente mal, né, mas o que eu que eu posso fazer?" (P3) "Me senti... sem amigos ao certo, quem não era muito meu amigo, me ajudou, quem era não me ajudou muito, me senti meio sozinho nessa parte..." (P6)

A reação positiva relatada pelo participante 2 pode estar relacionada ao fato de seus amigos já serem pais, o que facilita a aceitação do grupo, como mencionado anteriormente, e acaba também deixando o adolescente mais tranquilo. Por outro lado, também pode ser decorrente do fato de o futuro pai não ter ainda assumido a gravidez, o que pode acontecer, segundo Nunes (1998), pelo medo de perda da liberdade.

As reações negativas foram entendidas como uma expressão da decepção do jovem com seus amigos. Parece que esses os incomodaram e até mesmo os abandonaram nesse momento em que precisavam da turma como uma fonte de apoio, o que de fato é apontado pela literatura como função do grupo de amigos na adolescência (Lima, 2005; Papalia e cols., 2006; Stanton-Salazar & Spina, 2005), em função de os adolescentes ocuparem a maior parte do seu tempo com amigos (Sprinthall & Collins, 2003; Oliva, 2004) na tentativa de realizar três tarefas de desenvolvimento importantes, no caso, a definição da própria identidade (Knobel, 1981), a conquista de autonomia e a capacidade para a intimidade (Steinberg, 1985; Blos, 1996).

Pode-se pensar também que, em função de o adolescente mostrar certa dependência em relação aos amigos (Reato, 2001), uma reação negativa tenha feito eles se sentirem isolados do grupo e desvalorizados, já que a autoestima e o autoconceito nessa fase da vida encontram-se intimamente relacionados ao valor que o grupo lhes dá (Oliva, 2004; Teti & Lamb, 1986).

O sentimento negativo frente à notícia, que ficou evidente no depoimento dos participantes, estaria indicando também a dificuldade dos meninos no quesito sensibilidade, concordando com os achados de Hussong (2000) e Marques (1996), que apontaram entre as meninas comportamentos de intimidade (autorrevelação, companheirismo, lealdade e afeição) e apoio emocional mais frequentes.

Categoria 3: Mudanças no grupo de amizade e nas atividades diárias do adolescente após a descoberta da gravidez

Na categoria 3 foram explicitadas as mudanças ocorridas no grupo de amizades e nas atividades diárias dos adolescentes após a descoberta da gravidez.

Subcategorias	Exemplos de falas
Nenhuma	"Nenhuma, nenhuma mesmo, a mesma amizade continuemos (...) Não, são os mesmos, a gente conhece um aqui, outro, mas amigos mesmo continuam..." (P2)

Subcategorias	Exemplos de falas
Aproximação	"Depois que eles baixaram a cabeça e pensaram e tal, cada vez se aproximaram mais, né?" "Eu continuo saindo bastante, mas saio com ela... não saio sem ela..." (P1) "Um casal sai mais com outro casal digamos, pra uma festa ou coisa e tal, ai, quanto assim, acho que melhorou sabe? Sai mais, enfim, tem mais coisas pra fazer juntos, e aquela coisa assim... com os amigos meus, ou dela também" (P5)
Afastamento	"Mudou que eu quase não saía mais com eles, por causa da criança, que eu tinha que ficar com ela, né? Antes, que eu não tinha responsabilidade, ficava na casa dos meus primos, meus amigos, né, agora... deixei de lado..." (P3) "Ah, o tempo passou a ser bem menor" (P4) "Teve poucos assim, que se afastaram um pouco assim, não andavam mais comigo, que sabiam que eu não podia mais sair, não podia acompanhar eles, daí se afastaram um pouco (...) Eles continuam meus amigos, só que daí eu... conheci mais agora que vim pra cá, no meu serviço e coisa, conheci novos amigos assim, e agora que eu convivo mais é com esses" (P6)

No que se refere ao afastamento do grupo de amizades, pode-se pensar que isso aconteça em função de o futuro pai adolescente passar a ter mais responsabilidades, tais como a entrada no mundo do trabalho, que pode acarretar o afastamento da escola e a restrição das atividades de lazer, resultando na diminuição do contato com os amigos (Cabral, 2003; Dias & Aquino, 2006; Levandowski, 2001; Lowenstein & Barker, 1998, Trindade & Menandro, 2002). Além disso, tal afastamento pode decorrer, segundo Trindade e Bruns (1999), do fato de o adolescente, devido à paternidade, ter que refletir acerca das suas ações e projetos de vida, o que pode levar a certas mudanças em suas atividades e atitudes.

Em estudo realizado por Aquino e cols. (2003), com jovens de três capitais brasileiras, durante o primeiro ano após o nascimento do filho, a convivência com os amigos diminuiu tanto para as moças como para os rapazes, o que não aconteceu com a maioria dos adolescentes do presente estudo. Nesse sentido, pensa-se que essa situação, de não ter acontecido nenhuma mudança no grupo de amizade, tenha ocorrido em função de não terem assumido a gravidez (participante 2), ou pela dificuldade no relacionamento com a companheira (participante 3), já que assim os adolescentes ainda não haviam se dado conta da responsabilidade que passariam a ter.

A aproximação dos amigos, citada pelos participantes 1 e 5, foi encontrada também em estudo realizado por Levandowski (2001), que relata que, independentemente da reação inicial, os amigos continuaram presentes durante a gravidez, apoiando os jovens. A mudança relatada por esses participantes foi a realização de atividades com os amigos que incluíssem a gestante, o que impediu o afastamento dos amigos. Ao contrário, até gerou maior aproximação. Aqui, cabe lembrar os achados do estudo de Costa e colaboradores (2005), que indicaram mudanças significativas no perfil da situação conjugal e da coabitação dos jovens, ocorrendo uma diminuição da proporção de solteiros e um aumento do número de casados e em coabitação em função da gestação.

Analisando as falas dos participantes, pode-se pensar que as mudanças que já ocorreram na vida dos futuros pais, como o aumento de responsabilidade, em função da entrada no mercado de trabalho, fizeram com que os mesmos começassem a se relacionar com novas pessoas, acabando por se afastar das amizades antigas. Segundo Cabral (2003), o adolescente passa a ter que "dar o exemplo", começar a trabalhar, diminuindo assim, o "tempo livre" e a "zoação" com os amigos. Talvez em função disso aconteça essa mudança de grupo de amigos, já que o adolescente parece buscar novos amigos que estejam vivenciando algumas situações mais semelhantes à sua condição atual.

Categoria 4: Influência dos amigos nos sentimentos do adolescente frente à paternidade

Nessa categoria ressaltou-se a influência dos amigos nos sentimentos do adolescente frente à paternidade.

Subcategorias	Exemplos de falas
Nenhuma	"Não, de forma alguma, tenho meu conceito bem armado em relação a tudo que aconteceu, e tudo que tá acontecendo. A minha cabeça é uma, e pra mudar, só se me apresentarem realmente fatos que eu não possa, tá atingindo o que eu preciso atingir, pra ter essa cabeça que eu tenho em relação à gravidez. Mas enquanto eu pensar desse jeito e ninguém me provar ao contrário, não me provoca nenhum tipo de desvio do meu pensamento" (P1)
Positiva (apoio/incentivo)	"O meu primo, que eu mais convivo com ele, né, depois que a mulher dele perdeu gêmeos, ele me explicava que eu ser pai não, nenhum... por causa dele eu tô até aceitando, acho que não é nenhuma dificuldade, tô tentando levar assim..." (P3) "Ah sim, mais ainda, qualquer coisa que tu faz, tu faz e ganha incentivo, com certeza tu vai progredir, né." (P5)
Negativa (crítica)	"Eles me criticavam assim... uns falavam que eu não tinha idade, que não era certo" (P6)

As reações positivas dos amigos, citadas pelos adolescentes, pareceram influenciar de alguma forma os sentimentos dos futuros pais, já que os mesmos procuram apoio no grupo e acabam encontrando, parecendo sentir-se mais confiantes para enfrentar essa nova situação. Novamente aparece o papel do grupo como contexto de apoio ao adolescente em uma situação adversa (Lima, 2005), bem como a influência do grupo sobre a autoestima do adolescente (Oliva, 2004). Além disso, tal reação positiva pode ter reforçado nos adolescentes um sentimento de pertencimento ao grupo, justamente em um momento de vida que eles buscam tais referências (Blos, 1996; Knobel, 1981; Papalia e cols., 2006).

No que se refere à reação negativa, relatada apelo participante 6, pode-se pensar que o adolescente tenha sido de certa forma influenciado por ela, devido ao fato de se encontrar em uma fase de definição de identidade, buscando parâmetros e segurança dentro do grupo (Sprinthall & Collins, 2003). Felizmente, tal reação não diminuiu suas aspirações paternas, pois, sentindo-se abandonado pelo grupo, o jovem buscou apoio na família. Nesse sentido, percebe-se um movimento contrário ao esperado na adolescência, no caso, de permanência do adolescente numa condição de dependência emocional e financeira em relação à família (Blos, 1996).

Apenas um participante demonstrou ter clareza de seus sentimentos frente à paternidade, referindo não ter sido influenciado pelos amigos. Talvez isso decorra do fato de o adolescente ter uma melhor estabilidade econômica, uma perspectiva de vida, o que o faz pensar que esteja preparado para começar uma família, independentemente do que é colocado pelos amigos. Cabe ressaltar que tal achado concorda com a literatura, que indica que nem sempre essa pressão a pressão do grupo sobre o adolescente é negativa, nem todos os adolescentes se mostram vulneráveis a essa pressão e nem todos os amigos exercem a mesma influência sobre o jovem (Oliva, 2004).

Categoria 5: Influência dos amigos em comportamentos anteriores à paternidade

Na categoria 5 foram incluídas as respostas dos futuros pais adolescentes que descreviam a influência dos amigos em suas atitudes e comportamentos em período anterior à paternidade.

Subcategorias	Exemplos de falas
Nenhuma	"Nunca cedi em nada, sempre o que eu pensei prevaleceu, mesmo em questões de deboche, em questões de qualquer outra coisa, o que eu penso, sempre, pra mim prevaleceu como valor maior, então, não tive problema com isso não" (P1) "A gente sempre soube respeitar a opinião dos outros" (P2) "Não... tudo que eu faço, eu pergunto pro meu pai, peço a opinião, né, que é experiente, ou pro meu tio, mas pra todas as coisas, graças a Deus, tudo vem de mim..." (P3)
Negativa	De brigas assim, essas coisas, de tumulto... pra sair na noite também, eles me carregavam" (P6)

Pode-se perceber, a partir das falas dos participantes, que os futuros pais com menor idade (participante 6) foram os mais influenciados pelos amigos, em se tratando principalmente de situações não saudáveis, o que demonstra certa imaturidade por parte do futuro pai, por estar também no início do processo da construção de identidade (Knobel, 1981; Erikson, 1998). Tal achado ilustra as ideias trazidas por Sprinthall e Collins (2003), que afirmam que, na adolescência, a influência dos amigos costuma ser bastante marcante; o indivíduo passa a comparar seu comportamento e capacidades com outros da mesma idade e acaba, muitas vezes, adotando o mesmo comportamento dos amigos. Também concorda com as ideias veiculadas por Reato (2001) e Oliva (2004), que indicam que, embora a família ainda ocupe um lugar importante, em decorrência da desvinculação que deve ser realizada em relação aos pais, as amizades ganham em intensidade e estabilidade, passando a ser o contexto de socialização mais influente para o adolescente.

De modo contrário, o fato de a maioria dos participantes ter indicado não haver sido influenciada pelos amigos pode ser entendido como uma certa independência dos adolescentes em relação ao grupo, talvez por serem mais velhos e já haverem superado a fase em que o grupo dita regras e exige determinados comportamentos para o pertencimento (Sprinthall & Collins, 2003), ou seja, a fase de maior influência do grupo sobre os sentimentos e comportamentos do adolescente.

Interessante destacar também que, para o participante 6, antes da paternidade, a adolescência parecia ser o que Yépez e Pinheiro (2005) encontraram em seu estudo, ou seja, "tempo de curtir" e "tempo de descoberta e/ou preparação para o futuro", quando podia fazer "tumulto ou festas" sem maiores preocupações e responsabilidades.

Categoria 6: Descrição do grupo de amizade

A categoria 6 englobou a descrição feita pelo próprio futuro pai adolescente do seu grupo de amizade.

Subcategorias	Exemplos de falas
Legal/correto/verdadeiro	"As minhas amizades são bem legal, pessoas sadias, não tenho amigos que tem rotina, fora de lei, ou pessoas que praticam coisas erradas, meus amigos são pessoas que... maioria, não bebe, meus amigos são pessoas que são... certinhas, né?" (P1) "Bem legal, bem verdadeiro... a amizade que eu sempre quis ter né?" (P4)
Família	"Acho que é mais que uma família, porque tudo que um precisa o outro precisa também, que nem assim, quando um vai sair, e um não tem dinheiro, ou a gente dá um jeito de arrumar ou ninguém vai" (P2) "Acho que a maioria é quase como irmão assim, como que fosse criado junto, crescido junto, fizemos tanta coisa junto, que são... tem alguns que são, quase irmão mesmo assim, no mais, é parte da família" (P6)
Gozadores/implicantes	"Eles não se importam, não tão nem aí, pra eles... meus amigos gostam de zoa, gozam da desgraça do cara, gostam de incomodar (...)" (P3)

A maioria dos adolescentes participantes do estudo descreveu seu grupo de amizade de forma positiva. Segundo Muza e Costa (2002), a formação da turma de adolescentes serve como um espaço transicional de emancipação e construção da identidade social, no qual prevalecem sentimentos de amorosidade.

O adolescente está em uma fase de transição, de "alargamento do mundo social" segundo Sprinthall e Collins (2003), começando a se relacionar com pessoas fora do círculo familiar. Assim, o adolescente caracteriza o seu grupo de amizades como uma extensão da família, já que este representa um socorro transitório prestado ao indivíduo durante a crise que ele atravessa (Fau, 1961), e também porque os rapazes que são amigos têm tendência a conhecer-se há mais tempo (Sprinthall & Collins, 2003).

No entanto, um adolescente, o participante 3, caracterizou os amigos como implicantes. Pode-se pensar que essa visão negativa justifica o fato de o futuro pai buscar apoio nos familiares. Parece que seus amigos nada mais fazem do que implicar uns com os outros, não dando nenhum tipo de apoio em um momento delicado, como por exemplo, frente à paternidade, talvez em decorrência de sua imaturidade emocional. Pode-se pensar ainda que esse tipo de atitude dos amigos seja um reflexo da história de cada adolescente, especialmente no que se refere às relações de apego (Weinfield e cols., 1997). Talvez esses jovens possam ter tido um relacionamento difícil com seus pais e irmãos (apego evitativo), o que acabou limitando o seu aprendizado das habilidades e competências sociais, que se reflete no tipo, duração e qualidade de suas amizades no momento presente (Miller & Hoicowitz, 2004).

Considerações finais

O presente estudo teve como objetivo geral verificar a eventual ocorrência de mudanças no grupo de amizades de jovens que se tornam pais. Mais especificamente, investigar a reação do grupo de amizades frente à paternidade do jovem, examinar o envolvimento do futuro pai adolescente com o grupo de amizades, identificando a ocorrência de eventuais mudanças neste envolvimento, descrever a percepção do pai adolescente sobre o seu grupo de amizades e investigar mudanças na vida pessoal e nas atividades diárias do adolescente em decorrência da paternidade.

Pode-se concluir, a partir do estudo realizado, que ocorreram mudanças no grupo de amizade dos jovens investigados. Em se tratando daqueles que ingressaram no mercado de trabalho, as mudanças foram evidentes nas atividades diárias, que gerou o afastamento do grupo de amizades. Já entre aqueles que tinham uma certa estabilidade financeira, ou que ainda não haviam assumido a paternidade, as atividades realizadas com os amigos não se alteraram, ocorrendo, em alguns casos, até mesmo uma maior aproximação. Constatou-se em geral uma reação negativa dos amigos à notícia da paternidade, que não chegou a influenciar os sentimentos e atitudes do adolescente frente à situação, apesar de ter gerado um certo incômodo/decepção. Foi possível perceber o valor que o grupo de amigos teve para o futuro pai adolescente, pois, em alguns casos, eles o descreveram como uma família. Com isso, se confirma o papel do grupo de iguais como um importante elemento de apoio social e afetivo para o adolescente, especialmente diante de uma situação de crise como a paternidade precoce.

A paternidade adolescente ainda é um campo novo de atenção científica. Apesar de a gestação e a maternidade adolescente estar sendo investigada há mais tempo, a importância da presença do pai adolescente nesse contexto, bem como os sentimentos, expectativas e as mudanças que ocorrem na vida do mesmo, acabam passando despercebidas. Talvez isso aconteça em função de ainda existir certa dificuldade de realizar um trabalho com os jovens pais. No caso do presente estudo, por exemplo, foram localizadas diversas adolescentes cujos companheiros tinham idade superior à delas. Quando eles eram também adolescentes, foram encontradas barreiras geradas pela fragilidade desse relacionamento, como o ciúme e a insegurança das jovens, além do estranhamento em relação ao foco do estudo ser o companheiro.

Importante destacar, no entanto, que, entre os jovens que aceitaram participar do estudo, pode-se perceber uma satisfação durante a entrevista. Parece que este momento foi para eles como que um desabafo, pois, apesar de relatarem o apoio dos amigos, ainda sentiam necessidade de expressar seus sentimentos sobre a grande mudança que estava acontecendo em suas vidas. A partir disso, pensa-se ser importante realizar um trabalho de apoio a estes adolescentes, em grupo ou até mesmo individualmente, pela necessidade que demonstraram de serem escutados, oportunizando-se, assim, um momento de troca de experiências e expressão de angústias.

Acredita-se que o presente estudo serviu para demonstrar que o grupo de amizades permanece um importante contexto de relacionamento para o adolescente pai, e, por isso, essa temática deve passar a fazer parte das pesquisas sobre o impacto da paternidade na adolescência. Sendo assim, o presente estudo poderia ser ampliado futuramente, incluindo a escuta dos sentimentos dos amigos dos futuros pais, utilizando-se entrevistas individuais ou em grupo. Destaca-se como importante ainda a ampliação do foco de estudo, investigando-se mais detalhadamente o papel da família, pois aqueles jovens que não tiveram o apoio que esperavam dos amigos, voltaram-se para a família, valorizando-a e aproximando-se desta, em uma etapa do desenvolvimento em que se espera justamente um movimento contrário.

Referências

Aberastury, A. (1981). O adolescente e a liberdade. Em A. Aberastury & M. Knobel (Orgs.), *Adolescência normal* (10ª ed., pp. 13-23). Porto Alegre: Artes Médicas.

Akers, J. F., Jones, R. M., & Coyl, D. D. (1998). Adolescent friendship pairs: Similarities in identity status development, behaviors, attitudes, and intentions. *Journal of Adolescent Research, 13*(2), 178-201.

Amazarray, M. R., Machado, P. S., Oliveira, V. Z., & Gomes, W. B. (1998). A experiência de assumir a gestação na adolescência: Um estudo fenomenológico. Psicologia: Reflexão e Crítica, 11(3), 431-440.

Antoniazzi, A. S., Hutz, C. S., Lisboa, C. S. de M., Xavier, C. A., Eickhoff, F., & Bredemeier, J. (2001). O desenvolvimento do conceito de amigo e inimigo em crianças e pré-adolescentes. *Psico-USF, 6*(2), 1-10.

Aquino, E. M. L., Heilborn, M. L., Knauth, D., Bozon, M., Almeida, M. da C., Araújo, J., & Menezes, J. (2003) Adolescência e reprodução no Brasil: A heterogeneidade dos perfis sociais. *Cadernos de Saúde Pública, 19*(2), 377-388.

Bee, H. (1997). *O ciclo vital.* Porto Alegre: Artmed.

Blos, P. (1996). *Transição adolescente: Questões desenvolvimentais.* Porto Alegre: Artes Médicas.

Bost, K. K., Cox, M. J., Burchinal, M. R., & Payne, C. (2002). Structural and supportive changes in couples' family and friendship networks across de transition to parenthood. *Journal of Marriage and Family, 64*(2), 517-531.

Cabral, C. S. (2003). Contracepção e gravidez na adolescência na perspectiva de jovens pais de uma comunidade favelada do Rio de Janeiro. *Cadernos de Saúde Pública, 19*(2), 283-292.

Cecconello, A. M., & Koller, S. H. (2000). Competência social e empatia: Um estudo sobre resiliência com crianças em situação de pobreza. *Estudos de Psicologia, 5*(1), 71-93.

Costa, M. C. O., Lima, I. C., Júnior, D. F. M., Santos, C. A. S. T., Araújo, F. P. O., & Assis, D. R. (2005). Gravidez na adolescência e co-responsabilidade paterna: Trajetória sóciodemográfica e atitudes com a gestação e a criança. *Ciência & Saúde Coletiva, 10*(3), 719-727.

Daudt, P. R. (1997). Interação social: O papel da amizade no desenvolvimento infantil. *Aletheia, 5,* 80-90.

Dias, A. B., & Aquino, E. M. L. (2006) Maternidade e paternidade na adolescência: Algumas constatações em três cidades do Brasil. *Caderno de Saúde Pública, 22*(7), 1447-1458.

DuBois, D. L., & Hirsch, B. J. (1993). School/Nonschool friendship patterns in early adolescence. *Journal of Early Adolescence, 13*(1), 102-122.

Erikson, E. H. (1998). *O ciclo de vida completo.* Porto Alegre: Artmed.

Fau, R. (1961). *Crianças e adolescentes: Grupos e amizades.* Rio de Janeiro: Fundo de Cultura.

Guimarães, E. M. B., & Colli, A. S. (1998). *Gravidez na adolescência.* Goiânia: UFG.

Haynie, D. L., South, S. J., & Bose, S. (2006). The company you keep: Adolescent mobility and peer behavior. *Sociological Inquiry, 76*(3), 397-426.

Heilborn, M. L., Salem, T., Roheden, F., Brandão, E., Knauth, D., Víctora, C., Aquino, E., McCallum, C., & Bozon, M. (2002). Aproximações sócio-antropológicas sobre a gravidez na adolescência. *Horizontes Antropológicos, 8*(17), 13-45.

Hussong, A. M. (2000). Distinguishing mean and structural sex differences in adolescent friendship quality. *Journal of Social and Personal Relationships, 17*(2), 223-243.

Justo, J. S. (2005). O "ficar" na adolescência e paradigmas de relacionamento amoroso da contemporaneidade. *Revista do Departamento de Psicologia da UFF, 17*(1), 61-77.

Kandel, D. B. (1978). Similarity in real-life adolescent friendship pairs. *Journal of Personality and Social Psychology, 30*(3), 306-312.

Knobel, M. (1981). A síndrome da adolescência normal. Em A. Aberastury, & M. Knobel (Orgs.), *Adolescência normal* (10ª ed., pp. 24-59). Porto Alegre: Artes Médicas.

Laville, C., & Dionne, J. (1999). *A construção do saber: Manual de metodologia da pesquisa em Ciências Humanas.* Porto Alegre: Artmed.

Levandowski, D. C. (2001). *Paternidade na adolescência: Expectativas, sentimentos e a interação com o bebê.* Dissertação de Mestrado, Universidade Federal do Rio Grande do Sul, Porto Alegre.

Levandowski, D. C., & Piccinini, C. A. (2004). Paternidade na adolescência: Aspectos teóricos e empíricos. *Revista Brasileira de Crescimento e Desenvolvimento Humano, 14*(1), 55-67.

Levandowski, D. C., & Piccinini, C. A. (2006). Expectativas e sentimentos em relação à paternidade entre adolescentes e adultos. *Psicologia: Teoria e Pesquisa, 22*(1), 17-27.

Lima, E. J. B. de (2005). *Adolescentes e jovens e suas bases de apoio: Relações de amizade como suporte social no enfrentamento à violência*. Dissertação de Mestrado, Universidade Federal do Rio Grande do Norte, Natal.

Lowenstein, I., & Barker, A. (1998). De onde vem o bom pai? Reflexões a partir de uma pesquisa qualitativa com adolescentes. Em P. Silveira (Org.), *Exercício da Paternidade* (pp. 151-163). Porto Alegre: Artes Médicas.

Luthar, S. S., & McMahon, T. J. (1996). Peer reputation among inner-city adolescents: Structure and correlates. *Journal of Research on Adolescence, 6*(4), 581-603.

Marques, J. C. (1996). Estilos de relações interpessoais na adolescência. *Psico, 27*(1), 47-57.

Martins, P. O., Trindade, Z. A., & Almeida, A. M. O. (2003). O ter e o ser: Representações sociais da adolescência entre adolescentes de inserção urbana e rural. *Psicologia: Reflexão e Crítica, 16*(3), 555-568.

Miller, J. B., & Hoicowitz, T. (2004). Attachment contexts of adolescent friendship and romance. *Journal of Adolescence, 27*, 191-206.

Montgomery, M. (1998). *O novo pai* (6ª ed.). São Paulo: Gente.

Moreno, M. del C. (2004a). Desenvolvimento e conduta social dos dois aos seis anos. Em C. Coll, J. Palácios & A. Marchesi (Orgs.), *Desenvolvimento psicológico e educação: Vol. 1* (pp. 214-229). Porto Alegre: Artmed.

Moreno, M. del C. (2004b). Desenvolvimento e conduta social dos seis anos até a adolescência. Em C. Coll, J. Palácios & A. Marchesi (Orgs.), *Desenvolvimento psicológico e educação: Vol. 1* (pp. 287-305). Porto Alegre: Artmed.

Mussen, P. H., Conger, J. J., Kagan, J., & Huston, A. H. (1995). *Desenvolvimento e personalidade da criança* (3ª ed.). São Paulo: Harbra.

Muza, G. M., & Costa, M. P. (2002). Elementos para a elaboração de um projeto de promoção à saúde e desenvolvimento dos adolescentes: O olhar dos adolescentes. *Cadernos de Saúde Pública, 18*(1), 321-328.

Nunes, C. E. G. (1998). Adolescência e paternidade: Um duelo de papéis sociais. *Psico, 29*(1), 125-138.

Oliva, A. (2004). Desenvolvimento social durante a adolescência. Em C. Coll, J. Palácios & A. Marchesi (Orgs.), *Desenvolvimento psicológico e educação: Vol. 1* (pp. 350-367). Porto Alegre: Artmed.

Osório, C. M. da S. (2001). Adultos jovens, seus scripts e cenários. Em C. L. Eizirik, F. Kapczinski & A. M. S. Bassols (Orgs.), *O ciclo da vida humana: Uma perspectiva psicodinâmica* (pp. 141-158). Porto Alegre: Artmed.

Pacheco, S. de A. (2003). *A adolescência na visão das adolescentes.* Trabalho de Conclusão de Curso de Psicologia, Universidade de Caxias do Sul, Caxias do Sul.

Papalia, D. E., Olds, S. W., & Feldman, R. D. (2006). *Desenvolvimento Humano* (8ª ed.). Porto Alegre: Artmed.

Piccinini, C. A., Silva, M. R., Gonçalves, T. R., Lopes, R. de C. S., & Tugde, J. (2004). O envolvimento paterno durante a gestação. *Psicologia: Reflexão e Crítica, 17*(3), 303-314.

Piotto, D. C., & Rubiano, M. R. B. (1999). Amizade entre crianças pequenas: Análise da interação de pares preferenciais na creche. *Psico, 30*(1), 109-129.

Rappaport, C. R. (1993). Introdução. Em *Adolescência: Abordagem psicanalítica* (pp. 01-20). São Paulo: E.P.U.

Reato, L. de F. N. (2001). Desenvolvimento da sexualidade na adolescência. Em L. A. Françoso, D. Gejer & L. de F. N. (Orgs.), *Sexualidade e saúde reprodutiva na adolescência* (pp. 1-10). São Paulo: Atheneu.

Richardson, R. M., Peres, J. A. S., Wanderley, J. C. V., Correia, L. M., & Perin, M. H. M. (1999). *Pesquisa social. Métodos e técnicas* (3ª ed.). São Paulo: Atlas.

Rohde, L. A., Ferreira, M. H. M., Zomer, A., Forster, L., & Zimmermann, H. (1998). The impact of living on the streets on latency children's friendship. *Revista de Saúde Pública, 32*(3), 273-280.

Saito, M. I. (2001). Adolescência, sexualidade e ética. Em L. A. Françoso, D. Gejer & L. de F. N. Reato (Orgs.), *Sexualidade e saúde reprodutiva na adolescência* (pp. 51-58). São Paulo: Atheneu.

Santos, L. M. M. dos (2005). O papel da família e dos pares na escolha profissional. *Psicologia em Estudo, 10*(1), 57-66.

Schneider, B. H., Woodburn, S., Toro, M. del P. S. del, & Udvari, S. J. (2005). Cultural and gender differences in the implications of competition for early adolescent friendship. *Merrill-Palmer Quarterly, 51*(2), 163-191.

Seginer, R. (1998). Adolescents' perceptions of relationships with older siblings in the context of other close relationships. *Journal of Research on Adolescence, 8*(3), 287-308.

Sgarbossa, D., & Ford-Gilboe, M. (2004). Mother's friendship quality, parental support, quality of life, and family health work in families led by adolescent mothers with preschool children. *Journal of Family Nursing, 10*(2), 232-261.

Silva, M. M. da, Schoen-Ferreira, T. H., Medeiros, E., Aznar-Farias, M., & Pedromônico, M. R. M. (2004). O adolescente e a competência social:

Focando o número de amigos. *Revista Brasileira de Crescimento e Desenvolvimento Humano, 14*(1), 23-31.

Souza, L. K. de (2006). *Amizade em adultos: Adaptação e validação dos questionários McGill e um estudo de diferenças de gênero.* Tese de Doutorado, Universidade Federal do Rio Grande do Sul, Porto Alegre.

Sprinthall, N. A., & Colllins, W. A. (2003). *Psicologia do adolescente: Uma abordagem desenvolvimentista* (3ª ed.). Lisboa: Fundação Calouste-Gulbenkian.

Stanton-Salazar, R. D., & Spina, S. U. (2005). Adolescent peer networks as a context for social and emotional support. *Youth & Society, 36*(4), 379-417.

Steinberg, L (1985). *Adolescence.* New York: Alfred Knopf.

Teti, D. M., & Lamb, M. E. (1986). Sex-role learning and adolescent fatherhood. Em A. B. Elster & M. E. Lamb (Org.), *Adolescent fatherhood* (pp. 19-30). Hillsdale, NJ: Erlbaum.

Tiba, I. (1992). *Sexo e adolescência* (6ª ed.). São Paulo: Ática.

Trindade, E., & Bruns, M. A. de T. (1999). *Adolescentes e paternidade: Um estudo fenomenológico.* Ribeirão Preto: Holos.

Trindade, Z. A., & Menandro, M. C. S. (2002). Pais adolescentes: Vivência e significação. *Estudos de Psicologia, 7*(1),15-23.

Uhlendorff, H. (2000). Parents' and children's friendship networks. *Journal of Family Issues, 21*(2), 191-204.

Urberg, K. A., Degirmencioglu, S. M., & Tolson, J. M. (1998). Adolescent friendship selection and termination: The role of similarity. *Journal of Social and Personal Relationships, 15*(5), 703-710.

Weinfield, N. S., Ogawa, J. R., & Sroufe, L. A. (1997). Early attchment as a pathway to adolescent peer competence. *Journal of Research on Adolescence, 7*(3), 241-265.

Yépez, M. A. T., & Pinheiro, V. S. (2005). Socialização de Gênero e Adolescência. *Estudos Feministas, 13*(1), 147-162.

Youniss, J. (1986). Development in reciprocity through friendship. Em C. Zahn-Waxler, E. M. Cummings & R. Iannotti (Orgs.), *Altruism and agression: Biological e social origins* (pp. 88-106). Cambridge: Cambridge University Press.

CAPÍTULO 5

As relações de amizade na velhice[1]

REGINA MARIA PRADO LEITE ERBOLATO
Pontifícia Universidade Católica de Campinas

Há mais de uma década, uma proposta de metateoria da personalidade (Buss, 1991) mostrou-se particularmente relevante ao ressaltar o caráter social das questões que o homem teve de resolver para garantir a sobrevivência durante seu desenvolvimento filogenético. Segundo tal perspectiva, a vida em sociedade propiciou proteção, a participação em cooperativas com interesses comuns e a seleção entre um maior número de parceiros com alto valor reprodutivo. Em contrapartida, exigiu a criação de estratégias para a manutenção da parceria com vistas a salvaguardar os cuidados necessários à prole, o investimento em alianças com o grupo original do parceiro, a negociação de *status* dentro do grupo e a resolução de competição intra-sexo, entre outros problemas que podem ser considerados atuais. Destacava ainda a necessidade de que o Homem desenvolvesse habilidades para perceber diferenças interindividuais que lhe permitissem aliar-se às pessoas "certas" como medida de proteção e afastar-se de outras, seus "predadores" potenciais.

O interesse pelo envelhecimento como objeto de estudo levou também ao exame de teorias psicológicas como as de E. Erikson, R. Havighurst e D. Levinson, que incluíam a velhice no curso de vida,

---

[1] A autora agradece aos organizadores, Luciana Karine de Souza e Claudio Simon Hutz, pelo convite, e à Profª. Dra. Geraldina Porto Witter, orientadora de sua Tese de Doutorado, realizada com o apoio financeiro da CAPES, que permitiu a elaboração de parte deste trabalho.

e algumas teorias sociológicas escritas por Siqueira (2002), que sugeriam a diminuição ou o afastamento dos relacionamentos sociais ao longo do envelhecimento, fosse por iniciativa do idoso ou por imposição social.

Essas duas posições indicavam algumas questões que poderiam resultar em um problema preocupante na velhice, dado o caráter social da espécie humana. Em primeiro lugar, se o homem é seletivo por natureza, se faz suas escolhas sociais sempre que é autônomo o suficiente – e isso ocorre muito antes do envelhecimento – e se seletividade implica qualidade, em contraposição à quantidade, o número de parceiros sociais tende sempre a diminuir. Em segundo, grande parte das teorias prevê essa redução, por motivos diversos. Em terceiro, quanto maior a longevidade, maiores serão as chances de limitações de ordem física, impedindo o acesso a outras pessoas. E finalmente, quanto mais se vive, mais se sobrevive a relacionamentos significativos. Dessa forma, o envelhecimento parecia trazer consigo um razoável risco de isolamento social, que não necessariamente se observa na prática ou por meio de comprovações empíricas, como nos resultados da pesquisa de Capitanini (2000), conduzida em uma cidade do interior mineiro.

O contato posterior com a proposta teórica de Carstensen (1991, 1995), denominada Teoria da Seletividade Socioemocional, trouxe nova luz à questão. Tal teoria é um complemento do modelo de envelhecimento psicológico bem-sucedido de Baltes e Baltes (1990), que se caracteriza por seleção, otimização e compensação. De uma forma muito resumida, selecionar é escolher domínios de competência, que são otimizados com o fim de compensar eventuais perdas associadas ao processo de envelhecimento.

Em sua teoria, Carstensen (1991, 1995) enfoca principalmente os aspectos funcionais das interações e sua variabilidade, esta dependente de fatores como: (a) posição ocupada pelo indivíduo no ciclo vital, e (b) efetividade das interações, as quais servem como meios para alcançar determinados objetivos. A autora pressupõe que a interação social é determinada por metas (hierarquizadas e acompanhadas por estratégias comportamentais) que variam ao longo da vida, variações essas moderadas por mecanismos psicológicos. Além das metas instrumentais, que garantem a sobrevivência, destacam-se três motivações principais para contato social: (a) obtenção de informação, (b) desenvolvimento e manutenção do autoconceito, e (c) regulação das emoções. As motivações permanecem as mesmas durante a vida, não são exclusivas, mas seu significado é diferente em cada fase. Assim, as motivações dependem da posição ocupada pelo indivíduo no curso de vida, isto é, não se relacionam apenas ao tempo vivido, mas à expectativa de tempo futuro disponível e mudam de forma previsível, havendo um aumento gradual da importância da regulação das emoções, o que começaria muito antes da velhice (entre 18 e 30 anos). Diminuir contatos teria, portanto, o propósito de garantir experiências emocionais predominantemente positivas, apresentando um caráter adaptativo, pró-ativo (e não reativo), e não ocorreria com todos os tipos de relacionamentos. Refletiria uma alteração de prioridades das metas anteriormente descritas, causada pela avaliação das experiências e pela percepção da exiguidade de tempo. Se os contatos sociais têm um futuro limitado e se as metas de longo prazo vão perdendo sentido, dá-se preferência ao investimento de afeto em parceiros bastante conhecidos e cuidadosamente selecionados, que potencialmente garantam experiências emocionais positivas e a reafirmação do autoconceito.

Embora algumas pesquisas tomadas como base por Carstensen (1995) fossem transculturais, vale esclarecer que os estudos que possibilitaram suas conclusões tiveram como sujeitos pessoas relativamente saudáveis, as quais se declaravam felizes, não sendo possível afirmar que a seletividade social ocorre com todas as pessoas ou que contribui para o envelhecimento bem-sucedido. Para tanto, fazem-se necessários mais estudos. Seguem-se alguns esclarecimentos acerca das motivações para contato social.

a) **Busca de informações.** As informações sobre o mundo, a transmissão da cultura e de valores são adquiridas basicamente por meio dos outros. Na infância, a maior parte das informações é conseguida por meio de interações sociais, mas logo há um aumento no "estoque" de informações obtidas, diminuindo o número de pessoas como fontes potenciais. Habilidades adquiridas, como a leitura, permitem a obtenção de informações por meios indiretos. As pessoas também se tornam mais diferenciadas umas das outras. Assim, os parceiros, na qualidade de fontes, precisam ser mais especializados, ocorrendo maior rigor na sua escolha. Na juventude, qualquer informação é importante, pois pode ser usada no momento ou reservada para utilização posterior. Na velhice, contudo, o futuro limitado diminui o valor desse tipo de investimento. Isso não significa que não haja busca de informações nas fases posteriores da vida, apenas que ela é menos importante ou mais direcionada.

b) **Desenvolvimento e manutenção do autoconceito.** O autoconceito é um conjunto de crenças sobre o self, no qual estão agrupadas afirmativas sobre o indivíduo. É uma entidade estável e ao mesmo tempo dinâmica, que influencia e é influenciada pelo mundo social.

De acordo com Herzog e Markus (1999), o *self*, ou identidade, é um sistema multifacetado e dinâmico de estruturas interpretativas, tendo também funções integrativas. É aquilo que o indivíduo acha que é: uma pessoa inteira, percebida de diferentes ângulos, incluindo ideias, comportamentos, habilidades, preferências e temperamento, as histórias que conta a seu próprio respeito e como organiza e dá significado às suas ações e reações. O *self* reflete e incorpora o que os outros pensam do indivíduo, a forma como é tratado, e quais pessoas são relevantes. É um construtor de experiências sociais e também uma construção social. Como sistema, não abrange apenas papéis e atributos sociais e de personalidade, mas igualmente os *selves* passados e possíveis, tendo uma dimensão temporal. Os passados permitem que o indivíduo organize sua percepção sobre si mesmo e crie uma história pessoal, dê consistência, significado e continuidade à sua autopercepção atual, servindo como referência para avaliar sua vida e suas aquisições. Há criatividade e seleção nesse processo, importantes para as muitas adaptações que se fazem necessárias. A partir dos *selves* passados e atuais, o indivíduo organiza suas ações, delineia trajetórias futuras (*selves* possíveis desejados) ou alternativas (*selves* possíveis, mas não desejados, por vezes até mesmo temidos). O *self*, portanto, é o fazer e o ser, um criando o outro, dando sentido e significado às experiências pessoais, fazendo conexão entre passado, presente e futuro. Sofre influências do nível educacional (quanto maior a exposição à informação e ao conhecimento, maior é o número de *selves* atuais e possíveis), do gênero e da cultura (experiências sociais diversas) e do conhecimento acerca do curso de vida (informações sobre seu ciclo, sobre padrões e expectativas, sobre como ser uma pessoa em diferentes estágios da vida).

Dois processos fazem parte do desenvolvimento das crenças sobre o *self*, ou autoconceito: *diferenciação* e *integração*. O primeiro permite ao indivíduo perceber-se como único e o segundo possibilita que se una aos outros e à sociedade. A tarefa da adolescência é a diferenciação, que exige exposição a um grande número de pessoas, sendo alguns valores internalizados e outros abandonados durante o processo. Essa exposição ampla perde sentido quando a diferenciação está completa. Se as pessoas se veem principalmente como os outros as veem, supõe-se que busquem ativamente parceiros que reafirmem a autopercepção delas, de modo que consigam autorrepresentações estáveis e consistentes, que sirvam de base para a integração. Os contatos sociais exercem sua influência em todas as idades, mas, uma vez desenvolvido o autoconceito ou *self*, comparações com quaisquer pessoas não são tão úteis como fontes de informação a seu próprio respeito. Como referido anteriormente, com a especialização decorrente da maior seletividade nas relações, poucas comparações são adequadas, pois os outros também mudam de comportamento. Na velhice, além de o autoconceito ser ameaçado por um grande número de alterações físicas, a perda de papéis inutiliza muitas das regras conhecidas de interação. Também a morte de velhos parceiros deixa lacunas, sendo poucos os que podem confirmar a identidade do indivíduo idoso, pois carecem de histórias compartilhadas. Se parceiros novos podem constituir-se numa ameaça à integridade, parceiros familiares (não no sentido de parentesco, mas de conhecidos de longa data) são mais previsíveis e favorecem a reafirmação do autoconceito na maturidade (Carstensen, 1995).

c) **Regulação das emoções.** Emoção e motivação estão interligadas e associadas ao comportamento social. Crianças pequenas logo se engajam em relacionamentos significativos e, antes de saberem andar e comer sozinhas, são capazes de discriminar e responder às emoções de seus cuidadores. Além das funções de sobrevivência, os contatos sociais produzem ganhos afetivos e cognitivos; às habilidades sociais entrelaça-se uma estrutura emocional bastante rica. Uma das melhores formas de regular afeto é cultivar o meio social: maximiza-se o potencial das experiências positivas e minimiza-se o das negativas. A compreensão do significado e do contexto das emoções melhora com o tempo, de acordo com resultados de pesquisa.

Assim, a função das interações mais importante no decorrer da vida é a regulação das emoções, o que significa que o indivíduo seleciona as emoções que deseja experimentar ou expressar e as condições em que isso ocorre. A teoria da seletividade social defende que o contato social tem propriedades prazerosas que se tornam cada vez mais proeminentes com o envelhecimento. O idoso baseia-se em sua avaliação das qualidades afetivas de seus contatos para aceitá-los ou rejeitá-los (Carstensen, 1995). Enquanto na infância o indivíduo precisa dos outros (dependência externa) para regular seus sentimentos, nas fases posteriores são desenvolvidas estratégias de autorregulação (dependência interna). Assim, os contatos sociais permanecem a principal fonte de regulação das emoções: as pessoas buscam os outros quando experimentam alegria, tristeza, estresse etc.

Outro dado relativo à regulação das emoções diz respeito à sinalização fornecida pela *expressão facial*. Esta comunica estados emocionais e é alterada, na velhice, por rugas e flacidez. Pesquisas sugerem que pessoas da mesma geração estão mais aptas a decodificar corretamente expressões faciais umas das outras. Isso faz supor que erros na deco-dificação podem ser evitados se os parceiros sociais forem familiares, o que é mais um dado a favor de sua escolha rigorosa (Carstensen, 1995).

Se a Teoria da Seletividade Socioemocional aparentemente responde a algumas questões importantes sobre a vida social na velhice, resta discutir quais são os relacionamentos escolhidos.

Relacionamentos sociais na velhice

Os relacionamentos, em particular os mais significativos, fazem parte da rede social de um indivíduo e ocorrem ao longo do tempo, sendo caracterizados por um padrão e por intercâmbios (trocas marcadas por reciprocidade) chamados de suportes sociais. Para explicar a evolução dos relacionamentos durante a vida, utilizou-se o Modelo de Comboio das Relações Sociais, introduzido por Kahn e Antonucci, em 1980, e posteriormente mais bem elaborado por Antonucci e Akiyama (1987). Designa um grupo de pessoas que cerca e acompanha o indivíduo durante toda a sua existência, que o protege e o ajuda a lidar com situações problemáticas, proporcionando-lhe os suportes necessários. Consiste numa rede social que se move juntamente com o indivíduo, embora as pessoas que a componham possam não ser sempre as mesmas, por motivos diversos – como eventos individuais ou normativos e as motivações para contato social. Os suportes sociais trocados são aspectos qualitativos da rede e podem ser de dois tipos: instrumentais (ajuda prática) e psicológicos (apoio, conselhos etc.). O tipo de papel de um membro da rede influencia a expectativa de suporte (Van Tilburg, 1990). Por exemplo, em caso de doença, espera-se que um vizinho desempenhe tarefas que exijam contato frequente, proximidade física com o doente, mas tal expectativa refere-se ao curto prazo; espera-se que um familiar comprometa-se a ajudá-lo num período mais longo de tempo, e que essa ajuda inclua cuidados físicos; de um amigo espera-se apoio moral, conversação etc., num compromisso de envolvimento prolongado.

Um levantamento sobre papéis e relacionamentos preservados na velhice aponta para familiares, amigos e vizinhos, além de outros menos íntimos, mas importantes, por oferecerem ajuda prática ou oportunidades de interação (Erbolato, 2006). Cada um deles, de acordo com a literatura, obedece a normas próprias ou tem características especiais. Relações familiares têm como marca a consanguinidade e sentimentos de dever ou obrigatoriedade; há inclusive uma expectativa social de afeto. Amigos são vínculos voluntários, escolhidos e geralmente íntimos, ao passo que vizinhos e outros relacionamentos de menor intimidade contam com a proximidade geográfica, a possibilidade de contato frequente, e independem de afeto ou intimidade. A família nuclear e ampliada e os relacionamentos acima descritos foram encontrados nas redes sociais de idosos de ambos os sexos, em uma pesquisa realizada pela autora (Erbolato, 2001).

Um dado qualitativo de interesse foi a tentativa de inclusão, nas redes, de pessoas já falecidas ou a inclusão concretizada de pessoas de paradeiro desconhecido, mas que foram importantes no passado como exemplos de virtude e caráter, contrariando as instruções para preenchimento do instrumento utilizado na mensuração das redes. Isso levanta a hipótese de que, nessa fase da vida, a importância da presença na memória pode ser tão grande quanto a presença física dos contatos humanos, um aspecto a exigir mais atenção dos pesquisadores.

Dentre todos esses contatos sociais, quais seriam particularmente exemplos de seletividade? Em nossa sociedade, dois tipos preenchem esses requisitos: a parceria romântica e as amizades. Estudos sobre as amizades, como os de Duck (1991), incluem entre elas relacionamentos com membros da família direta ou aqueles resultantes de parceria romântica.

Contudo, vale lembrar que a parceria romântica inclui atratividade sexual e, se bem-sucedida, evolui para uma relação de compromisso geralmente legitimado social e/ou religiosamente, construção conjunta de família e bens e o desenvolvimento de outros papéis sociais. Assim, ou existe um componente que não costuma ser associado à amizade (isto é, o sexo) ou passa a fazer parte das relações familiares, regendo-se por normas próprias, conforme citado anteriormente. As amizades, por outro lado, embora possam carregar gradações de importância e intimidade, parecem permanecer como modelos típicos de seleção, motivo pelo qual foram escolhidas. Assim, elas são aqui enfocadas como são popularmente vistas: pessoas sem ligações de consanguinidade, sem compromissos assumidos por coabitação ou criação de filhos, nem atração sexual, já que diferentes normas regulam esses relacionamentos.

Outro fator de influência na escolha das amizades foi a sobrevivência do indivíduo a seus parentes, sua longevidade. Os papéis familiares, além de únicos, são desempenhados por um rol restrito de pessoas, as quais, uma vez perdidas, não encontram equivalentes como fonte de amor. Quando a reposição é possível (como no caso da viuvez), ela é feita por uma única pessoa. O papel de amigo, por outro lado, pode ser preenchido por vários outros ao mesmo tempo. Independentemente da dor da perda, amigos são substituíveis, uma característica importante numa fase da vida em que a morte de entes queridos pode ser considerada normativa.

As relações de amizade: definições e características gerais

Apesar de sua relevância, a literatura nacional sobre o tema é bastante reduzida, como nota Souza (2004). No entanto, é possível citar, como exemplos, trabalhos e textos de Daudt (2005), Lisboa e Koller (2005), Souza, Carvalho e Hutz (2005), Souza e Sperb (2005) e Tortella (2005) a respeito da importância da amizade em diferentes fases do desenvolvimento humano e, em particular, os de Souza (2004) e Erbolato (2001, 2005), que incluem as amizades na velhice.

Estudos estrangeiros, por outro lado, têm demonstrado um interesse considerável sobre a matéria. Uma revisão da literatura (Erbolato, 2001) mostrou pesquisas sobre diferentes aspectos da amizade: dimensões, características ao longo do curso de vida, diferenças por gênero, relações com etnia e contexto, estudos comparativos entre amizades e família e até mesmo estudos acerca da perda de amigos e de aspectos negativos das amizades. Especificamente na velhice, encontram-se pesquisas associando amigos a bem-estar subjetivo e à saúde física, entre outros temas.

Definições

Uma importante consideração a ser feita é que, durante seu desenvolvimento, as pessoas desempenham diferentes papéis e direcionam-se a tarefas diversas, em grande parte determinadas por expectativas culturais ligadas a gênero, *status* social ou posição no curso de vida. É viável, portanto, esperar que as mudanças por que passam influenciem suas interações com os outros. Nesse contexto, a amizade, como relacionamento social, também pode ter funções variadas e, consequentemente, ser percebida e conceituada de diferentes formas.

De acordo com Johnson e Troll (1994), a amizade é um construto problemático, sem definições simples. Geralmente são usados critérios subjetivos para descrevê-la, os quais envolvem atributos associados à confiabilidade, à possibilidade de fazer confidências. Não raro o termo *amizade* designa diferentes tipos de relacionamento: profissionais, conhecimentos recentes ou de longa duração e graus variados de intimidade ou compromisso entre as partes. Estudos mostram que também há diferenças ligadas à cultura ou subcultura, à classe social, à idade e ao gênero.

Tal opinião é compartilhada por Adams, Blieszner e De Vries (2000), que tecem considerações acerca da variabilidade existente na definição, na compreensão, no significado e nas expectativas associadas a esse tipo de relacionamento. Poucos pesquisadores levam isso em conta, fazendo suas coletas de dados e análises partindo do pressuposto de que existe um consenso acerca da amizade, o que não ocorre, prejudicando a comparação dos resultados. As diferenças encontradas sugerem que os padrões e as percepções da amizade mudam de acordo com a época da vida, com a posição social e com o gênero, sendo também influenciadas pelo contexto e pela etnia.

Esse parecer é reforçado por Sherman, De Vries e Lansford (2000), que comentam que a maioria das pessoas faz ainda uma distinção entre amigos, melhores amigos, amigos casuais, conhecidos etc., o que torna imprescindível a adoção de uma definição consensual.

Em resumo, ela dificilmente é definida: a maioria dos autores prefere descrever suas características e funções. Entre as poucas definições encontradas na literatura, duas delas, citadas por Patterson, Bettini e Nussbaum (1993, p. 145): "Interdependência voluntária entre duas pessoas ao longo do tempo, visando facilitar aos envolvidos o alcance de seus objetivos socioemocionais"; "relacionamentos pessoais que são negociados entre indivíduos", nos quais as pessoas se tratam como iguais e se envolvem uma na vida da outra. São de natureza afetiva, uma vez que demonstram sentimentos positivos e cuidados um para com o outro. Uma terceira definição é a de Duck (1991, p. 7), segundo o qual a amizade é um vínculo ou "interdependência voluntária", parte de um "contrato não escrito" entre os envolvidos, cuja violação pode levar à sua dissolução.

Características gerais

De acordo com De Vries (1996), familiares e amigos são os principais componentes dos comboios; protegem o espaço social que circunda o indivíduo, ajudando-o em suas múltiplas adaptações. Logo, as relações de amizade podem ser entendidas como relacionamentos incluídos entre as maiores fontes de *suporte social* de que se dispõem, marcadas pela reciprocidade.

Entre os estudos sobre a amizade, encontram-se os de Duck (1991), especificamente dedicados ao tema e baseados em várias pesquisas. Neles, a amizade é considerada como um refinamento da *competência social*, acrescido de *aspectos simbólicos*. Na condição de competência, pode ser dominada, exercitada e otimizada. É um processo continuado que requer constantes adaptações das partes envolvidas em seu desenvolvimento, assim como em seu fortalecimento e sua manutenção. Alguns de seus aspectos são reconhecíveis como suportes sociais. Há, nesse vínculo, características e regras a serem obedecidas. São *características* aquilo que se espera de amigos, ou trocas de suportes, como: mostrar abertura (intimidade), honestidade, respeito, confiança, confidência (troca de segredos), apreciação do valor do outro, partilhar tempo e atividades. As *regras* são: manter conversação sobre assuntos banais ou importantes (comunicação), nunca fazer críticas em público, jamais violar segredos, retribuir favores e pagar dívidas (reciprocidade). Trocas de suporte emocional, confidência e confiança, distinguem as amizades de alta qualidade das demais. É claro que tais regras e características ocorrem num plano ideal; portanto, um certo grau de tolerância deve estar presente, exigindo habilidade para superar divergências.

A amizade também ajuda na *estabilidade* e *integração emocional*. Comunidades de amigos são pontos de referência para crenças, pensamentos e respostas emocionais do indivíduo, para suas reações e adaptações a eventos normativos ou individuais. Dão-lhe oportunidade de comparar a propriedade de suas reações com as de outras pessoas que o conhecem e amam, resultando em estabilidade e evitando a desorientação. Amigos fornecem parâmetros para confirmar a adequação social do comportamento de cada um, de sua expressão emocional ou de seus julgamentos.

A *comunicação* é outra parte importante do vínculo. As relações de amizade proveem um espaço para a comunicação, seja qual for seu conteúdo: importante, trivial, íntimo, ou informações sobre a própria pessoa. A conversa, mesmo que de pouca duração ou sobre assuntos banais, celebra a amizade, reafirma o relacionamento e o revitaliza. As pessoas comunicam sobre os outros e sobre si mesmas de duas formas que frequentemente se sobrepõem: o *comportamento não-verbal* e a *auto-apresentação*. O primeiro consta de microssinais bastante sutis, aparentemente sem significado, como: mudanças de postura, gesticulação, inclinação da cabeça, movimento dos olhos ou variações no tom de voz. Transmitem, todavia, informações tão relevantes que, se bem compreendidas, facilitam ou interrompem um relacionamento. A auto-apresentação, considerada mais importante, é composta pelo conjunto de ações e comportamentos que convida o outro a se envolver. Incluem expressão facial e gestual e a postura como um todo, além de outros sinais que fornecem pistas a respeito do indivíduo ou de suas posses. Estas constam de breves informações sobre origens, aspirações, educação, *status* e religião, entre outras, e são frequentemente inseridas na conversação inicial a fim de atrair pessoas assemelhadas (uma estratégia que pode ser interpretada como seletividade).

Os relacionamentos, em especial os íntimos, proveem principalmente *suportes sociais*, sejam instrumentais ou psicológicos/emocionais. Ambos são relevantes e assumem diferentes formas, como: ajudar em tarefas diárias (instrumental), mostrar que aprecia a pessoa e valoriza sua opinião (psicológico/emocional). A reciprocidade (dar e receber) é descrita como norma, tendo importante valor relacional, e a natureza dos suportes trocados define o tipo de relacionamento. A troca de presentes, por exemplo, tem a função simbólica de celebrar a amizade. Na velhice, dificilmente são possíveis retribuições bem equilibradas, sendo as trocas simbólicas frequentes: às vezes o pagamento por um suporte pode assumir a forma de uma malha tricotada. A sutileza das diferenças entre as trocas e como elas são utilizadas definem, restringem ou ampliam o tipo de relacionamento. Por exemplo, a prevalência do suporte instrumental – como troca de serviços, informações e bens que podem ser comprados – define um relacionamento distante e hierarquizado, e não uma amizade.

A amizade contribui para a *autoavaliação* positiva e para o aumento da *autoestima*, o que pode ocorrer de forma direta (ex.: pedir conselhos e agir de acordo com eles) ou indireta (ex.: passar mais tempo com o amigo do que com outras pessoas). Ela confirma a importância e o valor do indivíduo e lhe dá a oportunidade de sentir-se útil, capaz de ajudar os outros. Amigos fornecem às pessoas indicadores de que são amadas e valorizadas. Sem esses sinais, o indivíduo sente-se socialmente rejeitado. Talvez por esse motivo o número de amigos tende a ser relatado com exagero nas culturas ocidentais, pois é entendido como uma medida do sucesso do indivíduo, pessoal e social. Todavia, é sensivelmente menor quando se trata de enfocar somente as amizades mais íntimas e satisfatórias.

As amizades fornecem *suporte para a personalidade*. De acordo com Duck (1991), a personalidade compõe-se não só de um estilo comportamental (introversão-extroversão), mas também comporta um sistema de símbolos interligados – pensamentos, crenças, interpretações, experiências – que requer a existência de outras pessoas para confirmar sua confiabilidade e sua idoneidade. Isso é feito por pessoas que compartilham de um mesmo modo de pensar, evitando danos à identidade. Essa similaridade não só é buscada (por meio dos sinais descritos), como é uma propriedade emergente; vai sendo descoberta aos poucos e fortalecendo a relação. Como afirma o autor, é característica da amizade a comparação entre pessoas. A semelhança encontrada entre elas também facilita a comunicação.

O autor relata ainda alguns requisitos para que esses relacionamentos se iniciem. Em primeiro lugar, é preciso oportunidade para fazer amigos, o que requer uma "leitura" das situações, já que nem todo momento ou lugar são adequados, e nem todo comportamento amistoso pode ser interpretado como um convite à aproximação. Outro requisito referido é a seleção e ampliação de atividades em lugares que facilitem o desenvolvimento da relação. Não apenas diferentes sentimentos definem uma relação, distinguindo as relações de amizade de outras. Há diferenças também nas atividades desenvolvidas em conjunto, assim como nos locais onde se desenrolam e no tempo despendido (por exemplo, encontros em local público diferem de convites para frequentar a casa). Também é preciso conhecer o ritmo "certo" de desenvolvimento do processo, que não pode ser apressado. Além disso, a relação deve apresentar potencial para a satisfação de necessidades de suporte social. Por fim, fazer amigos requer o domínio de habilidades para manter a amizade, que necessita de revisão, manutenção e cuidados continuados.

As amizades e o envelhecimento

Se estudos específicos sobre a amizade nos vários momentos da vida adulta são mais raros, familiares e amigos são fontes documentadas de suporte social e de relações com o bem-estar subjetivo e com a manutenção da saúde física. Na velhice, em especial, muitas pesquisas associam a presença de amigos ao bem-estar, muitas vezes dando-lhe mais significado do que às interações com filhos adultos. Quanto maior a idade cronológica, menor é o número de amigos mencionado em termos de frequência de contato pessoal, um resultado compatível com as crescentes limitações físicas associadas ao envelhecimento (Sherman, De Vries & Lansford, 2000).

De acordo com De Vries (1996), há sugestões de que a estrutura da amizade na vida adulta tenha suas origens nas mudanças psicológicas da adolescência, quando o grupo de pares assume grande importância, servindo à auto-afirmação, como modelo de comparação social num contexto diferente do familiar (ou mesmo conflitante com este) e auxiliando na integração da identidade. Se adolescentes e jovens adultos costumam ser absorvidos por tarefas consideradas normativas (como estudo, carreira e escolha de parceiros) e têm a atenção voltada para o desenvolvimento de papéis associados a normas etárias (parental, profissional), os quais podem restringir o tempo de lazer – e, portanto, o contato com amigos -, na velhice, os eventos significativos de vida são mais espaçados. A aposentadoria, que às vezes ocorre precocemente, talvez seja o fato de maior impacto na vida social do homem. Em geral, ela é acompanhada por redução de recursos financeiros, limitando a atividade social, e a saída do trabalho também reduz o contato com amizades construídas nesse contexto. Apesar disso, o maior tempo livre pode aumentar as oportunidades para novas interações. Entre mulheres, seu efeito parece não ser tão nocivo, pois frequentemente elas mantêm jornada dupla de trabalho e maiores redes sociais. Mas, quando há netos, marido ou pais mais idosos, seu tempo disponível para relacionamentos é limitado pelas tarefas de cuidado (Adams, Blieszner & De Vries, 2000; Sherman, De Vries & Lansford, 2000).

O estudo da amizade é de particular importância na velhice. Amigos de idosos costumam ser da mesma faixa etária, permitindo interação entre "iguais", e não entre diferentes gerações. Portanto, têm experiências passadas similares, que podem informar sobre as relações entre coortes e envelhecimento. Além disso, há comprovação de que a presença de amigos está associada ao bem-estar subjetivo. Se pressões

diversas sobre as gerações mais jovens da família podem vir a reque-
rer mobilidade geográfica, restam amigos como fonte de suporte social
(De Vries, Jacoby & Davis, 1996).

Rawlins (1995) descreve as amizades como interações complexas
e altamente relacionadas às necessidades do indivíduo. Na velhice,
os padrões prévios de interação são mantidos enquanto as condições
de saúde e mobilidade assim o permitem. Esse pesquisador também
sustenta que amigos (em seu contexto cultural) tendem a ser de idade aproximada, garantindo experiências geracionais assemelhadas, de
mesmo gênero, raça, estado civil e ocupacional. A busca por semelhanças nos atributos pessoais e estilos de interação, de acordo com o autor,
enfatiza a igualdade entre os envolvidos. A ausência de "desnível" é
uma forma de evitar a exploração e sentimentos de obrigatoriedade.
A diversidade nas escolhas decorre de circunstâncias de vida, assim
como em qualquer outra fase do desenvolvimento, e a descontinuida-
de dos relacionamentos de amizade se dá em função de condições que
transcendem a escolha pessoal do indivíduo. Conservam-se também
as expectativas relacionadas a amigos íntimos: possibilidades de conversação, confidência, suportes instrumentais e emocionais, diversão
e entretenimento. O que se ressalta na velhice são as diferenças por
gênero e a associação entre amigos e o bem-estar do indivíduo.

De Vries, Jacoby e Davis (1996) consideram que as contribuições
à maior compreensão da amizade surgem de seu estudo na velhice,
quando, de acordo com muitos autores, esses relacionamentos diminuem em número e aumentam as interações com parentes. Alguns
sugerem que as mudanças e adaptações associadas ao envelhecimento
têm maiores chances de ser bem-sucedidas entre idosos com um único amigo, do que entre aqueles com netos. Isso se explica pelo fato
de amigos servirem como modelo apropriado de referência e estarem
isentos da sobrecarga ligada aos papéis familiares dos outros. Assim,
a natureza do relacionamento difere: enquanto existe obrigatoriedade
no vínculo com filhos, há livre escolha no contato com amigos. Contudo, não há um acordo a respeito da importância de amigos e filhos
adultos. Estudos sugerem que amigos são apenas um complemento,

jamais substitutos dos laços familiares. Outros concluem que a família permite uma conexão entre gerações, um vínculo entre passado e futuro. Há ainda pesquisas que confirmam a importância de amigos nas redes sociais de idosos (Antonucci, 1990), principalmente na ausência de um parceiro estável.

A maior probabilidade de doenças e a crescente limitação física na velhice avançada também são fatores que influenciam as oportunidades para contatos com amigos e para as trocas equitativas que caracterizam a amizade. Conforme Johnson e Troll (1994), é observada uma redução no número de amigos na velhice e algumas características da amizade nessa fase variam, não exatamente em decorrência da idade, mas de questões de ordem física e social que acompanham o processo de envelhecimento. As autoras citam pesquisas em que os sujeitos não consideram a reciprocidade uma condição *sine qua non* em amizades próximas, dispensando a equivalência de trocas, mas enfatizando a necessidade de confidentes.

Apesar da influência considerável de limitações físicas, sempre mencionadas como impedimento, outras questões mais práticas, de ordem social, podem responder pelo menor acesso ou contato com amigos, mesmo antes da velhice avançada. Os meios de transporte público deixam a desejar em termos de adequação e segurança. Outros meios, como táxis ou motoristas particulares, só estão ao alcance daqueles com mais recursos financeiros, dificilmente atingindo a maioria dos pensionistas e aposentados. No passado, pressões culturais também podem ter sido um impedimento para mulheres, que hoje são idosas, aprenderem a dirigir. Expectativas sociais acerca da incapacitação do idoso, em geral, e outras restrições baseadas em déficits visuais, auditivos e no tempo de reação, descritos na literatura como próprios do processo do envelhecimento, são alguns dos empecilhos para a livre mobilidade da população mais velha, muitas vezes com risco de acidentes, um aspecto pouco estudado no Brasil, conforme Rozestraten (1993). Com frequência, idosos dependem de filhos ou outros parentes adultos para serem transportados – pessoas com obrigações familiares e profissionais que nem sempre estão disponíveis.

Na velhice mais avançada, de acordo com revisão de literatura feita por Johnson e Troll (1994), esses relacionamentos têm quatro características: (a) a maioria dos amigos é da mesma faixa etária e *status*, e, consequentemente, têm mais chances de apresentarem incapacidade física ou de já terem falecidos; (b) ficam difíceis de serem mantidas as normas de reciprocidade; (c) a amizade tem como função principal o domínio expressivo (comunicação, confidência, melhora na disposição de ânimo), resultando em benefícios emocionais que independem do contato pessoal, o que confirma que essas relações estão pouco associadas ao suporte instrumental (cuidados pessoais são fornecidos principalmente por familiares), mas ligadas sobretudo à satisfação de necessidades emocionais do idoso, um aspecto confirmado por outros autores, entre eles, Hooyman e Kiyak (1996); (d) a seleção de amigos resulta mais de escolhas pessoais do que da influência de normas sociais.

A maior "interioridade" que caracteriza o final da vida, descrita em diversas teorias psicológicas, pode provocar um afastamento seletivo de muitos relacionamentos e pouca disposição em criar novos laços. O grande número de perdas também influencia a motivação para investir afeto em outras pessoas. Com base nessas informações, Johnson e Troll (1994) propõem que existem diferenças nas relações de amizade entre idosos e os muito idosos, influenciadas por aspectos facilitadores e restrições. Dentre as restrições, eles ressaltam a crescente incapacidade física, dificuldade de locomoção e acesso a outras pessoas. Apresentam resultados de uma pesquisa longitudinal (de 31 meses) em que analisam as modificações que se processam nas amizades de sujeitos com idade igual ou superior a 85 anos, concluindo que a voluntariedade da relação permite que os indivíduos mais velhos, socialmente ativos, façam modificações nos critérios e na definição de amizade. Esta é redefinida para minimizar seu conteúdo expressivo, como comunicação, confidência, intimidade ou semelhança de interesses, mudando também as expectativas quanto à amizade. Amigos passam a ser relacionados a momentos de alegria e divertimento, não atuando mais como confidentes. Desse modo, substituem amigos perdidos, recurso que permite a manutenção de uma rede social ativa. Tal rede passa a incluir vizinhos, membros do mesmo clube ou igreja, conhecidos de longa data, com os quais os idosos têm histórias e experiências compartilhadas, às vezes categorias inteiras de pessoas (ex.: todos os membros da igreja, todos os conhecidos) e mesmo ajudantes remunerados. Isso resulta numa ampla gama de amizades: amigos próximos ou íntimos, casuais e amigos de clube, entre outros – relações que, embora menos íntimas, menos comprometidas e de comunicação mais superficial, mantêm funcional essa rede de relacionamentos. Como os benefícios emocionais não exigem contato pessoal, podem ser conservados por meio de telefonemas e cartas, preservando os sentimentos de proximidade e reduzindo a troca de hospitalidade. Há diferenças na origem desses novos amigos; entre mulheres, são predominantemente selecionados na vizinhança; entre homens, em associações. Tais modificações adaptativas no quadro das relações entre os mais idosos são facilitadas quando o ambiente em que vivem é estável e culturalmente homogêneo. A estabilidade e a homogeneidade podem ser interpretadas como elementos que viabilizam a confirmação da identidade e sua integridade, um aspecto constituinte das motivações para contato social, conforme exposto por Carstensen (1995). Outro elemento facilitador descrito por Johnson e Troll (1994) são as características de personalidade: pessoas com habilidades sociais e motivadas para fazer novos contatos, se as condições de saúde o permitirem, assim permanecem.

Desse modo, apesar do relato de amizade entre os mais idosos, e mesmo de contato frequente, também há relatos de redução em seu número, causada por doenças, mudanças, morte, a crescente dificuldade de locomoção e impedimentos ao contato físico com outras pessoas. A inclusão de vizinhos, conhecidos e parentes afastados nas redes sociais dos mais idosos e de idosos solteiros ou sem filhos também é mencionada por Hooyman e Kiyak (1996), podendo ser interpretada não apenas como um mecanismo de adaptação, uma preservação da rede social, mas também como um indicador da importância de se ter amigos (não parentes) ao longo da vida. Conforme De Vries (1996, p. 261), "se não podemos estar com os que amamos, podemos amar aqueles com quem estamos". Essas alterações na rede parecem confirmar aspectos do desenvolvimento como adaptação, continuidade e mudança ao longo da vida.

A perda por morte pode ser considerada normativa na velhice avançada. Pesquisas mostram que muitos idosos (variando de 1/3 à quase metade das amostras) relatam a morte de um amigo no último ano. Perder amigos, ao contrário do que ocorre com familiares, não resulta em recebimento do suporte emocional necessário, o que não significa ausência de sofrimento (Sherman, De Vries & Lansford, 2000). Conforme menciona De Vries (1996), a sociedade está centrada na família; assim, chorar por amigos falecidos infringe direitos e prerrogativas da família, o que não diminui os sentimentos de perda. Estudos citados pelo autor sobre a morte de amigas ou amigos entre mulheres idosas mostram que, além do sentimento de perda, elas experimentam crescente consciência da própria finitude e ameaças à autoestima, decorrentes da identificação com a pessoa falecida; apresentam sentimentos ambivalentes: um misto de alívio (por não terem morrido) e medo (pois poderiam ter morrido).

Amigos e melhores amigos na velhice

Os estudos teóricos e as pesquisas sobre o tema respondem a uma série de indagações e propõem novas, como por exemplo:

- Como são os amigos de idosos?
- O que acontece com as amizades ao longo do envelhecimento?
- Quais os significados da amizade e as expectativas a ela associadas?
- Qual a disponibilidade de investimento em novas interações?
- Como são estabelecidas as amizades e quais as causas de ruptura?

Essas e outras questões, que pontuam os interesses da autora, resultaram em uma pesquisa mais ampla que incluiu faixas etárias mais novas, a saber, adultos jovens e na meia-idade (Erbolato, 2001). Para os propósitos do presente artigo, serão discutidas apenas as informações relativas aos sujeitos mais velhos, que compuseram um pequeno

Figura 1
Diagrama (tamanho reduzido)

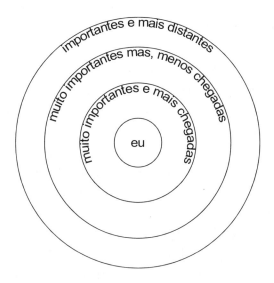

grupo de homens e mulheres com idades entre 65 e 75 anos, moradores de uma cidade do interior paulista. Todos eles declaravam gozar de boa saúde e não apresentavam incapacidades físicas para o contato social. Eles foram entrevistados individualmente, e suas respostas às questões abertas foram submetidas à análise de conteúdo e estatística. Utilizou-se um Diagrama (Figura 1) como instrumento para mensurar a extensão e os componentes das redes sociais em termos de sua proximidade psicológica com o sujeito focal. O Diagrama, adaptado por Capitanini (2000) a partir da proposta de Kahn e Antonucci (1980, citados por Antonucci & Akiyama, 1987), compõe-se de três círculos concêntricos, em cujo centro está escrita a palavra *eu* para referir-se ao sujeito. As instruções para preenchimento foram: (a) escrever no círculo interno os nomes de pessoas tão importantes que seria difícil imaginar sua vida sem elas; (b) preencher o círculo intermediário com nomes de pessoas não tão próximas, mas ainda muito importantes; (c) preencher o externo com os nomes de pessoas ainda não mencionadas, mas importantes o suficiente para serem incluídas em sua vida.

Foi feita uma análise mais profunda apenas dos relacionamentos que compuseram as dez primeiras escolhas – hipoteticamente, os mais significativos -, exceto no quesito *melhores amigos*, em que foi solicitado que indicassem quais eram e onde estavam localizados no Diagrama.

Embora o poder de generalização da pesquisa citada seja limitado, além de haver poucos dados que permitam comparação, ela possibilitou levantar questões de importância para a compreensão do tema e, quiçá, despertar o interesse de pesquisadores da área.

Amigos: definições, significados e características

O primeiro aspecto analisado foi o número de amigos e a satisfação percebida com tal quantidade. Amigos representavam 8,47% do total das redes sociais, sendo esse percentual inferior nas redes masculinas. Contudo, observou-se, no discurso dos pesquisados, que eram incluídos nessa categoria outros tipos de relacionamento, como cunhados, e ligados à (ex-)atividade profissional. Quanto ao item satisfação, houve igual distribuição das respostas *satisfeito* e *queria ter mais*, sendo esta última mais frequente entre as idosas.

Os aspectos seguintes foram: definição de amigo e sua principal qualidade. Amigo foi descrito preferencialmente como alguém em quem se pode confiar. O subgrupo feminino adicionou mais um qualificativo – a intimidade psicológica ou o vínculo afetivo. Quanto ao subgrupo masculino, o acréscimo foi: amigos são uma extensão do grupo familiar. Outras respostas incluíram: amigo é único, especial, oferece possibilidades de comunicação (ouve, diz coisas agradáveis ou úteis, como conselhos), está presente ou participa da história pessoal ou das atividades do sujeito.

Quanto à principal qualidade, a confiabilidade revelou-se novamente o atributo mais importante. Os homens também adicionaram: garantia de receber amor e ajuda nas horas de necessidade. Também foram descritas como principal qualidade o fato de ser uma pessoa especial, a semelhança de valores e atitudes, a comunicação (amigo ouve), a presença e a participação em atividades.

As justificativas para a importância da amizade também apresentaram diferenças por gênero. A base das respostas femininas mais frequentes foi a natureza social do ser humano, que precisa de outras pessoas, como também o fato de amigos garantirem experiências emocionais positivas. Os argumentos masculinos enfatizaram a disponibilidade para ajudar nas horas difíceis, a possibilidade de *trocas* e a presença. Outras respostas foram: amigos são diferentes de outros relacionamentos, valiosos, comparáveis à família, oferecem possibilidades de comunicação (ouvem, é possível confidenciar), complementam o sujeito ou o sujeito se identifica com eles.

Quanto à duração do relacionamento, a grande maioria relatou ter somente amizades antigas (geralmente, duração de 30 a 55 anos). Alguns poucos referiram ter amizades novas e antigas, sendo consideradas novas as com duração entre 1 e 15 anos.

Em relação à frequência de contato, esta foi considerada importante para a totalidade das mulheres e para a maioria dos homens.

Uma vez que se considera a amizade como um vínculo voluntário e seletivo, outra questão de interesse foi verificar se os sujeitos se percebiam como agentes do processo de dar início, manter e terminar o relacionamento (quando fosse o caso). Em relação ao início da amizade, as respostas foram classificadas como *agência menor*, isto é, não descreviam comportamentos ativos nem passivos. As mulheres atribuíram o início da amizade às suas características pessoais (extroversão, ter um "sexto sentido") e não a ações específicas. Os homens atribuíram o surgimento da relação a situações facilitadoras ou propícias, como trabalhar juntos, frequentar os mesmos locais ou viver situações parecidas.

No que se refere à manutenção, as respostas predominantes foram as classificadas como *agência maior*. Entre as idosas, havia uma busca ativa de qualidades satisfatórias no outro ou na relação (reciprocidade, afeição, confidência, antídoto contra a solidão, presença, aceitação, críticas positivas, conselhos, afinidade, experiências positivas como alegria, lazer e celebração). Essa busca também foi citada pelo subgrupo masculino, que incluiu descrições de comportamentos ativos (aproximar-se, buscar contato, demonstrar atenção, buscar ou dar informações relevantes) e relatou em que se baseava para não manter a amizade.

Quando indagados sobre as condições em que terminariam a amizade, as respostas foram divididas em dois grandes subgrupos: as que se referiam àquilo que poderia causar o fim da amizade e às reações dos sujeitos, como terminar ou não o relacionamento. As causas foram predominantemente o outro envolvido; às vezes, as circunstâncias, nunca o próprio sujeito. Dentre essas causas, as idosas referiram ações do outro que poderiam prejudicar o sujeito ou uma terceira pessoa especial, a constatação de que não se tratava de uma boa amizade ou ações específicas que indicariam perda de confiança, a presença de mentira, inveja etc. Os homens também apresentaram esses argumentos, mas descreveram-nos como falhas do amigo (não cumprimento do papel, falta de reciprocidade, de interesse, de apoio na necessidade, de solidariedade, da afeição esperada).

Quanto às reações dos sujeitos, as opções *terminar* ou *não terminar* o relacionamento estavam bem distribuídas. A preferência das mulheres foi pelo distanciamento e não pela ruptura brusca. Dos homens, pela manutenção. Mantém-se a relação ou por falta de coragem de romper, ou por crer que amizades devam ser mantidas, independentemente do que aconteça. Alguns alegaram jamais terem passado por essa situação – ter de terminar uma amizade.

Também foi indagado aos sujeitos se amigos poderiam funcionar como substitutos da família. Entre as idosas, a opinião se dividiu entre sim e não; entre os homens, a resposta foi principalmente negativa. Mas houve quase consenso quando a pergunta foi se amigos melhoravam a vida. A resposta principal foi afirmativa.

Melhores amigos: características

Pediu-se aos sujeitos que dissessem os nomes de seus melhores amigos e depois foi solicitado que os localizassem no Diagrama. Os melhores amigos variavam em número de 1 a 5, sem diferenças significantes entre os subgrupos. Foram levados em conta os *esquecidos,* isto é, aqueles cujos nomes não foram escritos por ocasião do preenchimento. Quanto ao gênero, houve uma preferência acentuada por amigos do mesmo sexo.

A localização no Diagrama pressupõe hierarquia e proximidade psicológica com o sujeito focal. Entretanto, a maioria dos melhores amigos encontrava-se no círculo intermediário; em menores percentuais, no interno, externo ou mesmo ausentes. O círculo interno foi ocupado preferencialmente por familiares. Casos de amigos ausentes das redes ou *esquecidos* ocorreram apenas entre homens.

Também aqui foi indagado por que eram considerados melhores amigos. No subgrupo feminino, as justificativas foram: têm atributos selecionados (como confiabilidade), oferecem segurança e ajuda (disponibilidade, mesmo mediante favores) e fazem parte da história pessoal presente ou passada, em que momentos agradáveis, ou não, foram partilhados. Às vezes, a duração da amizade era motivo suficiente para considerá-la entre as melhores. As justificativas masculinas foram: o vínculo com o amigo (laço afetivo, caracterizado também por paciência, interesse, preocupação pelo bem-estar e pela felicidade), a oferta de segurança e também a história pessoal. Outras respostas foram: afinidade (de sentimentos, valores), possibilidade de comunicação (bom ouvinte, conversação útil ou prazerosa), ou a proximidade no ambiente de trabalho, que resultou em benefícios ao sujeito.

Considerações finais

Os resultados da pesquisa citada, aliados a outras informações mencionadas no corpo do texto, parecem confirmar as relações entre amigos como um exemplo de comportamento seletivo, não apenas pela voluntariedade do vínculo, mas por apresentar qualificativos considerados altamente desejáveis e reconhecíveis como tais. Dentre eles, a confiabilidade, que pode ser associada à segurança emocional e física.

O significado e as expectativas dos idosos entrevistados em relação às amizades também parecem corroborar que a regulação das emoções é a motivação mais proeminente para o contato social na velhice, em acordo com o proposto pela Teoria da Seletividade Socioemocional (Carstensen, 1991, 1995). Amigos são fonte de experiências emocionais positivas, como alegria, momentos de lazer e celebração, além da garantia de afeto.

Todavia, em acordo com essa mesma teoria, as motivações não são exclusivas de uma fase da vida. É possível dar destaque às amizades na manutenção do autoconceito. Concorrem para isso a escolha de amigos ou melhores amigos por estarem presentes, fazerem parte da história pessoal dos sujeitos, sua aceitação, suas críticas positivas e afinidades diversas. Amigos são, portanto, razoavelmente previsíveis, não ameaçam a integridade do idoso, e as características descritas dão indicações de que servem como parâmetro para auto-avaliações adequadas.

Embora os sujeitos tenham demonstrado claramente a prioridade dos relacionamentos familiares – pela inclusão de parentes (descendentes, colaterais ou por casamento) no círculo interno do Diagrama, cumprindo ou não expectativas sociais -, amigos também estão presentes, em diferentes graus de proximidade psicológica com os sujeitos focais. A duração desses relacionamentos faz supor que não apenas a família faz parte dos membros efetivos do comboio social, mas também os amigos. A inclusão de familiares no círculo interno e a localização de amigos nos outros círculos também foram itens observados nas pesquisas de Antonucci e Akiyama (1987) e de Capitanini (2000).

As características e as regras das amizades descritas por Duck (1991) foram encontradas nas definições, justificativas e expectativas dos sujeitos quanto aos amigos, como será visto a seguir.

Amigos são fonte de suporte social, seja ele instrumental (como ajuda), seja psicológico (como conselhos, possibilidade de manter conversação, troca de ideias, intimidade, confidência). Eles auxiliam na estabilidade e na integração emocional, o que se manifesta por críticas positivas, identificação de sentimentos, valores e atitudes.

Fornecem também oportunidades de comunicação: amigos ouvem, dizem coisas agradáveis (como "uma palavra amiga") ou úteis (como conselhos). Contribuem para uma auto-avaliação positiva e, consequentemente, para o aumento da autoestima. Valorizam o sujeito com sua presença, ao dar atenção, ao participar da vida ou de atividades, ou simplesmente gostando dele.

Servem ainda de suporte para a personalidade, compartilhando das crenças, valores e modo de pensar do indivíduo.

Outra característica de amigos e melhores amigos constitui-se naquilo que De Vries (1996) chama de homossociabilidade – a busca por iguais, seja de mesma faixa etária, mesmo gênero, ou de afinidades diversas.

Apesar de serem percebidos como relevantes na vida dos sujeitos e de terem um significado positivo (melhoram a vida), não são vistos, de modo geral, como eventuais substitutos da família. Essas respostas, todavia, foram dadas com base nos relacionamentos disponíveis para os sujeitos na atualidade. Nenhum deles se encontrava em situação de isolamento. Contudo, isso não diminui a importância das amizades.

Como mencionado anteriormente, o papel de amigo pode ser desempenhado por muitas pessoas ao mesmo tempo. Além disso, é um papel flexível. A amizade pode ter diferentes graus de intimidade e satisfazer necessidades de contato social diversas, com os benefícios de manter a rede social ativa. Não se trata de uma questão competitiva – de quem é mais relevante, se família ou amigos, na realidade ou de acordo com as convenções sociais. A questão de interesse é saber em que medida amigos podem ser relacionamentos significativos, o que parece ter sido respondido a contento. O fato de serem vínculos voluntários também reflete o exercício da autonomia do idoso, repercutindo na percepção de autoeficácia e, consequentemente, na autoestima.

As diferenças por gênero encontradas nas respostas estão de acordo com os dados disponíveis na literatura (Adams, Blieszner & De Vries, 2000; Sherman, De Vries & Lansford, 2000), e refletem diferenças na socialização que resultam em distintas interpretações do mundo social.

Algumas características das respostas masculinas são, todavia, preocupantes. Os idosos valorizam muito a ajuda, o amor e o fator presencial da amizade. Embora sejam ativos na sua manutenção, precisam de facilitadores para dar início ao relacionamento. O rótulo de amigo é ampliado a parentes não consanguíneos e a (ex-) colegas de trabalho, com os quais mantêm contato ou não, o que pode ser um mecanismo de adaptação positivo, assim como a dificuldade que encontram para terminar amizades (na suposição de que tenham passado por essa necessidade). Também são eles que incluem em suas redes pessoas já falecidas ou de paradeiro desconhecido. Se continuam presentes de forma tão vívida na memória, devem satisfazer algum tipo de necessidade, o que requer maiores investigações.

Apesar disso, talvez essas características sejam típicas da atual geração de idosos, cuja identidade está associada à profissão, e cuja vida permaneceu mais relevante durante o período de exercício profissional. As mulheres idosas da mesma geração, quando trabalhavam fora do lar, mantinham jornada dupla de trabalho. A aposentadoria, portanto, não teve o mesmo impacto na sua identidade, nem nos relacionamentos associados às suas atividades.

A partir desse conjunto de informações, é possível concluir que as amizades apresentam características que se traduzem de modo bastante positivo na vida das pessoas, em particular na velhice. Embora seja possível afirmar que também tenham aspectos negativos, estes, se insuportáveis, levam ao rompimento da relação ou ao afastamento, visto que ela não possui um caráter de obrigatoriedade.

Da mesma forma, é possível argumentar que a família é mais importante e que, no caso de uma saúde frágil, frequente na velhice, não são amigos os principais cuidadores, mas os familiares.

Contudo, se muitos estudos apontam para a relevância da família, Debert e Simões (2006) acrescentam outras informações, citando dados de pesquisas nas Delegacias de Proteção ao Idoso de São Paulo, que indicam os filhos e outros parentes que residem juntos como os principais agressores de idosos. Comentam ainda que a família tem sido superestimada, não apenas quanto a obrigações e deveres em relação ao idoso, como também no que se refere ao desejo deste de ser cuidado por ela e de permanecer em seu núcleo.

Souza (2004) aponta eventos de importância associados ao envelhecimento, como o distanciamento de parentes, a viuvez, a ajuda insuficiente das autoridades governamentais, assim como da sociedade, que podem ser mitigados pelo apoio de amigos.

Dessa forma, programas dedicados à terceira idade, como popularmente são conhecidos, destinados à convivência ou à atualização cultural, que estimulem ou facilitem o contato interpessoal, sobretudo entre pessoas da mesma geração, parecem excelentes oportunidades para promover intercâmbios que podem se transformar em relações significativas, de particular importância numa fase em que as perdas podem se acumular. Tais programas deveriam, pois, ser uma preocupação das autoridades e de toda a sociedade.

Referências

Adams, R. G., Blieszner, R., & DeVries, B. (2000). Definition of friendship in the third age: Age, gender and study location effects. *Journal of Aging Studies, 14*(1), 117-133.

Antonucci, T. C. (1990). Social supports and social relationships. Em R. H. Binstock & L. K. George (Orgs.), *Handbook of aging and social sciences* (3ª ed., pp. 205-225). San Diego: Academic.

Antonucci, T. C., & Akiyama, H. (1987). Social networks in adult life and a preliminary examination of the convoy model. *Journal of Gerontology, 42*(5), 519-527.

Baltes, P. B., & Baltes, M. M. (1990). Psychological perspectives on successful aging: The model of selective optimization with compensation. Em P. B. Baltes & M. M. Baltes (Orgs.), *Successful aging: Perspectives from the behavioral sciences* (pp. 1-31). Cambridge: Cambridge University Press.

Buss, D. M. (1991). Evolutionary personality psychology. *Annual Review of Psychology, 42*, 459-491.

Capitanini, M. E. S. (2000). *Sentimento de solidão, bem-estar subjetivo e relações sociais em idosas morando sós.* Dissertação de Mestrado não publicada. Faculdade de Educação, Unicamp, Campinas.

Carstensen, L. L. (1991). Selectivity theory: Social activity in life-span context. Em K. W. Schaie & Lawton, M. P. (Orgs.), *Annual Review of Gerontology and Geriatrics* (pp. 195-217). New York: Springer.

Carstensen, L. L. (1995). Motivação para contato social ao longo da vida: Uma teoria de seletividade socioemocional (A. L. Neri, & L. L. Goldstein, Trads.). Em A. L. Neri (Org.), *Psicologia do envelhecimento* (pp. 111-144). Campinas, SP: Papirus.

Daudt, P. R. (2005). As implicações do tipo de relação na interação e nos conflitos entre crianças. Em Sociedade Brasileira de Psicologia (Org.), *Anais Eletrônicos da XXXV Reunião Anual de Psicologia* [Resumo]. Ribeirão Preto: SBP.

Debert, G. G., & Simões, J. A. (2006). Envelhecimento e velhice na família contemporânea. Em E. V. Freitas, L. Py, F. A. X. Cançado, J. Doll & M.

Gorzoni (Orgs.), *Tratado de Geriatria e Gerontologia* (2a ed., pp. 1366-1373). Rio de Janeiro: Guanabara Koogan.

DeVries, B. (1996). The understanding of friendship: An adult life course perspective. Em C. Malatesta-Maga & S. McFadden (Orgs.), *Handbook of emotion, adult development and aging* (pp. 249-268). New York: Academic.

DeVries, B., Jacoby, C., & Davis, D. G. (1996). Ethnic differences in later life friendship. *Canadian Journal on Aging, 15*(2), 226-244.

Duck, S. (1991). *Friends, for life: The psychology of personal relationships* (2ª ed.) New York: Harvester Wheatsheaf.

Erbolato, R. M. P. L. (2001). *Contatos sociais: Relações de amizade em três momentos da vida adulta.* Tese de Doutorado não publicada. Pontifícia Universidade Católica de Campinas, SP.

Erbolato, R. M. P. L. (2005). As relações de amizade ao longo da vida adulta. Em Sociedade Brasileira de Psicologia (Org.), *Anais Eletrônicos da XXXV Reunião Anual de Psicologia* [Resumo]. Ribeirão Preto: SBP.

Erbolato, R. M. P. L. (2006). Relações sociais na velhice. Em E. V. Freitas, L. Py, F. A. X. Cançado, J. Doll & M. Gorzoni (Orgs.), *Tratado de Geriatria e Gerontologia* (2a ed., pp. 1324-1331). Rio de Janeiro: Guanabara Koogan.

Herzog, A. R., & Markus, H. R. (1999). The self-concept in life span and aging research. Em V. L. Bengston & H. W. Schaie (Orgs.), *Handbook of theories of aging* (pp. 111-143). New York: Springer.

Hooyman, N., & Kiyak, H. A. (1996). *Social gerontology: A multidisciplinary perspective*. Boston: Allyn R. Bacon.

Johnson, C. L., & Troll, L. E. (1994). Constraints and facilitators to friendship in late late life. *The Gerontologist, 34*(1), 79-87.

Lisboa, C., & Koller, S. H. (2005). Relação de amizade no desenvolvimento infantil: Uma discussão sobre a reciprocidade como fator de proteção. Em Sociedade Brasileira de Psicologia (Org.), *Anais Eletrônicos da XXXV Reunião Anual de Psicologia* [Resumo]. Ribeirão Preto: SBP.

Patterson, B. R., Bettini, L., & Nussbaum, J. F. (1993). The meaning of friendship across the lifespan: Two studies. *Communication Quarterly, 41*(2), 145-160.

Rawlins, W. K. (1995). Friendships in later life. Em J. F. Nussbaum & J. Coupland (Orgs.), *Handbook of communication and aging research* (pp. 227-257). New Jersey: Erlbaum.

Rozestraten, R. J. A. (1993). Envelhecimento, mobilidade e participação no trânsito. Em A. L. Neri (Org.), *Qualidade de vida e idade madura* (pp. 157-190). Campinas: Papirus.

Sherman, A. M., DeVries, B., & Lansford, J. E. (2000). Friendship in childhood and adulthood: Lessons across the life span. *International Journal of Aging and Human Development, 51*(1), 31-51.

Siqueira, M. E. C. (2002). Teorias sociológicas do envelhecimento. Em E. V. Freitas, L. Py, A. L. Neri, F. A. X. Cançado, M. L. Gorzoni & M. S. Rocha (Orgs.), *Tratado de Geriatria e Gerontologia* (pp. 47-57). Rio de Janeiro: Guanabara-Koogan.

Souza, L. K. (2004). Velho amigo, amigo velho: Amizade na velhice. Em O. P. Castro (Org.), *Envelhecer – revisitando o corpo* (pp. 69-86). Sapucaia do Sul: Notadez.

Souza, L. K., Carvalho, D. S., & Hutz, C. S. (2005). A qualidade dos relacionamentos de amizade em adultos. Em Sociedade Brasileira de Psicologia (Org.), *Anais Eletrônicos da XXXV Reunião Anual de Psicologia* [Resumo]. Ribeirão Preto: SBP.

Souza, L. K., & Sperb, T. M. (2005). Amizade e ciclo vital. Em Sociedade Brasileira de Psicologia (Org.), *Anais Eletrônicos da XXXV Reunião Anual de Psicologia* [Resumo]. Ribeirão Preto: SBP.

Tortella, J. C. B. (2005). Um estudo sobre os sentimentos e os segredos de amizades infantis. Em Sociedade Brasileira de Psicologia (Org.), *Anais Eletrônicos da XXXV Reunião Anual de Psicologia* [Resumo]. Ribeirão Preto: SBP.

Van Tilburg, T. (1990). Support in close relationships: Is it better to assess the content or the type of relationships?. Em T. C. Antonucci & K. C. P. M. Knipscheer (Orgs.), *Social network research: Substantive issues and methodological questions* (pp. 151-160). Amsterdam: Swets & Zeitlinger.

CAPÍTULO 6

A construção da moral, dos valores e da amizade[1]

JUSSARA CRISTINA BARBOZA TORTELLA
Pontifícia Universidade Católica de Campinas

As preocupações com o desenvolvimento moral e a educação de valores de crianças e adolescentes não é algo recente, mas ganharam um novo impulso em todo o mundo nos últimos anos, provavelmente, proveniente das preocupações atuais como o aumento da violência familiar, alcoolismo, depressão e anomia, tão notórios em jornais e em nossas escolas. Quais as grandes preocupações dos pais e educadores? Uma delas diz respeito ao comportamento de seus filhos ou alunos. Muitos se reportam ao seu tempo de criança dizendo que em sua época, na qual os valores eram devidamente "ensinados", transmitidos pelos pais, as crianças eram mais comportadas, respeitavam mais os adultos. Segundo Nucci (2000) a ideia de moralidade reduzida constitui-se como uma reação às mudanças sociais rápidas.

Ainda destacando a preocupação dos pais e educadores, temos a seguinte dúvida: Quem são os amigos de meus filhos ou alunos? Será que são boas companhias? Por que eles são amigos? Será que meu filho ou aluno não percebe que fulano não é boa companhia? Com o intuito

---

[1] Agradecimentos à amiga Profa. Dra. Orly Zucatto Mantovani de Assis presente em todos os momentos certos e incertos. O presente trabalho é parte da tese de doutorado "A representação da amizade em díades de amigos e não-amigos", defendida no Curso de Doutorado em Psicologia da Educação da Universidade Estadual de Campinas. Apoio: CNPq.

de compreender como se estabelecem as relações interpessoais, como são estabelecidos os vínculos amistosos, quais são os aspectos morais e afetivos envolvidos nesta conduta, estudiosos se debruçam sobre o tema e realizam pesquisas afins. Estudos clássicos sobre o tema da amizade apresentam como pano de fundo as questões morais e afetivas que direcionam as representações das crianças, jovens e adultos entrevistados. Por exemplo, Selman (1981) enfatiza que as concepções de amizade estão relacionadas aos níveis de coordenação de perspectiva.

O presente texto apresenta, assim, uma articulação entre os estudos sobre a construção moral, educação de valores e os sobre a amizade em uma perspectiva construtivista. Na primeira parte pretende-se destacar alguns estudos sobre desenvolvimento moral e valores. Na segunda parte, o papel das interações sociais na construção moral. Em seguida, a construção da amizade e os aspectos morais e afetivos apresentando uma pesquisa com crianças. Por fim, algumas reflexões destacando quais as contribuições destas pesquisas, como orientadoras da prática pedagógica.

Falando de desenvolvimento moral e valores na perspectiva construtivista

Os estudos recentes sobre desenvolvimento moral e valores na perspectiva construtiva apresentam como base teórica os estudos de Piaget. Para entendê-los é importante inicialmente destacar que na busca de compreender como se dá o conhecimento, Piaget durante sua vida organiza um modelo explicativo dialético. Parte do pressuposto de que o conhecimento não advém nem da experiência, nem de um conhecimento inato, mas resulta de uma interação entre sujeito e objeto, proveniente de "construções sucessivas com elaborações constantes de estruturas novas". Para explicar este processo de construção, Piaget (1975/1976) utiliza o termo equilibração: "É por isso que falaremos de equilibração enquanto processo e não somente de equilíbrios, sobretudo de equilibrações 'majorantes' que corrigem e completam as formas precedentes de equilíbrios" (p. 10). Para que uma pessoa venha a construir o conhecimento do mundo e de si mesmo, este modelo explicativo apresenta quatro fatores: maturação, experiência, interação social e equilibração, sendo que esse último integra os outros fatores. Para Souza (2004)

> As ênfases nas relações dialéticas entre sujeito e objeto, na mediação por meio das ações e na relação entre gênese e estruturas (quanto à integração e diferenciação entre subestruturas e estruturas mais abrangentes), caracterizam a perspectiva piagetiana e diferenciam-na de outras correntes construtivistas que privilegiam explicações baseadas ou no sujeito, ou nos objetos (culturais, por exemplo) ou que, mesmo baseada nas interações entre sujeito e objeto, focalizam, em vez das ações, outras formas de mediação, como, por exemplo, a linguagem. (p. 44)

Esse pressuposto básico do construtivismo aplica-se a todas as áreas do conhecimento. Assim, no campo moral, nota-se que a construção da moralidade é uma busca constante e que a conquista da autonomia só acontece se a pessoa tiver oportunidade de vivenciar ou praticar ações em que precise construir essa competência. Para explicar a construção da moral, Piaget (1932/1994) parte da existência de dois tipos de respeito (unilateral e mútuo) que correspondem a dois tipos de morais (heterônoma e autônoma). A construção da moral dependerá da relação do sujeito com as experiências vividas, por exemplo, se suas experiências estão mais pautadas em relacionamentos no respeito unilateral, provavelmente suas atitudes refletirão uma moral heterônoma. Vários são os experimentos realizados por Piaget para estudar o juízo moral – a prática e a consciência das regras em situações de jogo; a responsabilidade objetiva: os desajeitos e o roubo, a mentira e os dois respeitos; a noção de justiça; e o tipo de relações sociais.

É fácil compreender os dois tipos de moralidade que Piaget evidencia por exemplos práticos. Na moralidade heterônoma, entendida também como a moral da obediência, uma criança, por exemplo, entrega a bola para o amigo que estava chorando não porque gostaria de fazê-lo ou porque acha correto, mas sim, porque um adulto mandou que ela entregasse. Esta outra pessoa, a quem Piaget denomina de autoridade, tem um poder coercitivo sobre suas ações. Diferentemente da moral autônoma, o sujeito aqui não regula o seu comportamento por convicções pessoais, senão, por impulso ou obediência cega. É um relacionamento que se caracteriza como sendo de mão única.

A coação pode ser realizada por punição ou por recompensa. Assim, a criança obedece às regras do adulto por medo, sendo que, geralmente, se torna calculista, ou seja, segue as regras somente quando vigiada por um adulto. Este tipo de moral leva, então, a uma tendência de sempre se deixar regular pelo outro.

A moralidade autônoma pressupõe uma autorregulação, isto é, o sujeito segue as regras não por obediência, mas por suas próprias convicções internas. No caso do exemplo, ele pode entregar a bola porque sente necessidade de respeitar e compreender os desejos do outro, estabelecendo, assim, um relacionamento social.

Esta moralidade é baseada no respeito mútuo e cooperação, ou seja, o indivíduo consegue coordenar os seus sentimentos e pontos de vista com os de outra pessoa. Entende-se cooperar como operar com, sendo que o cooperar pode significar um acordo, mas também uma discussão. A cooperação pressupõe a igualdade; é um tipo de interação na qual os indivíduos se consideram como iguais e se tratam como iguais.

Após Piaget outros autores se dedicaram ao estudo da moralidade, sendo Lawrence Kohlberg um dos mais conhecidos. Atualmente no Brasil, vários são os autores que se dedicam aos estudos da moralidade. Harkot-de-La-Taille e La Taille (2004) ao definirem a construção da ética e da moral, explicam que moral refere-se ao conjunto de regras que regem a convivência social (dimensão do dever: como devo agir?) e ética diz respeito à reflexão sobre os princípios e fundamentos das regras (dimensão obediência: por que devo agir assim?).

Menin (2007) apresenta vários estudos sobre o tema justiça, dentre os quais destacamos dois. O primeiro pesquisou a representação relativa à injustiça de 480 adolescentes de escolas públicas e privadas. Três questões foram feitas: (a) O que significa injustiça, para você? (b) Você já viu acontecer alguma injustiça? Conte um caso; (c) Nesse mundo que você vive, conhecendo tudo o que você conhece e já viu, o que denunciaria como injustiça? Os dados demonstram um predomínio de respostas justificando a injustiça como fazer algo errado ou contra a lei e também de respostas relativas à justiça retributiva, "mais presentes nas respostas das crianças pequenas (menores de oito anos) nos estudos de Piaget" (p. 23). O segundo estudo utilizou os mesmos dados selecionando 72 respostas que continham exemplos de injustiça encontrados no espaço escolar. Os resultados comprovam mais uma vez uma maior incidência de respostas relativas à justiça retributiva, sendo o professor apontado como um dos principais agentes quando acusam ou punem os alunos injustamente, e os alunos quando delatam uns aos outros.

Tognetta (2007) realizou um estudo do ponto de vista psicológico sobre a solidariedade. O referido estudo verificou a representação de 23 crianças de seis a sete anos, provenientes de escolas públicas com ambientes sócio-morais diferenciados, um caracterizado pelo autoritarismo e o outro pela cooperação. Para identificação do ambiente foi utilizado um quadro de caracterização dos ambientes coercitivo e cooperativo. Dois outros instrumentos foram utilizados: aplicação das provas de diagnóstico do comportamento operatório e a resolução de quatro dilemas morais nos quais as crianças deveriam resolvê-los, utilizando argumentos de ações solidárias ou não solidárias, por exemplo, levar em consideração apenas as regras já combinadas com uma pessoa adulta. Segundo a autora os dados "demonstraram a existência de uma evolução na disposição dos sujeitos para serem solidários, ligada a uma perspectiva de vivenciarem as experiências de respeito mútuo, de reciprocidade, e de manifestarem seus sentimentos" (p. 46).

Freire (2007) pesquisou a representação de crianças e jovens de 6, 9, 12 e 15 anos de idade sobre o tema tolerância. Os participantes da pesquisa foram solicitados a comentar sobre como resolveriam situações que envolviam conflitos do cotidiano escolar. Foram contadas sete histórias e os resultados demonstraram que as crianças menores deram respostas mais voltadas para a sanção expiatória, e a maioria das crianças de 9 a 12 anos oscilou entre respostas baseadas na sanção expiatória e na de reciprocidade. A autora apresenta, a partir do estudo realizado e da fundamentação teórica do construtivismo piagetiano, uma psicogênese da tolerância que se inicia na fase da heteronomia moral, no qual o sentimento de tolerância está presente, mas associado ao respeito unilateral, e a fase da semi-autonomia moral, sendo que a tolerância está presente, associada à necessidade de reciprocidade; e, finalmente, na fase da autonomia moral, a tolerância que está vinculada ao respeito mútuo e à defesa de valores universais.

Souza (2007) realiza pesquisas sobre as valorizações afetivas sobre a representação de alguns contos de fada clássicos. A autora apresenta um estudo da representação de crianças entre 4 e 11 anos, que, após ouvirem as histórias e recontá-las, foram solicitadas a escolherem um personagem que considerassem mais interessante e apontar uma qualidade (virtude) que considerassem admirável. Os resultados mostraram que as crianças mais jovens estiveram mais presas a aspectos concretos, tais como, posse de materiais ou habilidades concretas como correr, saltar; e as respostas dos mais velhos estiveram voltadas mais para o caráter virtuoso, tais como, coragem ou generosidade.

Os estudos ora apresentados comprovam a importância da pesquisa na área educacional, para uma compreensão de como pensam as crianças e a necessidade da equipe escolar pensar em uma organização didático-pedagógica para a melhoria do ambiente interpessoal nas unidades escolares.

Dadas as considerações sobre os estudos da moralidade destacamos a seguir o papel das interações sociais na construção moral.

O papel das interações sociais na construção moral

Para destacar a importância das interações sociais na construção moral parte-se inicialmente da ideia de que os aspectos – afetivos, sociais e cognitivos – são indissociáveis, apresentam características próprias, mas todos seguem uma evolução.

Basicamente dois tipos de relacionamentos movem as interações sociais: adulto com criança/adolescente, e criança/adolescente com criança/adolescente. Neste sentido, Piaget (1967/2003) salienta que o termo "social" corresponde a duas realidades distintas:

> Há, primeiro, as relações entre a criança e o adulto, fonte de transmissões educativas e lingüísticas das contribuições culturais, do ponto de vista cognitivo, e fonte de sentimentos específicos e, em particular, dos sentimentos morais, do ponto de vista afetivo; e há, em seguida, as relações sociais entre as próprias crianças, e em parte entre crianças e adultas, mas como processo contínuo e construtivo de socialização e não mais simplesmente de transmissão em sentido único. (p. 99)

Ao se analisar os estágios do processo de socialização, pode-se fazer uma analogia com os estágios do desenvolvimento cognitivo e sócio-moral, dada sua indissociabilidade. De uma forma simplificada, pode-se resumir a trajetória das interações sociais de uma pessoa, da seguinte forma: Ao nascer, a criança começa a construir este processo a partir do seu contato com seus pais, que será ampliado à medida que ela aumenta suas relações sociais e seus sentimentos morais, em relação aos adultos e também a outras crianças. No período pré-operatório, há um acréscimo dos contatos com os pares e as trocas sociais são de caráter pré-cooperativo, decorrente da própria incapacidade de se colocar no ponto de vista do parceiro. Há uma evolução nas relações interindividuais e, já no período operatório concreto, estas relações tendem a ser de caráter cooperativo, ou seja, a criança deixa de ver o seu ponto de vista como sendo único e começa a coordenar novos pontos de vista.

Com a construção dos sistemas operatórios e o progresso nas interações e cooperações sociais, a criança começa estabelecer relações baseadas no respeito mútuo. A observação dos relacionamentos entre pares constitui-se como uma ferramenta importante para que educadores e pais possam compreender como acontece o desenvolvimento sócio-moral.

Das interações sociais surge o estabelecimento de diversos tipos de relacionamentos, dentre eles, a amizade. Considerando-se que a amizade subentende o princípio da igualdade, pois temos por amigo aquela pessoa que nos trata de igual para igual, entende-se este sentimento como um caminho para se chegar ao respeito mútuo e à cooperação, pois são nestas relações entre iguais, que se permite as trocas de ideias, sentimentos, segredos, tão essenciais para se chegar a este tipo de respeito.

Mediante tais considerações, pergunta-se: com quem temos mais facilidade de estabelecer uma relação de reciprocidade? Com certeza, a facilidade de interação com os amigos, a abertura de diálogo, podem mostrar-nos um caminho a ser percorrido para se chegar ao respeito mútuo. Entre pares de amigos encontramos acordos, pois são grandes as afinidades, mas também é com os amigos que temos a possibilidade de discussão de igual para igual e, na maioria das vezes, são os amigos que demonstram pontos por nós não evidenciados e que nos levam a uma reflexão acerca de determinados assuntos.

Segundo Menin (1996) "(...) as relações sociais são um dos aspectos formadores da moral. E o 'grupo de iguais', ou seja, a convivência da criança com outras crianças é um dos melhores espaços para essa construção da moralidade" (p. 54). A este pensamento pode-se acrescentar que ter amigos é uma necessidade essencial para a construção da moralidade.

Embora crianças e adultos não sejam iguais, também é possível se estabelecer uma relação de igualdade, desde que o adulto respeite a criança e compreenda suas necessidades, encorajando-as a refletir sobre os problemas cotidianos e ajudando-as a construir suas próprias normas pessoais.

Piaget (1965/1973) estabelece uma relação bastante interessante sobre os fatores individuais e os interindividuais. Para explicar o fator individual recorre ao artifício de imaginar o indivíduo como um sistema fechado, intervindo somente as trocas com o meio físico, sem a intervenção das relações interindividuais. Explica, então o desenvolvimento do pensamento desde o período sensório-motor, até chegar à lógica formal por meio de progressivas equilibrações. Ao terminar esta explicação, Piaget (1965/1973) coloca a seguinte questão:

Se o processo lógico anda assim ao lado da socialização, deve-se dizer que a criança se torna capaz de operações racionais, posto que seu desenvolvimento social a torna apta à cooperação, ou deve-se admitir, pelo contrário, que são estas aquisições lógicas individuais que lhe permitem compreender as outras e que a conduzem assim à cooperação? (p. 181)

Para a compreensão da relação das etapas do desenvolvimento das operações lógicas com as etapas da socialização é importante destacarmos algumas características. No estágio sensório-motor ainda não se pode falar de socialização da inteligência. No período pré-operatório nota-se o começo significativo da socialização, com características intermediárias entre o individual e a cooperação. Outra característica marcante deste período é o fato de que as trocas interindividuais são caracterizadas por um "egocentrismo" que permanece a meio caminho do individual e do social. Já no período operatório concreto observa-se um nítido progresso da socialização: a criança se torna capaz de cooperar. Finalmente, no período operatório formal, caracterizado pelo pensamento hipotético-dedutivo, predomina o pensamento coletivo e a cooperação.

Nossa pesquisa sobre a amizade: tipos de interações e fidelidade

Para compreender como são estabelecidas as relações entre pares, realizamos uma pesquisa buscando conhecer as representações de crianças sobre os tipos de interações, referentes aos melhores amigos, amigos e não-amigos, e também às questões de fidelidade (Tortella, 2001). Para tanto, estudamos 154 crianças de ambos os sexos – 42 com idade entre 6 e 7 anos, 47 entre 8 e 9 anos, 65 entre 10 e 12 – sendo de níveis sócio-econômicos próximos.

Realizou-se inicialmente uma entrevista individual do tipo clínico, apoiada nos trabalhos de Jean Piaget, com questões semi-estruturadas. As entrevistas foram realizadas por nós, individualmente, com cada criança, numa única sessão, com duração de 30 a 40 minutos em média.

A coleta foi realizada de acordo com os seguintes procedimentos:

1º) Aplicação do teste sociométrico modificado

Realizamos, primeiramente, a aplicação do teste sociométrico modificado, para crianças pequenas, a fim de que elas procedessem às escolhas do melhor amigo, amigo e não-amigo. O material empregado na aplicação do referido teste consistiu em uma cartela dividida em várias partes e em bonecos confeccionados com a foto das crianças que fizeram parte da pesquisa, sendo cada uma representada por um boneco. A cada uma foi solicitada a procura boneco com sua foto, dentre todos os outros com as fotos dos componentes de sua classe. Ao seu lado, cada criança deveria colocar o seu melhor amigo(a); em seguida, o amigo(a) e, no lado oposto, a criança que considerasse não-amigo(a). Procedeu-se à aplicação do teste sociométrico, modificado de acordo com o seguinte roteiro de entrevista:

1. Você está vendo todos esses bonecos?
2. Você conhece estas pessoas? Quem são elas?
3. Você está vendo esta cartela? Ela está dividida, não é mesmo? Como nós podemos chamar cada divisão desta?
4. Eu gostaria que você arrumasse nesta primeira casa o (a) boneco (a) que representa você. Bem ao seu lado, eu gostaria que você colocasse seu melhor amigo, pode ser menino ou menina.
5. Agora, eu gostaria que você colocasse ao lado do seu melhor amigo uma criança que você considere amiga, pode ser menino ou menina.
6. Agora, nesta última casa, uma criança de que você não gosta, com quem você não está de acordo, aquele com quem você não gosta de ficar junto, pode ser menino ou menina.

2º) Entrevista sobre as concepções das crianças em relação ao melhor amigo, amigo e não-amigo

Após a aplicação do teste sociométrico modificado, foi realizada uma entrevista individual, cujas questões semi-estruturadas foram as seguintes:

1. O que você e... (seu melhor amigo) fazem juntos?
2. O que você e... (seu amigo) fazem juntos?
3. O que você e ... (seu não-amigo) (fazem juntos)?

3º) **Discussão do dilema hipotético envolvendo relações de amizade versando sobre a questão fidelidade**

A discussão do dilema era realizada após se ter constatado que a criança havia compreendido bem a questão principal e apresentando-se contra-argumentações que visavam perceber se a criança estava convicta ou não de sua opinião. O seguinte dilema foi apresentado às crianças:

> Carla e Érica, que eram muito amigas há anos, haviam combinado que depois da aula iriam brincar e jogar na casa de Érica. Carla adorava ir passear em casa da Érica. Neste mesmo dia, Carla foi convidada por Letícia, uma menina nova da classe, para ir ao seu aniversário e assistir a um show com mágicos e palhaços. Érica não foi convidada porque já havia brigado com Letícia e já havia dito que não gostava dela. O que você acha que Carla deveria fazer? Vamos imaginar que isto aconteceu com você e ... (melhor amigo). O que você faria nesta situação? Vamos imaginar que isto aconteceu com você e ... (não-amigo). O que você faria nesta situação?

A análise dos dados ocorreu em dois momentos específicos. Em um primeiro momento, realizamos uma análise qualitativa dos protocolos de entrevista e procuramos estabelecer categorias de respostas por conteúdos semelhantes, consideramos os vínculos de proximidade, idade e gênero. Após a análise qualitativa, efetuou-se uma análise de correspondência. Inicialmente, construiu-se uma tabela na qual cada linha representava uma categoria e cada coluna a frequência das respostas dadas pelos sujeitos, combinando-se sexo e idade e vínculo de proximidade. A partir desta tabela, efetuou-se uma análise de correspondência com o objetivo de verificar a similaridade de perfis de respostas nas categorias das várias colunas, portanto, relacionadas às variáveis: idade, sexo e vínculo de proximidade. Neste tipo de análise, cada coluna se transforma num ponto no gráfico, de tal forma que a proximidade entre os pontos representa, respectivamente, a similaridade e a distância representa uma discrepância de perfis de respostas nas categorias. Para a análise dos dilemas, foi também aplicado o teste de qui-quadrado com a finalidade de verificar a relação de dependência entre as variáveis: categorias e idade, categorias e sexo e categorias e vínculo de proximidade.

Os Resultados

No decorrer das entrevistas, pôde-se notar quais são as interações que as crianças apontaram como sendo importantes nos seus relacionamentos. As respostas foram agrupadas em categorias como as que se seguem:

1) Participação conjunta em brincadeiras e outras atividades

As crianças de 6 a 12 anos invocavam a participação em brincadeiras como um dos principais argumentos para explicar o que fazem com seus amigos. Destas respostas, pode-se inferir que brincar juntos seria um ponto inicial em direção à amizade. Em todas as idades, encontramos um número elevado de respostas alusivas a esta categoria. São exemplos:

> GIM (6,9) M[2]: – Nóis brinca, ele deixa eu brincar com os brinquedos dele, e eu deixo ele brincar com os meus. Quando está na hora de nóis ir embora, daí ele deixa brincar.
>
> DIE (8,11) M: – A gente brinca de jogar bola. Às vezes, brinca de tourinho: você coloca um latão, tem lá, daí monta e tem uma corda e você vai puxando.

2) Participação conjunta em atividades escolares

Houve respostas que enfocaram o realizar tarefas escolares como sendo algo que os melhores amigos e amigos fazem juntos. São típicos os seguintes exemplos:

---

[2] As siglas utilizadas referem-se: três primeiras letras = identificação da criança; números = idade em anos e meses; as letras F ou M = sexo.

PAL (6,6) F: – Brinca na escolinha[3] (...).

MAR (8,11) M: – Faz atividade junto (...).

BVH (10,2) F: – (...), faz tarefa no fim de semana.

3) O mesmo que com o melhor amigo

Nesta categoria, foram agrupadas as respostas cujos argumentos indicavam que os sujeitos faziam com o amigo as mesmas coisas que com o melhor amigo. O exemplo a seguir é demonstrativo destes argumentos:

MBD (10) F: – As mesmas coisas.

4) Participação conjunta em atividades extra-escolares

Foram incluídas nesta categoria todas as respostas que indicavam que os sujeitos realizavam atividades tais como: ir à casa do amigo, ir embora junto, passear, divertir-se, indicando que amigos compartilham juntos destas atividades. Os exemplos a seguir são demonstrativos dessa categoria:

MSS (10,4) F: – Sai para passear juntos, eu vou na casa dele.

MHS (10,4) F: – (...) quando a gente sai da escola a gente vai até o restaurante e aqui na escola a gente fica junto.

5) Diálogo

As respostas alusivas a esta categoria refletem que uma das atividades que os sujeitos compartilham com seus amigos é o conversar, trocar ideias, demonstrando que os amigos dialogam. São exemplos:

ACF (10,7) F: – A gente conversa, (...), fala sobre as coisas de menina que a gente gosta.

JEK (8,9) F: – A gente conversa (...).

---

[3] Escolinha é um trabalho diversificado realizado em sala de aula. As crianças utilizam o termo brincar ou trabalhar na escolinha significando que estão realizando um trabalho escolar.

6) Ajuda

As crianças dizem que ajudam o amigo ou ajudam um ao outro. O amigo faz algo visando a prestar ajuda, atendendo às necessidades físicas ou psicológicas. Podemos evidenciar alguns exemplos:

NAB (10,4) F: – Quase a mesma coisa que a VCC, porque ela fica junto com a gente. Só que ela é bem sensível, porque ela é bem gordona e os outros tiram sarro dela e eu dou apoio a ela. Eu acho que porque ela é gorda, ela não pode fazer nada, eu converso com ela, conto segredos também, brinco, a gente curte na hora do recreio.

MON (10,3) F: – (...) ela ajuda eu e eu ajudo ela, em Português, que ela não sabe muito, em Matemática, então! Ontem mesmo eu ajudei ela nos problemas.

PRI (8,8) F: – (...) quando ela se machuca, eu vou, converso com a Valquíria para contar quem machucou ela e quando eu machuco ela faz a mesma coisa.

7) Lealdade

Esta categoria de respostas foi usada, principalmente, por crianças de 10-12 anos. Os sujeitos, ao explicarem o que faziam com seu melhor amigo ou amigo, declaravam que trocavam segredos entre si. Encontram-se as seguintes respostas:

GIO (10,5) F: – (...) sempre quando ela tem alguma coisa pra contar, ela conta pra mim (...).

NAB (10,4) F: – (...), a gente liga uma na casa da outra, fala segredos. A gente conta coisas da gente, como está nossa família...

8) Compartilhar

As respostas que originam essa categoria revelam que as crianças apontam o dividir, o compartilhar, principalmente, bens físicos como uma das atividades entre amigos. Alguns exemplos destas respostas:

GIO (10,5) F: – (...) tudo que ela precisa eu dou pra ela, eu empresto, ela é minha melhor amiga.

AMA (8,11) F: – Ele empresta lápis de cor.

9) Condutas anti-sociais

Esta categoria foi constituída, exclusivamente, pelas respostas dos sujeitos com relação ao não-amigo. As respostas que se enquadram nessa categoria mencionaram a falta de gentileza entre os pares e encontram-se respostas que declaram o não brincar, o não conversar, o atrapalhar as tarefas escolares, a agressão física como motivo pelos quais os sujeitos não interagem com os não-amigos. São os seguintes exemplos típicos:

JEM (12) M: – (...) ele xinga eu, a única coisa que eu faço com ele é que de vez em quando eu dou uns foras nele, porque ele enche muito o meu saco e eu xingo ele, isso quando ele vem bater em mim também.

NIB (6,8) F: – Uma coisinha de nada, a única coisa que a gente faz junta é brigar.

10) Interação esporádica

Nessa categoria, foram agrupadas as respostas que explicavam que os sujeitos ficavam pouco tempo junto com o par eleito no teste sociométrico. Também esta categoria foi exclusivamente dada pelos sujeitos com relação ao não-amigo. Alguns exemplos:

AND (10,5) M: – *Bem, de vez em quando, a gente fica, mas a gente não fica geralmente junto. Só um minuto.*

PRI (8,8) F: – *Quase nada. A gente conversa, brinca um com o outro na hora da merenda, só isso.*

BRS (6,6) M: – *Às vezes, quando eu não tenho amigo eu sou amigo dele.*

11) Nenhuma interação

Esta categoria reúne respostas dos sujeitos que mencionavam não fazer nada com o não-amigo. Muitas das crianças entrevistadas estavam bastante convictas ao responder a esta questão, como se pode perceber pelo exemplo a seguir:

> MAR (8,11) M: – Nada, ele não pode nem me ver e muito menos eu com ele.

12) Poucas vezes brincam juntos ou nem brincam

Nessa categoria, foram reunidas as respostas que afirmavam que os sujeitos não brincavam com o não-amigo ou brincavam esporadicamente. A resposta a seguir é referente a esta categoria:

> EST (8,1) F: – (...). Só, às vezes, eu brinco com ele.

Por esta análise, pôde-se observar os tipos de interações que são estabelecidas entre as crianças em relação ao seu melhor amigo, amigo e não-amigo.

Como já foi dito, efetuamos uma análise de correspondência com o objetivo de verificar a similaridade de perfis de respostas nas categorias das várias colunas, portanto, relacionadas às variáveis: idade, sexo e vínculo de proximidade.

Os dados demonstraram que existe uma diferença marcante na variável vínculo de proximidade. Nota-se que existe uma diferença entre os perfis de respostas nas categorias dos melhores amigos, amigos e não-amigos. A idade parece não influenciar para o vínculo de proximidade de melhor amigo e amigo, mas para o vínculo de proximidade não-amigo existe uma diferença. Para a variável sexo nenhum dado pôde ser observado.

Na categoria 1 encontra-se o maior número de respostas para o vínculo de proximidade melhor amigo (55,5%) e amigo (49,7%). O índice elevado na categoria participação conjunta em brincadeiras reforça a ideia de que o brincar seria um ponto fundamental no estabelecimento das relações amistosas e também a fundamentação das interações entre os pares. As porcentagens de respostas são bastante similares em todas as idades.

Em segundo lugar aparece outra categoria, a 2 – participação conjunta em tarefas escolares – sendo 16,2% para vínculo melhor amigo e 11% para amigo, de certa forma esperada, já que a coleta de dados foi referente aos amigos da escola. Na categoria 4, participação conjunta em atividades extra-escolares tendo como média total para o vínculo melhor amigo 11,8% e para o vínculo amigo 10,5%; nota-se uma maior incidência de respostas na idade entre 8-9 anos (24,2%), do sexo feminino, para o vínculo de proximidade melhor amigo e, na idade entre 10-12 anos, do sexo masculino, para o vínculo de proximidade amigo (20%).

Para o vínculo de proximidade não-amigo temos alguns dados interessantes. Nota-se que os grupos M 8-9 anos (50%) e F 8-9 anos (38,2 %) ressaltam muito a questão das condutas anti-sociais, identificado na categoria 9, quando relatam o tipo de interação que se estabelecem com o par escolhido. Na categoria 11, nenhuma interação, notou--se uma maior predominância nos grupos F 10-12 (75%) e M 10-12 (63,6%). Já na categoria 12, poucas vezes brincam juntos ou nem brincam, o maior índice encontra-se no grupo F 6-7 (34,6%).

Resolução do dilema

Após ouvirem o dilema sobre a fidelidade, as crianças foram solicitadas a responder se achavam que Carla deveria ficar com a amiga Érica, ou ir ao aniversário e, logo em seguida, como resolveriam este dilema em situação real. Agrupadas as respostas e para este dilema, encontrou-se quatro categorias que se seguem:

1) Ficar com o amigo por amizade

Todos os argumentos que indicavam que os sujeitos ficariam com o melhor amigo por amizade foram agrupados nessa categoria. Em sua maioria, as respostas diziam que se é melhor amigo, tem que ficar com o amigo; foram também incluídas nessa categoria as respostas relativas ao amigo – ficaria com o amigo, senão ele ia ficar de mal, porque gostava do amigo, para não perder o amigo ou para não "deixá-lo na mão". Os exemplos a seguir, ilustram as respostas apresentadas pelos sujeitos:

MAS (10,0) F: – Eu ficaria com a MAI , porque é que nem eu falei, amizade não se troca por uma festa de aniversário. O que importa é amizade e o amor que você sente por ela.

JON (8,11) M: – Eu ia brincar com o BRU na casa dele. Porque o BRU é meu melhor amigo.

AFO (6,7) M: – Eu ia na casa do PAU. Porque ele é meu melhor amigo.

2) Ficar com o amigo para cumprir o combinado

Nessa categoria foram reunidas as respostas em que o sujeito deveria ficar com o melhor amigo, ou com o não-amigo para cumprir o combinado. Foram também incluídas nessa categoria, algumas respostas referentes à criança que ficaria com o amigo porque ele convidou primeiro. São os seguintes exemplos:

LSB (10,8) M: – Eu ia brincar com o MAM porque se eu prometi pra ele. Vontade eu teria (ir ao aniversário), mas se eu marquei encontro com ele. Eu ia com ele, fazer o quê!

LUS (8,2) M: – Eu ficava com o BRU, porque eu combinei uma coisa, então, tem que cumprir.

PRI (8,8) F: – Acho que deveria ir à casa da amiga dela, porque já tinha combinado que ia na casa; então, ela tem que cumprir, ela não pode voltar pra trás.

LET (6,6) F: – Ela deve ir com a amiga, porque ela convidou primeiro.

3) Ficar com o amigo por motivos diversos

Houve crianças que consideravam importante ficar com o amigo, e deram respostas que não se enquadravam em nenhum dos itens anteriores, tais como, eu gosto de ir à casa do amigo, para conhecer a casa do amigo, porque não conhece a outra criança (sugerida pelo dilema), dentre tantas outras respostas encontradas. Os exemplos a seguir ilustram bem esta categoria:

FGJ (10,2) M: – Ficava na casa do FUG, porque eu não conheço o moleque. Ficava na casa do FUG.

EST (8,1) F: – Ficaria com a FLA. Porque ela ia ficar chateada comigo e não ia querer mais brincar comigo.

WEV (6,8) M: – Na casa do MTH, porque ele é legal e ele convidou e eu gosto de brincar.

4) Ir ao aniversário

As respostas que originaram essa categoria revelam que as crianças não gostariam de ficar com o amigo ou o não-amigo, sendo que prefeririam ir ao aniversário. Algumas das crianças disseram que iriam, porque ir ao aniversário era bem mais interessante e outras que iriam ao aniversário porque não eram amigas, ou porque não gostavam do não-amigo e destacavam algumas características pessoais negativas do não-amigo.

JEM (12) M: – Como eu não tenho amizade eu deixaria ele esperando e ia no aniversário. (...) eu estaria mostrando para ele que ele não é meu amigo, porque ele faz brincadeiras de mau gosto comigo, daí eu deixaria ele sozinho no canto para ele aprender que isso não é coisa que se faça com os outros.

CRI (8,0) M: – Ia no aniversário porque eu não gosto dele.

JEL (8,5) F: – Ia no aniversário, daí outro dia eu brincava com a PRI, porque aniversário é uma vez por ano, agora, brincar se era todo dia.

SAR (6,11) F: – Eu ia no aniversário. Eu falaria: Hoje não vai dar para brincar com você porque uma menina me convidou para ir a um aniversário.

TAM (6,7) F: – Eu ia ao aniversário, porque aniversário não tem todo dia e com a MOD eu brinco todo dia.

Alguns fatos interessantes foram verificados durante esta análise. Ao responderem as questões formuladas, algumas crianças mais novas desconsideravam a escolha realizada no teste sociométrico e tornam o não-amigo em amigo. Por exemplo, ISP (6,8) aponta GHB (6,7) como não-amigo no teste sociométrico, mas quando resolve o dilema, o torna novamente amigo. Ela diz:

– Eu ia com o GHB, porque eu prefiro ir brincar com os meus amigos do que ir em aniversários.

Ao analisarmos as respostas de MAI (10,6), também foi verificado outro fator relevante. Ao responder as perguntas na situação hipotética, este sujeito diz que deve ficar com o amigo e na situação real diz que vai à festa porque já combinou isto com a amiga e, na situação real em relação ao não-amigo, diz que não vai à festa porque não gosta de brincar com o não-amigo. A seguir as respostas:

Situação hipotética: – Eu acho que ela devia ficar com a Érica, porque se elas são melhores amigas, uma não tem que deixar a outra para fazer alguma coisa que uma outra menina quer que faça.

Situação real com o amigo: – Olha, eu iria no aniversário porque nós já combinamos, quando acontece a gente vai no aniversário.

Situação real com o não-amigo: – No aniversário, porque eu não gosto de brincar com TEG.

Outro exemplo de contradição foi encontrado em LFC (11,2) M. Na situação real em relação ao melhor amigo diz:

– Ia brincar com o LUP, porque é assim, quando vai numa festa e já tem compromisso com o outro, daí vai com o outro.

Na situação real em situação com o não-amigo diz:

– Não ia à casa dele se ele tivesse convidado; eu ia ao aniversário porque ele brigava muito comigo, com o LUP, com o FAB; eu não ia com ele.

Por esse exemplo, pode-se perceber que o compromisso deixa de existir quando diz respeito a uma outra pessoa que não se quer bem. No entanto, encontraram-se também sujeitos que conservavam o seu argumento independentemente do vínculo afetivo. No caso de FMA (10,3) M, percebe-se que ele mantém o mesmo tipo de argumento nas três situações deste dilema. Vejamos as respostas:

Situação hipotética: – Ir à casa da amiga, porque foi convidada primeiro para ir à casa da amiga dela.

Situação real em relação ao amigo: – Se eles não fizessem as pazes, eu ia na casa do LED, porque ele chamou primeiro.

Situação real em relação ao não-amigo: Iria à casa do DAP, porque ele chamou primeiro.

A seguir apresentam-se as tabelas com os dados quantitativos.

Tabela 1

Distribuição de resposta por categoria e sexo

	SEXO		
Categoria	F	M	Total
1) Ficar com o amigo por amizade	55 23,8%	70 30,3%	125 27,1%
2) Ficar com o amigo para cumprir o combinado	38 16,5%	35 15,2%	73 15,8%
3) Ficar com o amigo por motivos diversos	37 16%	33 14,3%	70 15,2%
4) Ir ao aniversário	101 43,7%	93 40,3%	194 42%
Total	231 100%	231 100%	462 100%

Qui-quadrado = 2,482; gl = 3; p = 0,48

Como mostra a análise de X^2, as diferenças de gênero para este conteúdo não são significativas, ou seja, mais uma vez homens e mulheres respondem de forma similar às questões do dilema. Observando a Tabela 1, nota-se que a categoria 4 contém o maior número de respostas, seguida da categoria 1.

Tabela 2
Distribuição de resposta por categoria e idade

		Idade		
Categoria	6-7	8-9	10-12	Total
1) Ficar com o amigo por amizade	20 15,9%	36 26,1%	69 34,8%	125 27,1%
2) Ficar com o amigo para cumprir o combinado	13 10,3%	24 17,4%	36 18,2%	73 15,8%
3) Ficar com o amigo por motivos diversos	26 20,6%	21 15,2%	23 11,6%	70 15,2%
4) Ir ao aniversário	67 53,2%	57 41,3%	70 35,4%	194 42%
Total	126 100%	138 100%	198 100%	462 100%

Qui-quadrado = 23,625; gl = 6; p < 0,001

Ao submeter os dados à análise estatística, contatou-se que, para este dilema, há uma relação de dependência entre as variáveis testadas, podendo-se afirmar que a idade influi de forma significativa nos argumentos dados pelos sujeitos analisados.

Os dados apresentados na tabela 2 demonstram que a categoria 4 e, em seguida, a categoria 1 têm as maiores frequências de respostas. Para a categoria 1 e 2 nota-se uma relação direta entre o aumento de número de respostas e a evolução da idade.

Ao analisar as categorias 3 e 4, nota-se o inverso, ou seja, os dados percentuais indicam um declínio da frequência de respostas conforme o aumento da idade.

Tabela 3
Distribuição de resposta por categoria e vínculo de proximidade

Categoria	Melhor amigo	Vínculo Não amigo	hipotético	Total
1) Ficar com o amigo por amizade	67 43,5%		58 37,7%	125 27,1%
2) Ficar com o amigo para cumprir o combinado	28 18,2%	15 9,7%	30 19,5%	73 15,8%
3) Ficar com o amigo por motivos diversos	37 24%	15 9,7%	18 11,7%	70 15,2%
4) Ir ao aniversário	22 14,3%	124 80,5%	48 31,2%	194 42%
Total	154 100%	154 100%	154 100%	462 100%

Qui-quadrado = 168,011; gl = 6; p < 0,001

Para esse conjunto de dados, submetidos à análise estatística, pode-se afirmar que há uma relação de dependência entre as variáveis; desta forma, o vínculo de proximidade influi, consideravelmente, nas decisões do sujeito ao responder o dilema.

Ao analisar uma a uma as categorias, pôde-se observar um número significativo de respostas na categoria 1 para o vínculo de proximidade melhor amigo e, na categoria 4 para o vínculo de proximidade não amigo.

A prática pedagógica

Os estudos apresentados apontam indicações aos educadores de como as crianças se desenvolvem e quais são as representações que fazem sobre determinados aspectos de seus relacionamentos.

Mas, qual a importância de se conhecer tais estudos? Entende-se que o conhecimento e a reflexão sobre aspectos importantes presentes no contexto escolar – desenvolvimento moral e valores; interações sociais, as amizades – podem ajudar o docente em suas práticas. Os estudos sobre a moralidade apontam sobre a necessidade de se criar um ambiente cooperativo em sala de aula para que as crianças e jovens tenham a oportunidade real de construção da autonomia moral e intelectual (DeVries & Zan, 1998; Vinha, 2000).

Os estudos sobre a educação moral ou educação em valores também apontam sobre a necessidade de se criar um espaço intencionalmente organizado para que os alunos possam refletir e opinar sobre valores e contra-valores. Nesse sentido discutem-se valores em situações cotidianas e práticas (Menin, 2002).

Mas quais as contribuições que os estudos sobre a amizade podem trazer à prática do professor? O docente pode iniciar sua reflexão a partir de seus próprios relacionamentos com questões como: Como pensar e sentir a temática da amizade no contexto escolar? Quais são as possibilidades de vida social na Unidade Escolar que trabalham?

Em resposta às estas questões, o educador pode encontrar respostas que se enquadram nos três tipos de amizades abordadas por Aristóteles (trad. 1992). Segundo este autor, precisamos primeiramente evidenciar o conhecimento do "objeto do amor" para entendermos os diferentes tipos de amizade. Existem três motivos pelos quais as pessoas amam: o interesse, o prazer e o bem. Desta forma, existem três espécies de amizade, com base nesses três aspectos.

As duas primeiras espécies de amizade são apenas acidentais, por poderem se desfazer facilmente. Tanto os amigos que se associam pelo interesse, quanto os que se relacionam pelo prazer, estão juntos não pelo que os amigos são, mas sim, pelo interesse ou pelo prazer que estes possam lhes proporcionar. Quando o prazer ou o interesse terminam, a amizade se desfaz.

A amizade entre os jovens parece estar baseada no prazer, pois, eles são movidos, principalmente, pelas emoções e, geralmente, suas amizades são passageiras.

A última espécie de amizade acima citada seria a que realmente fundamenta a verdadeira amizade, pois as pessoas que desejam o bem, uma a outra, constituem-se em verdadeiros amigos, há uma afeição recíproca e os relacionamentos tendem a ser mais duradouros.

O tipo de amizade corresponderá à forma de associação que os indivíduos têm e ao princípio de proporcionalidade (as condições de igualdade ou superioridade de uma das partes em relação a outra). Por exemplo, nas amizades por interesse, os amigos podem ser iguais ou desiguais nos benefícios que se proporcionam e é aqui que, geralmente, as desavenças e as queixas aparecem, pois as pessoas visam os seus próprios interesses.

Já, na amizade baseada na excelência moral, a igualdade vai prevalecer. As pessoas amigas desejam reciprocamente o bem, não havendo lugar para queixas, não esperando nada além do bem da outra, sem expectativas de retribuições.

O fator predominante da excelência moral e do caráter é a intenção. Parece-nos que a amizade está intimamente ligada ao tipo de moral que cada indivíduo possui. Se no sujeito o que predomina é a moral heterônoma, provavelmente, o tipo de amizade que terá será a por interesse ou por prazer. Já, se o que predomina é a moral autônoma, provavelmente, a amizade será a da igualdade ou excelência moral.

Segundo Aristóteles (trad. 1992), algumas características, tais como: desejar e fazer o que é bom, conviver e ter os mesmos gostos do outro, entristecer-se ou alegrar-se com as tristezas e alegrias do outro podem definir o que é ser um amigo. Afirma ainda que as pessoas devem estar contentes consigo mesmas, evitando a maldade e esforçando-se por serem boas para estabelecerem laços de amizade.

Aristóteles considera ainda que os amigos são tidos como o maior dos bens exteriores. Necessitamos de amigos tanto nas horas boas (prosperidade), como nas más. Nestas últimas, necessitamos de ajuda e na prosperidade desejamos ajudar, conviver e compartilhar com outras pessoas.

Refletir sobre suas próprias experiências, pessoas de amizade conjuntamente aos dados apresentados por pesquisas que demonstram as representações de crianças e adolescentes sobre a amizade podem, portanto, ajudar o educador a organizar boas situações didáticas e intervenções que possibilitem qualificar os relacionamentos interpessoais no contexto escolar.

As práticas envolvendo a discussão de valores éticos e sociais, por meio de histórias ou filmes e a discussão de dilemas hipotéticos ou reais, trabalho em pequenos grupos, podem ajudar as crianças a refletirem e desenvolverem novas competências sociais e aos professores compreenderem quais são os procedimentos utilizados por elas. Ao discutir dilemas provindos de histórias, as crianças verbalizam suas posições morais e seus sentimentos. Sabe-se que há uma grande distância entre o julgar e o agir, mas acredita-se que a partir das discussões estabelecidas no contexto escolar, a criança ou o adolescente podem aplicar na vida diária aquilo que já idealizaram no plano das ideias.

Para um trabalho com valores não bastam os procedimentos acima citados, mas a escola precisa na sua rotina diária, promover um ambiente no qual o aluno tenha que constantemente tomar decisões sociais, discuti-las com o seu grupo, verbalizar suas opiniões e, o docente, possibilitar intervenções que desafiem os alunos à busca de novas soluções, no sentido de novas construções. Para comprovação destas ideias há a necessidade de ampliar os estudos sobre as competências interpessoais e intergrupais de crianças e adolescentes, e a prática dos docentes.

Referências

Aristóteles (trad. 1992). *Ética a Nicômacos* (M. da G. Cury, Trad.). Brasília: Editora da UnB.

DeVries & Zan (1998). *A ética na educação infantil*. Porto Alegre: Artes Médicas.

Freire, N. B. (2007). Tolerância: A virtude da paz. Em L. R. P. Tognetta (Org.), *Virtudes e educação: O desafio da modernidade* (pp. 121-146). Campinas, SP: Mercado de Letras.

Harkot-de-La-Taille, E., & La Taille, Y. L. (2004). A construção ética e moral de si-mesmo. Em M. T. C. C. de Souza (Org.), *Os sentidos de construção: O si mesmo e o mundo* (pp. 69-101). São Paulo: Casa do Psicólogo.

Menin, M. S. de S. (1996). Desenvolvimento Moral. Refletindo com pais e professores. Em L. de Macedo (Org.), *Cinco estudos de educação moral* (pp. 37-104). São Paulo: Casa do Psicólogo.

Menin, M. S. de S. (2002). Valores na escola. *Educação e Pesquisa, 28*(1), 91-100.

Menin, M. S. de S. (2007). Injustiça e escola: Representações de alunos e implicações pedagógicas. Em L. R. P. Tognetta (Org.), *Virtudes e educação: O desafio da modernidade* (pp. 17-36). Campinas, SP: Mercado de Letras.

Nucci, L. (2000). Psicologia moral e educação: Para além de crianças "boazinhas". *Educação e Pesquisa, 26*(2), 71-89.

Piaget, J. (1973). *Estudos sociológicos* (R. Di Piero, Trad.). Rio de Janeiro: Forense. (Original publicado em 1965).

Piaget, J. (1976). *A equilibração das estruturas cognitivas: O problema central do desenvolvimento* (M. M. dos S. Penna, Trad.). Rio de Janeiro: Zahar. (Original publicado em 1975).

Piaget, J. (1994). *O juízo moral na criança* (E. Lenardon, Trad.). São Paulo: Summus. (Original publicado em 1932).

Piaget, J., & Inhelder, B. (2003). *A psicologia da criança* (O. M. Cajado, Trad.). Rio de Janeiro: Difel. (Original publicado em 1967).

Selman, R. L. (1981). The child as a friendship philosopher. Em S. R. Asher & J. M. Gottman (Orgs.), *The development of children friendships* (pp. 242-272). Cambridge: Cambridge University Press.

Souza, M. T. C. C. de (2004). *Os sentidos de construção: O si mesmo e o mundo*. São Paulo: Casa do Psicólogo.

Souza, M. T. C. de (2007). As virtudes nos contos de fada: Considerações a partir da teoria de Jean Piaget. Em L. R. P. Tognetta (Org.), *Virtudes e educação: O desafio da modernidade* (pp. 147-158). Campinas, SP: Mercado de Letras.

Tognetta, L. R. P. (2007) A virtude da solidariedade em ambientes escolares. Em L. R. P. Tognetta (Org.), *Virtudes e educação: O desafio da modernidade* (pp. 37-60). Campinas, SP: Mercado de Letras.

Tortella, J. C. B. (2001). *A representação da amizade em díades de amigos e não-amigos*. Tese de Doutorado não-publicada. Universidade Estadual de Campinas, Campinas, São Paulo.

Vinha (2000). *O educador e a moralidade infantil: Uma visão construtivista*. Campinas, SP: Mercado de Letras.

CAPÍTULO 7

Amizade, trabalho e bem-estar subjetivo[1]

ADRIANA KIPPER-SMITH
Universidade Federal do Rio Grande do Sul e Fielding Graduate University

Como notoriamente observado por Sigmund Freud, o homem normal e saudável precisa saber amar e trabalhar. Porque a amizade é considerada uma variação do amor no território filosófico, ela é abordada aqui como um de seus exercícios. São essas duas esferas fundamentais da vida, amizade e trabalho, que orientam esse capítulo, assim como os funcionamentos, rotas e expressões que fazem parte da interatividade desses dois processos.

Ao longo de sua história, o homem tem adquirido um maior domínio sobre tudo o que o cerca e, em especial, sobre o seu ambiente e as estruturas tecnológicas que dele fazem parte. Técnica, ciência e luta pela sobrevivência são importantes signos de nossa época. O espaço das relações entre os homens, no entanto, tem evidenciado uma realidade que lembra não somente domínio, avanço e crescimento, mas também pobreza de sentido. De acordo com o filósofo alemão Friedrich Nietzsche (1977), apesar de o homem ter evoluído e ampliado seu conhecimento sobre tantas áreas, o grande desafio permanece sendo conhecer a verdade sobre si mesmo.

Os espaços contemporâneos de trabalho são pautados pelas jornadas diárias de oito horas, que têm sofrido diferentes processos de

---

[1] Doutora em Psicologia Clínica pela Fielding Graduate University, em Santa Bárbara, Califórnia. Analista de Recursos Humanos da Universidade de Santa Cruz do Sul, em Santa Cruz do Sul, onde a pesquisa foi realizada. Este capítulo é dedicado àqueles que acreditam na potência da amizade.

"flexibilização". Uma importante variável de tais processos correspon-de à estratégia que sugere ao trabalhador, implícita ou explicitamen-te, que ele se capacite continuamente. Ao responder às demandas do paradigma da alta performance, o trabalhador "trabalha" também fora dos contornos das organizações. Portanto, trabalha-se muito. Mesmo com as modernas tecnologias que os circundam, pode-se inferir que trabalhadores de hoje ainda manifestam aspectos de um certo estra-nhamento, ou seja, uma inelutável dimensão que permanece obscura e que a tecnologia ainda não decodificou. Segundo Antunes (1999), é o envolvimento interativo que contribui para o estranhamento do tra-balho, uma vez que ele tende a desconectar a subjetividade de ações autênticas e autodeterminadas. Como produto subjetivo dessa realida-de, aspectos de estranhamento podem ser visualizados num enfraque-cimento dos vínculos de convivência e de solidariedade, contribuindo consideravelmente para um aumento do individualismo.

Retomando-se brevemente a trajetória histórica do que hoje é con-siderado individualismo, tal fenômeno faz parte de um processo sócio--histórico que tem reordenado as subjetividades, especialmente desde a época do Renascimento. De acordo com Heller (1982), é a partir desse período que o mundo começa a ser composto de individualida-des e de personalidades, tornando-se o indivíduo o principal ponto de partida para os sistemas psicológicos e éticos. Arendt (1999) atualizou o caráter evolutivo dessa abordagem, ao defender a ideia de que os homens modernos não foram arremessados de volta ao mundo e, sim, para dentro de si mesmos.

É partindo desses pressupostos sociais e psicológicos que o presente estudo sobre as relações humanas no ambiente de trabalho é delinea-do. De um panorama de grandes investimentos nas particularidades da vida privada e nos meandros dos estados psicológicos individuais, o exame das relações humanas, especificamente as de amizade, evoca a leitura sobre seus efeitos subjetivos e sobre as redes de interação in-terpessoal, que constituem o ser social. Segundo Arendt (1999), a vida humana no trabalho, estimulada pelo processo de acúmulo de riqueza, só é possível se o mundo e a própria mundanidade forem sacrificados.

Pensando a partir desse argumento, que elementos podem estar sendo sacrificados nas relações humanas orientadas pela lógica do individualismo? E como tais relações se estabelecem? Ainda mais especificamente, a quem consideramos amigos ou inimigos e o que justifica tais relações?

A dialética da amizade faz parte do processo de enriquecimento da vida humana e contribui para o conhecimento da verdade sobre nós mesmos, como Nietzsche (1977) apontou. A amizade corresponde a uma das variações mais intensas de nossa convivinhança e de nossa condição humana. Como o outro lado da mesma realidade, as políticas de amizade também falam de nossa pungente solidão.

Os diferentes lugares e percepções sobre a amizade, assim como a sua contextualização no espaço do trabalho, serão tratados teórica e empiricamente a seguir.

A amizade

A amizade corresponde a um tema vastamente explorado pelo território da filosofia, e é por essa razão que aqui são apresentadas algumas das clássicas elaborações filosóficas sobre o tema. Tais elaborações oferecem um considerável espaço de análise e crítica sobre o fenômeno da amizade, inspirando metáforas e contribuindo para a reconsideração de certas relações que passam, não raro, despercebidas pelo nosso radar.

A literatura sobre a amizade possui diversas intersecções com os conceitos de amor, como exposto no início deste capítulo. O amor, em suas mais diversas formas, como *eros*, *philia*, *ágape*, *cupiditas* (cobiça), *caritas* (caridade), *compassio* e *fraternitas* é amplamente debatido pela filosofia (Arendt, s.d). A amizade transita entre eles, mas segundo Platão (trad. 1995) (*Lísis*) ela mais se aproxima ao conceito de *philia*. Platão associa a amizade ao exercício do bem, condizente com os homens justos, mas ele também apresenta um contraponto, no qual a amizade é associada com o conceito de utilidade: "Acaso de alguém seremos amigos, alguém nos amará em coisas em que formos inúteis?" (p. 44). Mesmo vinculando a amizade à doação amorosa e ao exercício dos homens de bem, Platão antecipa um elemento importante que delimita muitas escolhas no cenário das relações humanas no trabalho, que é a conveniência de serem utilitárias.

Na busca por identificar a "verdadeira" amizade, Aristóteles (trad. 2001) (*Ética a Nicômaco*) apontou dois tipos: aquela que se baseia na vantagem e a que se baseia na virtude. A amizade baseada na vantagem fundamenta-se no prazer e orienta-se para o que cada um pode proporcionar ao outro. Não se ama o outro pelo que é e, sim, pelo que pode oferecer. Já a amizade baseada na virtude fundamenta-se no bem. Buscam-se amigos agradáveis e não só úteis. Aristóteles acredita que pessoas realmente felizes não precisam de amigos úteis, mas, sim, agradáveis e semelhantes em excelência moral. O ponto de vista de Aristóteles é que as amizades ajudam a manter as cidades unidas, visto que, quando as pessoas são amigas, elas têm menos necessidade de justiça.

Cícero (trad. 2001) entende a amizade como um sentimento que deve acontecer entre "os homens de bem" (p. 84) e cuja importância maior está em tornar a vida mais leve, ao comunicar e ao partilhar as suas durezas. O mesmo autor ainda afirma que a amizade é a única das questões humanas que é unanimemente reconhecida por todos e, sem a qual, a vida não pode ser feliz.

Ainda dentro das concepções que associam amizade e amor, São Tomás de Aquino (trad. 1977) sustenta que "amar é querer fazer o outro feliz" (p. 54). Nos ambientes de convívio social e profissional cotidiano pode parecer difícil perceber a amizade sob esse prisma. As atitudes de acirrada competitividade são mais facilmente identificáveis. No entanto, nas associações entre amizade e amor, o amigo é visto como aquele que intui e evoca a parte melhor de nós, a mais bondosa, espontânea, sincera, não invejosa e amável (Alberoni, 1992).

Segundo Agostinho (trad. 1999), o amor ao próximo é a realização concreta da relação para além do mundo, empurrando o outro para fora de seus domínios, podendo, só assim, ver o sentido de seu ser. Esse amor ama no outro aquilo que é eterno, não aquilo que irremediavelmente vai morrer. Afirmando que ninguém pode ver a vontade pelos olhos do corpo, Agostinho lança a questão sobre como ver o olhar que um amigo lança sobre nós. Segundo ele, é só escondendo a igualdade – depois de privilegiá-la sobre outras coisas – que podemos perceber a diferença intrínseca que cada olhar pode nos lançar. O amor abordado por Agostinho remete a um sentimento que não se baseia na posse e, por isso, no medo da perda e da finitude, mas sim na entrega ao mundo pelo amor e na libertação das amarras do amor da dependência, que visa o simples desejo (Arendt, s.d.). Traduzindo o homem como produto daquilo que se esforça para atingir, Agostinho não traduz *ágape* como um estado de perfeição divino, mas como a grandeza de retirar-se para que o outro exista.

A amizade é o exercício do político no espaço público, em sua maior acepção de criação e de experimentação, porque instiga formas alternativas de sociabilidade, para além das formas tradicionais de relacionamento, como a família e o casamento. O modelo predominante de amizade é o que tenta traduzi-la pela lógica da fraternidade e acaba por suprimir o seu caráter de alteridade. O ideal clássico, baseado nas concepções de Cícero e Aristóteles, preserva o eixo de igualdade e concordância, numa espécie de adesão incondicional para o que somos e para o que fazemos (Arendt, s.d.). Nessas condições, o amigo corresponde a uma identificação da mesma maneira de sentir e ver as coisas e uma infatigável busca de consenso, pela imagem que coloca diferenças e inimigos num mesmo plano.

Jean-Jacques Rousseau é considerado o inventor do amor romântico, conceito que institui a procura da verdade sobre si mesmo dentro de si, nas emoções, na sexualidade e no amor (Costa, 1999). A ética da amizade, enquanto movimento de criação e do agir político, só se revela possível na transcendência do amor-paixão romântico (Costa, 1999), enraizado no ideal sentimental hegemônico, que estimula a procura da verdade e do sentido, mas que concebe o mundo como hostil a essa busca (Ortega, 2000). É neste ponto que o paralelismo do discurso e da práxis romântica com o discurso e a práxis da amizade encontram sua maior aderência, porque se constituem como modelos que prevalecem na busca de si.

Foucault (1985) assegura que o cuidado de si tem a ver com a intensificação das relações sociais e que procurar a ajuda de um outro corresponde a um verdadeiro exercício da alma. O cuidado de si acontece quando os indivíduos cultivam um amor a si mesmos, respeitando, para além das relações sociais, benéficas, o seu espaço de solidão. Segundo Foucault, é justamente o tempo investido na solidão que possibilita um melhor relacionamento com um amigo. A amizade é definida como uma prática de liberdade e essa não se vê livre do poder, mas institui uma liberdade positiva, segundo uma ética do cuidado de si (Foucault, 1985). Essa prática acaba por se constituir em uma especial forma de resistência ao poder (Ortega, 2000).

Segundo Arendt (1991), Aristóteles tematiza *philia* como a amizade entre os cidadãos, como um requisito para o bem-estar nas cidades, sem o predomínio das facções e das guerras civis. Além disso, a amizade para os gregos constituía-se na valorização da importância da conversação, não como uma conversa íntima na qual cada um fala sobre si próprio, mas como um exercício político impregnado de prazer, que visava o mundo comum (Arendt, 1991). Contudo, Arendt (s.d.) propôs a transformação de *philia*, uma acepção de nuance egoísta e instrumental, em *ágape*, cuja acepção não forma atração interpessoal e promove a amizade verdadeira. *Caritas* (caridade) seria a forma de amor ao próximo característica do cristianismo e derivada de *philia* (Ortega, 2000). Essa autora desenvolve uma possibilidade de relacionamento político e público para o amor, o chamado *amor mundi*, uma espécie de amizade política que teria maior relevância porque, enquanto modalidade de *Eros-ágape*, revela-se mais durável, incrementando os sentidos da solidariedade, do perdão e da conviviabilidade (Arendt, 1998). Como alternativa à tradição filosófica do mundo contemplativo, *comtemptus mundi*, Arendt (1998, 1999), através do conceito de *amor mundi*, desenvolve a noção do amor de e para o mundo, que propõe a vida ativa em oposição à contemplativa.

O *amor mundi* corresponde à "recompensadora alegria que surge de estar na companhia de nossos semelhantes, de agir conjuntamente e aparecer em público; de nos inserirmos no mundo pela palavra e pelas ações, adquirindo e sustentando assim nossa identidade pessoal e iniciando algo inteiramente novo" (Arendt, 1972, p. 325). Encontra-se nesse conceito o resgate da felicidade produzida pelo ato de agir nos assuntos públicos, articulando a liberdade não com o ócio, seu cânone mais tradicional, mas com a participação prazerosa e ativa nos assuntos humanos.

De acordo com a tentativa de romper com o paradigma cristão e democrático da amizade, Nietzsche (1992) é um dos primeiros filósofos a atacar as aglutinações dos que pensam como a maioria, sugerindo que devemos buscar igualdade e concordância nos amigos. O filósofo critica os "bons amigos", que sempre dizem o que gostaríamos de ouvir, diminuindo com isso as nossas possibilidades de transformação. "Não o próximo, eu vos ensino, mas o amigo (...) Meus irmãos, eu não vos aconselho o amor do próximo: aconselho-vos o amor do distante" (Nietzsche, 1983, p. 77).

Segundo o sociólogo italiano Francesco Alberoni (1992), esperamos que o amigo compartilhe a imagem que possuímos de nós mesmos, não se distanciando muito dela, nem para mais, nem para menos. Isso porque, para mais, inspira adulação, o que é incômodo, enquanto para menos, inspira injustiça. Essas são as exigências básicas da amizade, somando-se ao fato de escolhermos como amigos aqueles que procedem moralmente bem conosco (Alberoni, 1992). Segundo esse autor, há que se ter o cuidado para não confundir relações que sobrevivem há anos, como entre colegas, pois há uma tendência dominante para que os assuntos sejam sempre os mesmos, como num denominador comum linguístico, em detrimento de uma comunicação individual que possa permitir a experimentação de novos sentimentos. Yager (1999) acrescenta que a amizade se dá quando acontece o compartilhamento de valores e quando questões como honestidade, ética, respeito e consciência moral estão presentes na relação.

Altermatt e Pomerantz (2003) defendem o pressuposto de que amigos são atraídos pela ideia de similaridade em instâncias como atitudes, valores e ideais. Esses autores chamam tal critério de atração interpessoal de "similaridade psicológica" (p. 112). A amizade também promove sentimentos de autovalia e crescimento da sensibilidade interpessoal, pela possibilidade de crescimento íntimo, além de potencializar as capacidades para a resolução de problemas (Antoniazzi, Hutz, Lisboa, Xavier, Eickhoff & Bredemeier, 2001). Hodges, Boivin, Vitaro e Bukowski (1999) relacionam as amizades como contextos para o aprendizado das habilidades sociais, como fontes de informação para o autoconhecimento e autoestima. Vista como encontro, a amizade promove a sensação de que estamos indo à direção certa, o que remete a uma inquietação tão antiga e tão presente, sobre quais são os fins e o porquê de nossa existência.

A amizade e seu caráter construtivo, formador de identidade, revelam-se mais assimiláveis pela nossa sociedade do que a função da inimizade. Para Schmitt (1992), que aborda essa questão, a função do inimigo é tão fundamental quanto a do amigo, reconhecendo o inimigo unicamente como aquele que possa questionar o nosso modo de ser. Desse modo, segundo Ortega (2000), o conflito e a confrontação com o inimigo revelam-se como garantia de uma identidade mais coerente. Tais afirmações levam a concluir que os principais fundamentos da falta de conhecimento de si, ou autoengano (Giannetti, 1997) provavelmente estejam na negação ou na desvalorização do inimigo. Negar a existência da inimizade não conduz a uma sociedade mais justa e mais pacífica; assumir a sua existência possibilita a sua limitação (Ortega, 2000).

Pensar as relações humanas assumindo-se a existência da inimizade está na marginalidade dos discursos organizacionais modernos. Convivendo-se com relações enfraquecidas de confiança e de intensidade, no teatro de alta performance, é difícil falar de inimigos. Em meio à urdidura do trabalho, o emprego de nossa mão-de-obra acontece simultaneamente à construção de nossas redes de relacionamentos. Uma nova noção de amizade constitui um desafio, pois representa a disponibilidade para nos transformarmos e nos aperfeiçoarmos, na medida em que se desenvolve uma sensibilidade para a diferença de opiniões e gostos (Ortega, 2000).

Mesmo ao aglutinar conceitos e empregos tão paradoxais, a amizade nos convida a pensar a questão das trocas humanas e pode se constituir tanto numa saída saudável para o exercício do individualismo, como também em uma relação agenciada pelo meio social e marcada por esse exercício. Somando-se a isso, estudos na área do bem-estar subjetivo sugerem que a amizade corresponde a um dos elementos de maior correlação positiva com o conceito de felicidade. Ainda, que a quantidade e qualidade dos contatos com amigos exercem maior influência sobre o bem-estar subjetivo – conceito que será explorado adiante – do que os contatos com membros da família (Lyubomirsky, King & Diener, 2005).

É porque ocupamos lugares diferentes, dentro de um mundo que é comum a todos, que ser visto e ser ouvido por outros se revela importante, pelo fato de recebermos olhares e percepções de diferentes ângulos. Somente quando as coisas podem ser vistas por muitas pessoas e, ainda assim, sem alterar a sua identidade original, é que o mundo se torna mais real e fidedigno (Arendt, 1999). E quando o homem partilha o que vive, é por meio do espaço de alteridade que se cria que ele, potencialmente, torna-se singular. Habermas (1989) sustenta que os processos de entendimento mútuo do mundo da vida não acontecem somente pelo que declara a ciência e a técnica, mas se dão também por uma tradição cultural que merece ser mais bem explorada, em sua completa "latitude". Tais dimensões constituem-se pela via comunicativa e pela produção de singularidade que é, por si só, desalienante.

Possivelmente localize-se no espaço "entre" os homens (Arendt, 1999) a dimensão de liberdade que a amizade pode suscitar, mesmo este sendo um espaço com referenciais não muito claros. E mesmo que uma certa pobreza simbólica nos indique promessas de gozo fetichizadas, que jamais poderão ser cumpridas, temos a tarefa de descobrir "alguns restos do desejo que nos singulariza" (Leite, 1995, p. 104). É, portanto, nos laços de amizade, que a economia das relações entre os sujeitos podem encontrar a sua rebelião contra a passividade e o sofrimento. As relações entre os homens, a partir do exercício da liberdade, devem reunir, de um lado, o máximo de autonomia individual; de outro, procurar garantir a redução de danos e atritos injustificados nas relações interpessoais (Giannetti, 1997).

O contexto do trabalho

O trabalho tem ocupado uma grande dimensão na sociedade ocidental moderna, correspondendo ao eixo central de muitas vidas e exercendo um papel de norteador de valores que a instituição família era encarregada de desempenhar há algumas décadas. Hoje existem as famílias-empresa, um conceito que objetiva prioritariamente fornecer um sentimento de afiliação e prazer por se pertencer a um lugar reconhecido como feito de bons valores, protetor e, até mesmo, nobre. O trabalho ocupa esse lugar tão importante porque, além da remuneração, ele influencia na autoestima, criando oportunidades de vivências cheias de significado e produzindo as mercadorias e serviços que a nossa sociedade necessita (Lyubomirsky e cols., 2005).

As reações dos que não têm trabalho, os despossuídos desse lugar de tão marcada importância e diferença social, provam o quanto ele continua sendo uma referência não só econômica, mas também cultural e simbólica: "O trabalho, como se verificou ao longo desse percurso, é mais que o trabalho e, portanto, o não-trabalho, é mais que o desemprego, o que não é dizer pouco" (Castel, 1998, p. 496). Ao longo dos tempos, os termos trabalho e emprego tornaram-se equivalentes, significando não mais aquilo que se faz, mas aquilo que se tem (Gorz, 1987). Conceitualmente, trabalho designa uma atividade que se exerce a partir de um terceiro, em troca de um salário, segundo formas e horários estipulados por quem paga e, finalmente, cujos fins não são escolhidos por quem o executa (Gorz, 1997). Em sua essência, o trabalhador vende seu tempo, sua energia e sua capacidade, mas também vende personalidades: "os sorrisos, a pontualidade, o senso de oportunidade, a aparência de confiabilidade" (Albornoz, 1997, p. 36).

Dejours (1994) propôs que o trabalho pode ser considerado um espaço de criação de sentido e de criação da própria história do indivíduo. Sendo assim, o trabalho facilita a conquista da identidade e oferece uma forma saudável de o trabalhador lutar para se emancipar no processo singular de construção social. Por outro lado, Castel (1998) acredita que o mundo do trabalho organiza um encaixe hierárquico de coletividades, mas não forma indivíduos. Segundo ele, existe uma relação de forte tensão, baseada nas coerções administrativas, contribuindo para o desenvolvimento do individualismo. O mesmo autor considera que o excesso de investimentos subjetivos está decorrendo, paradoxalmente, em um processo de desfiliação; é o que chama de "individualismo sem referências".

Em coerência com o cenário de um individualismo desfiliado, Santos (2000) adverte para um novo tipo de fundamentalismo que, segundo ele, trata-se do pior deles, que é o homem aceitar a viver como se ele fosse um objeto, pelo desmanche da personalidade e da individualidade e pelo avanço extraordinário do consumo. O consumo, religião hegemônica do contemporâneo, dá a impressão de plenitude, que convida o homem a aceitar as regras do jogo. As regras que aparentemente ditam a produção de subjetividade, no processo que conduz ao enfraquecimento da individualidade, também é o lugar onde há um grande investimento de tempo e de energia.

Segundo Arendt (1999) a nossa sociedade está fundamentalmente orientada para tudo aquilo que alivia a dor e aumenta a produtividade: "Em outras palavras, o critério final de avaliação não é de forma alguma a utilidade e o uso, mas a 'felicidade', isto é, a quantidade de dor e prazer experimentada na produção ou no consumo das coisas" (p. 322). Na perspectiva dessa autora, a subjetividade não tem que ser psicologizada, uma vez que a identidade não é algo que se revela nas cercanias da intimidade, mas, sim, algo que se processa no espaço público da nossa relação com o mundo, no processo de nossa autoconstituição. Paradoxalmente, a sociabilidade só é possível na medida em que há distância entre os indivíduos (Sennett, 1988). Assim, se somos incitados a falar o tempo todo, este fato talvez esvazie de sentido aquilo que de mais intenso poderíamos comunicar.

> O problema não é mais fazer com que as pessoas se exprimam, mas arranjar-lhes vacúolos de solidão a partir dos quais elas teriam, enfim, algo a dizer. As forças repressivas não impedem as pessoas de se exprimir, ao contrário, elas as forçam a se exprimir.

> Suavidade de não ter nada a dizer, pois é a condição para que se forme algo raro ou rarefeito, que mereça um pouco ser dito. (Deleuze, 1992, p. 162)

O expor-se e a necessidade de se fazer perceber constituem-se as regras do mundo do trabalho e da vida como um todo. O saber "vender e se vender" (Castel, 1998, p. 601) constitui-se numa tática que revela valores não necessariamente divulgados pelas organizações, sugerindo que seus conceitos não podem ser considerados neutros e inocentes, tampouco apolíticos (Fonseca, 2000). No fluxo articulado pelo cenário do trabalho, o estabelecimento de vínculos afetivos tem sido estimulado nos encartes das gestões de "sucesso", como uma forma de valorizar a lealdade e a confiança entre funcionários (Camargo & Maia, 2002). Relações de amizade são extremamente efetivas para o bem-estar individual e também organizacional, além de serem consideradas tão importantes para o sucesso de uma organização quanto a troca de informações e os processos de decisão (Gibbons & Olk, 2003).

Com cada vez mais tempo investido na empresa, torna-se natural o investimento afetivo nas relações possíveis agenciadas a partir deste meio, sejam elas de amizade, amorosas ou de rancor. A maior parte do trabalho em organizações constitui-se da constante interação entre as pessoas, unidas pela lógica produtiva e vinculadas a uma tarefa que as torna cúmplices de um mesmo processo. Ainda que o trabalhador fique frente a uma certa obrigação moral de se capacitar, já que tem um emprego, lideranças organizacionais também sinalizam uma preocupação muito grande com a qualidade de vida, sustentando que o trabalho tem que propiciar saúde e bem-estar. Um exemplo disso é identificado na crença de que o mundo do trabalho precisa de "gente feliz", *slogan* amplamente utilizado na esfera dos congressos da área de recursos humanos e ratificado pela distribuição anual dos troféus de qualidade de vida. É este encontro de forças que possibilitou a criação dos "relaxódromos" e das sessões de yoga, por exemplo, constituindo-se, também, em propostas para barganhar com o ócio o seu lado naturalmente improdutivo.

Com isso, constata-se uma urgência por novas formas de dar conta das exigências de produção, performance e falha zero. Se o *taylorismo* subsiste, ainda que seja tão propalado o seu fim, o *toyotismo*, de fabricação japonesa, revela-se a forma atual de apropriação das subjetividades (Antunes, 1999). O *toyotismo* nada mais é do que a disseminação dos sistemas de qualidade e de trabalhos em equipes. A adesão ou captura das subjetividades se dá pela estratégia de comprometimento daí desencadeada, ou seja, a criação da sensação de controle e de escolha.

A exigência de sucesso e êxito no mundo do trabalho aciona um caráter de urgência em busca de novas linguagens e de novos mecanismos que possam responder a essa solicitação máxima. Em meio a esse cenário, torna-se proibido perder tempo, lembrando o "princípio da não-ociosidade" de Foucault, uma vez que desperdiçar o tempo corresponde a cometer uma espécie de traição, conferindo um sentimento de culpa em quem não usa o seu tempo trabalhando (Foucault, 1999). "Perder tempo", nesse caso, pode representar a dedicação ao exercício de escuta e da observação cuidadosa de um colega, por exemplo. A velocidade que nos impomos não circula somente na órbita da produção; abrange também a lógica das relações, convidando a um caráter cada vez mais assertivo e fugaz. As consequências desse processo podem resultar em sofrimento psíquico (Chanlat, 1996).

Mesmo que os valores propagados pelo mundo do trabalho se intercalem entre companheirismo, camaradagem, lealdade e amizade, numa tentativa de resgate da humanidade, tal dimensão permanece na contramão do paradigma da racionalidade existente na relação homem-coisa-produção. Colbari (1995) salienta que as ideologias fabris estão buscando uma combinação de padrões humanísticos com os padrões da racionalidade de produção, mensuráveis pelos critérios de desempenho e produtividade. Masi (1999), contribuindo com o movimento de mudança de valores, acredita que os valores apreciados na sociedade industrial eram diferentes daqueles que hoje apreciamos. Mesmo que difuso, encontramos na atualidade um desejo de criatividade, emotividade e qualidade de vida.

A dimensão subjetiva, então, atinge um reconhecimento não visto há muito tempo, muito embora os pontos de identificação acabem valendo para todos, resultando em titubeantes processos de singularização – ou no individualismo sem referências apontado por Castel (1998). Existe um invariável estímulo à ideia de que devemos manter vínculos afetivos no trabalho, devemos colocar a alma nele, para superar a velha dicotomia de sermos racionais na escola e no trabalho, e emotivos com a família, com os amigos e em terapia. Mais ainda, que devemos adensar a nossa rede de vínculos sociais, sob pena de sucumbirmos às demandas atuais do mercado (Drucker, 2002). *Networking* corresponde ao prelúdio do profissional conectado ao seu tempo. Drucker (1998), o chamado pai da administração moderna, aconselha o investimento nas redes de relacionamento pessoal, abrangendo colegas, fornecedores, clientes e, até mesmo, concorrentes. Grupos de encontro estão sendo agenciados por grandes empresas e seus executivos/ *CEOs*. Dentro dos objetivos divulgados, estão "reencontrar colegas e amigos, relembrando fases e experiências comuns, realizar negócios e descobrir novas oportunidades" (Cruz, 2002, p. 34). Programas de desenvolvimento tematizam o *marketing* pessoal como a melhor maneira de investir em si mesmo e conquistar um lugar no mundo dos negócios, através da imagem profissional.

Nas elaborações ideológicas que "humanizam" o ambiente de trabalho, inevitavelmente acontece um processo de dissimulação da dimensão da competição, por exemplo. Com um padrão mais afetivo de interação, marcado pelo "bom humor, alto astral e espírito de grupo" (Colbari, 1995, p. 219), fica mais difícil pensar na ausência de harmonia e de colaboração presentes no espaço do trabalho. Além disso, o reforço de uma imagem da organização como lugar de sociabilidade e afeto, permeado de companheirismo, confronta com uma outra dimensão da mesma realidade, que é exatamente a da competição (Colbari, 1995).

Uma acentuada tendência da "classe-que-vive-do-trabalho" (Antunes, 1999) é converter-se em um elemento de integração cada vez mais envolvido na relação equipe-sistema, expressando e "vendendo"

(Castel, 1998) uma "capacidade de ativar e de gerar a cooperação produtiva" (Antunes, 1999, p. 127). Valendo-se da grande capacidade humana de reação, a alienação daí decorrente pode ser uma expressão de luta e de resistência; "é a incessante rebelião da atividade contra a passividade, do ser contra o sofrimento. É a expressão da revolta da atividade contra sua condição estranhada" (Antunes, 1999, p. 132).

Sendo o trabalho o fundamento do ser social, é ampliando-se as suas conexões com a liberdade que a vida pode ter mais sentido (Antunes, 1999). O capitalismo e o desenvolvimento tecnológico, contudo, não possibilitaram a conquista de uma subjetividade cheia de sentido. Das reivindicações dos sindicatos e das áreas humanas às demandas do mercado de trabalho, o trabalhador da atualidade orbita entre esses extremos, produzindo muito, adoecendo muito e sendo feliz de vez em quando.

Amizade aplicada

Com o intuito de investigar como as relações de amizade são vividas num contexto real de trabalho, uma pesquisa foi conduzida entre 2001 e 2002 como parte de meu Mestrado em Psicologia do Desenvolvimento, realizado na Universidade Federal do Rio Grande do Sul, sob a orientação do professor Claudio Simon Hutz. A pesquisa contou com uma amostra de 60 (sessenta) trabalhadores técnico-administrativos de uma universidade do interior do Estado. Além da investigação do significado e concepções sobre a amizade, tais resultados foram explorados conjuntamente com a investigação do bem-estar subjetivo (BES).

O bem-estar subjetivo é uma área em crescimento na psicologia e abrange a avaliação subjetiva da qualidade de vida, da felicidade, do estado de espírito e do afeto positivo (Diener, 1994). Este conceito corresponde a um dos tópicos principais da Psicologia Positiva (Seligman & Csikszentmihalyi, 2000), e seu foco está na experiência subjetiva dentro de situações normais e não adversas. As perspectivas mais atuais do BES o definem como uma ampla categoria de fenômenos, incluindo além das respostas emocionais, os julgamentos globais de satisfação de vida (Diener, Suh & Oishi, 1997; Diener, Suh, Lucas & Smith, 1999). Dentre tais componentes, os domínios do amor e da amizade encontram-se na satisfação global com a vida.

A pesquisa incluiu a realização de entrevistas semi-estruturadas com o foco nos seguintes eixos: o significado de amigo e a função da amizade; a concepção da amizade no ambiente de trabalho; e a concepção de inimigo ou não-amigo. Além disso, foram aplicadas as Escalas de Satisfação de Vida e de Afeto Positivo e Negativo, com o intuito de investigar os níveis de BES e relacioná-los com as categorias de amizade encontradas entre os funcionários.

De acordo com Ryff & Keyes (1995), a satisfação de vida corresponde ao componente cognitivo do bem-estar subjetivo, enquanto o afeto positivo e o negativo correspondem ao seu componente afetivo. A Escala de Satisfação de Vida é de domínio e de utilização pública, podendo ser encontrada no *site* www.psych.uiuc.edu/~ediener, assim como também as suas instruções de uso. No Brasil, a escala foi adaptada por Giacomoni e Hutz (1997) e tem apresentado resultados coerentes com os achados americanos. As Escalas de Afeto Positivo e Negativo (PANAS – *Positive and Negative Affect Schedule*), de Watson, Clark e Tellegen (1988), são psicometricamente bem construídas e de fácil aplicação. Cada escala está composta por dez itens, que correspondem a termos que descrevem os estados de humor. Giacomoni e Hutz (1997) desenvolveram uma versão em português da referida escala, procurando manter os mesmos critérios de construção da original, como a prioridade por se manter os mais puros termos possíveis para os marcadores de afeto positivo e negativo.

A seleção dos participantes foi feita através de contato telefônico aleatório pela lista interna de telefones. Dos 60 participantes, 27 eram homens e 33 mulheres. A idade foi agrupada em três faixas: 32 participantes na faixa de 20 a 30 anos, 17 participantes na faixa de 30 a 40 anos e 11 participantes na faixa de 40 a 50 anos. O grau de escolaridade foi distribuído em quatro categorias, sendo que a maioria (n = 26) possuía a Graduação incompleta. Com a Graduação completa, 14 pessoas participaram do estudo e, com Pós-graduação (Especialização), também 14 pessoas. Dois participantes possuíam Pós-graduação (Mestrado) incompleta e quatro participantes possuíam Mestrado completo. Quanto ao estado civil, a maioria era casada (n = 37), 20 eram solteiros e três eram descasados ou divorciados. No que diz respeito ao tempo na instituição, 16 participantes trabalhavam na universidade por um período de 0 a 2 anos, 19 participantes por um período de 2 a 5 anos, 15 participantes por um período de 5 a 10 anos, quatro participantes por um período de 10 a 15 anos e 6 participantes trabalhavam por mais de 15 anos.

As categorias construídas a partir do discurso dos participantes da pesquisa foram as seguintes: "O grande companheiro" e "Admiração e orientação", referindo-se à primeira questão da entrevista *Amigo: Definição e características*. Da segunda pergunta *Amigo no trabalho: Possibilidade*, foram encontradas as seguintes categorias: "Convivência irrestrita" e "Colegas, não-amigos". Finalmente, da terceira parte da entrevista, *Inimigo ou não-amigo: Definição*, foram identificadas as seguintes categorias: "Acesso restrito" e "Traição". As transcrições das entrevistas foram submetidas à Análise de Conteúdo (Bardin, 1977) e também foram avaliadas por dois juízes, ratificando as categorias que emergiram do discurso dos participantes. Dessa avaliação foram estabelecidos índices de concordância e frequência entre elas.

Em relação à primeira questão, sobre o conceito de amigo, em um sentido geral, a categoria com maior ocorrência foi a que remete ao "O grande companheiro", com 34 participantes (57%). A categoria "Admiração e orientação" reuniu 21 participantes (35%). Cinco participantes (8%) não foram incluídos em nenhuma categoria. Isso se deveu ao fato de que seus discursos não remeteram claramente a nenhuma das categorias elencadas, principalmente por dubiedade nos discursos. Na segunda questão, sobre a definição de amigo no trabalho, a categoria com maior ocorrência foi a "Convivência irrestrita", com 37 participantes (62%). "Colegas, não-amigos" obteve 23 ocorrências (38%). Na última questão ou eixo proposto, a categoria "Traição" possuiu o maior número de ocorrências, com 41 participantes (69%), enquanto "Acesso restrito" possuiu 11 ocorrências (18%). Da mesma forma como na primeira questão, o discurso de oito participantes (13%) não pode ser categorizado.

Os resultados deste estudo demonstraram que grande parte dos participantes (57%) definiu o amigo como sendo "O grande companheiro". Tais participantes foram identificados na faixa de 20 a 30 anos. Neste caso, o gênero não apresentou diferenças significativas na categorização dos resultados. Deste grupo de pessoas, aproximadamente dois terços eram casados e um terço, solteiras. Durante a realização da pesquisa, tais participantes eram graduados ou estavam cursando graduação, e trabalhavam na instituição pelo período máximo de cinco anos, ou seja, poderiam ser considerados novos a sua cultura. Tal grupo foi formado por jovens que se dedicavam ao trabalho em quarenta horas semanais e estudavam em seus turnos "livres", pessoas que buscavam os seus laços afetivos e, até mesmo familiares, no trabalho, vivendo-o como se fosse uma extensão da família: "Verdadeiros amigos tu pesa justamente quando tu acha que não precisa deles e eles estão ao teu lado. E quando tu precisa, não precisa nem falar, eles vão estar ao teu lado".

O grupo que definiu amigo na categoria "Admiração e orientação" mais se agrupou na faixa de 30 a 40 anos. Quanto ao estado civil, os participantes deste grupo eram predominantemente casados, além de possuírem um grau de escolaridade mais elevado e de trabalharem na universidade por mais tempo do que o grupo da categoria anterior. Em comparação com o grupo da categoria anterior, a vivência na instituição e os níveis de escolaridade eram maiores. Essas questões podem ser as responsáveis pela concepção do amigo, não como figura constante, mas como uma boa opção para enriquecer a vida, depois de observado um espaço de solidão: "Eu gosto de solidão, eu gosto de ficar sozinha e às vezes eu até dispenso um amigo (...). Mas a função do amigo eu acho que é justamente, sei lá, preencher um espaço que tá faltando, que tá sobrando em mim (...). A função dele é estar ou não comigo, mas que eu me sinta perto, é isso!".

Os resultados do bem-estar subjetivo revelaram uma tendência a um maior índice de Satisfação de Vida aos participantes da segunda categoria ("Admiração e orientação"), embora a diferença evidenciada em relação aos participantes da primeira categoria não seja muito significativa. Os resultados sugerem um aumento dos níveis de satisfação de vida com o passar dos anos, com o amadurecimento das relações afetivas, das relações no trabalho e também consigo mesmo. Mesmo contendo indicativos de um nível superior de BES, esse dado, por si só, não contempla a questão sobre a qual pessoas felizes têm mais amigos ou, ao contrário, se quem tem mais amigos é mais feliz. Isso aponta para a hipótese, não generalizável, de que o número de amigos não é tão fundamental para o bem-estar subjetivo e, sim, outras condições que estão presentes na qualidade da relação, assim como também em uma autonomia individual maior.

Quando avaliados os grupos correspondentes às categorias sobre o amigo no trabalho, a maioria incluiu-se na categoria "Convivência irrestrita" e esse grupo foi composto predominantemente por mulheres de 20 a 30 anos, casadas, que estavam cursando graduação e que trabalhavam na instituição por um período de zero a cinco anos. "Eu acho que é legal trabalhar com pessoas que tu te dá bem assim, até pra fazer o serviço: melhor tu fazer com um amigo do que com uma pessoa que tu... Pô! Um amigo sempre ajuda (...) E se é uma pessoa só conhecida, ele fica meio de cara". Amigo, para esse grupo dois terços feminino e um terço masculino, aproximadamente, é poder estar junto, estar na presença de pessoas que se julgam amigas, ouvintes e fundamentalmente disponíveis. Que se encontram em um momento de vida em compasso de aproximação e uma certa busca de bando, de referências e modelos. "Nessa troca, nessa interação com as pessoas tu acaba aprendendo novas maneiras de pensar, de trabalhar, de agir (...)". Verifica-se aí um senso de utilidade da amizade e do amigo, uma utilidade que dificulta a solidão, que acrescenta modelos de referência e que, às vezes concretamente, ajuda nas tarefas do dia-a-dia.

Na categoria "Colegas, não-amigos" encontramos um equilíbrio no que diz respeito ao gênero. Também de 20 a 30 anos em sua maior parte, casados, cursando graduação, mas com uma incidência de especialização acadêmica mais expressiva do que na categoria anterior. No período que a pesquisa foi realizada, estavam trabalhando na instituição por um período de zero a cinco anos. "Eu me do bem com os meus colegas de serviço (...) Mas amigo mesmo, aqui no meu trabalho, eu não posso dizer amigo, aquele amigo que todo mundo quer ter, eu acho que aqui no meu trabalho eu não tenho". A categoria "Colegas, não-amigos" incluiu não só aqueles que reservam a amizade para o investimento de tempo maior, para uma maior dedicação, para a fuga de uma convivência mais saturada e contínua com os colegas de trabalho. Indicou também uma categoria de pessoas que não pareciam estabelecer relações afetivas próximas dentro do ambiente de trabalho, seja por suas próprias questões de personalidade e jeito de ser, seja por questões ambientais e culturais do grupo de trabalho correspondente. Isso porque o investimento afetivo em amizades fora do trabalho não ficou claramente configurado.

Os resultados da avaliação do bem-estar subjetivo para a segunda questão revelaram algumas curiosidades e indicativos relevantes. Houve diferenças significativas de Afeto Positivo e Negativo para as duas categorias da questão, ou seja, na avaliação do Afeto Positivo, a primeira categoria, "Convivência irrestrita" foi consideravelmente maior e, na avaliação do Afeto Negativo, as medidas para essa categoria foram consideravelmente menores. Isso quer dizer que a categoria "Colegas, não-amigos" reuniu pessoas que experimentavam um maior índice de afetos negativos, além de um menor índice de afetos positivos. Somados a isso, os resultados da correlação entre BES e Afeto Positivo com Afeto Negativo sugeriram uma situação na qual a intensidade com que os afetos são experenciados possui pouca interferência com a satisfação de vida. Tais resultados poderiam estar representando alguns indicativos de rigidez emocional, na qual os indivíduos não se permitem expressar afetos.

Na terceira questão, sobre o inimigo ou o não-amigo, a categoria "Traição" reuniu um maior número de participantes, especialmente na faixa dos 20 a 30 anos, mas contemplando também uma faixa etária maior, por volta dos 30-40 anos. Não houve predominância expressiva de gênero nem de estado civil. Os participantes estavam cursando graduação e trabalhavam na universidade de zero a cinco anos. "Eu acho que tem inimigos – eu não tenho inimigos, sabe – mas tem aquelas coisas que tu sabe que pode ir até um limite, porque senão pode virar confusão ou pode criar situações. Então eu acho que às vezes fica meio falsa essa relação". A categoria "Traição" reuniu pessoas que consideraram como inimigas aquelas por quem se sentiam ameaçadas, na iminência de uma traição, de uma "puxada de tapete", etc. Aquilo que não se conhece ou não se gosta torna-se ameaçador, ora pelo que já pôde ser constatado – a figura do ex-amigo – ora pelo que se imagina que pode vir a acontecer. Configuraram-se nessa categoria relações de pouca confiança e que pouco comportavam relações de alteridade. "Tu tens que notar que a pessoa é sincera, que é uma pessoa de índole boa (...). Isso aí é a principal coisa pra tu teres uma amizade, uma confiança. Que te olhe nos olhos, que tu possa ver que aquela pessoa não vai um dia te apunhalar pelas costas".

A categoria "Acesso restrito" apresentou um nível de escolaridade maior, assim como o tempo de trabalho na universidade, que variou de cinco a dez anos. Nessa categoria encontraram-se as pessoas que não remeteram, ao longo do seu discurso, à possibilidade de traição; simplesmente, ao falarem de inimigo, descreveram pessoas inacessíveis, ou muito diferentes de si mesmos. Um entrevistado, por exemplo, disse que não se dava bem com pessoas "fechadas, rancorosas e tristes". A categoria pode remeter também a pessoas que eram desconhecidas entre si. Na categoria "Acesso restrito" o niilismo da categoria "Traição" não foi tão marcado; pareceu haver uma maior possibilidade de aproximação entre os "inimigos" ou "não-amigos" e uma sutil esperança de que acontecesse uma aproximação. Nessa categoria, o distanciamento e o desconhecimento foram considerados os geradores da situação desconfortável da inimizade ou da não-amizade. Mesmo sabendo da grande distância entre o inimigo e o não-amigo, não foi possível identificar as suas diferenças nos discursos dos participantes pelo fato de que, se a sinalização da caracterização do inimigo acontecia, tão logo era negada: "Não tenho inimigos!". A expressão "não-amigo" conferiu uma margem de expressão e aceite maiores. Futuros estudos na área poderiam explorar mais especificamente as discrepâncias entre esses dois conceitos.

Com relação às medidas de bem-estar subjetivo para a terceira questão, da mesma forma como ficou indicado na segunda questão, os resultados não apontaram para nenhuma diferença significativa, que pudesse levar a concluir em qual categoria – se em "Acesso restrito" ou em "Traição", encontravam-se os maiores níveis de BES. Observou-se, portanto, medidas regulares de bem-estar subjetivo nessas categorias, podendo indicar uma tendência a não se observar diferenças de bem-estar entre posturas tão diferentes quanto considerar como inimigos os traidores ou manter uma atitude de maior isenção para com eles.

Pontos de chegada e de partida

O presente capítulo representa uma tentativa de conhecer um pouco mais das relações humanas de amizade, mas também se baseia na prerrogativa de que quanto mais conhecemos, mais damo-nos conta daquilo que desconhecemos (Giannetti, 1997). A investigação sobre as relações de amizade e a suas conexões com o conceito de bem-estar subjetivo resultam em um maior conhecimento que revela, em contrapartida, o quanto tais relações ainda carecem de exploração e descobrimento.

Os resultados obtidos pela pesquisa realizada em 2001 e 2002 evidenciaram um conceito predominante de amizade que declara o amigo como um "Grande companheiro", de "Convivência irrestrita". As evidências sugeriram que a grande maioria dos participantes da pesquisa apresentou níveis medianos de satisfação de vida e de afeto positivo e negativo. Esses níveis encontraram um maior relevo dentre os participantes da categoria "Admiração e orientação", na qual o dado mais discrepante abrangeu a variável escolaridade, que se apresentou mais elevada. Os dados também sugeriram que os participantes da amostra estavam fundamentalmente orientados para o alcance de reconhecimento e posição social, pela intensa dedicação ao trabalho e à formação educacional. Ainda, que a principal finalidade da amizade estava na constância de presença, em sua necessidade e, principalmente, no desejo especular de sentido, buscando-se não na diferença, mas na similitude, a sua razão de ser. Coerente com essa lógica se alinhou a categoria "Traição" para a definição de inimigo, na qual este foi visto não somente como possuindo valores diferentes, mas como discordante e jogando em outro time.

Estar em meio a várias pessoas, em uma constante luta contra a solidão (Lasch, 1990), pareceu ser a resposta encontrada pela maioria dos participantes da pesquisa para justificar os laços de amizade. O risco desse tipo de configuração é que, em meio ao barulho, não se ouvem as palavras. E, em meio ao excesso de movimentação, é difícil escutar as palavras que nascem de nós mesmos.

Os dados fornecidos pela pesquisa pareceram confirmar as hipóteses sobre o caráter de superficialidade das relações humanas na contemporaneidade. Possivelmente acontece um esgotamento de trivialidades que se revela danoso à produção de singularidade e o indivíduo se vê enredado numa certa compulsoriedade de troca e de compartilhamento constante de impressões, gostos e experiências. A aparente angústia por revelações torna difícil considerarmos como amigos aqueles que desconhecem as nossas mais recentes novidades. "Amigo é aquele que está junto, tanto nas horas boas, quanto nas horas difíceis", disse um dos entrevistados. Essa foi a concepção mais aceita sobre o conceito de amigo, em se tratando de uma maioria jovem (20 a 30 anos), universitária e com resultados medianos de bem-estar subjetivo. Além disso, com uma declarada idealização do conceito de amigo, como alguém bom, que só queira o bem de todos, pode-se verificar uma certa rigidez nas relações de amizade, pois se espera invariavelmente aquilo que se projeta (Lasch, 1990).

Dentre os participantes com uma faixa etária mais elevada – para além dos 30 anos – percebeu-se que o conceito de amigo como figura imprescindível no dia-a-dia, de proximidade constante, foi se relativizando e dando lugar a um caráter diferenciado de amizade. Os resultados sugeriram que as seguranças emocionais tendem a se consolidar e a abrir espaço para uma vivência voltada para a esfera familiar, onde as relações de amizade da primeira categoria vão ocupando um lugar secundário e menos frequente.

Em se tratando de amigos no trabalho, foi também com o crescimento da faixa etária que se percebeu a tendência da diferenciação tácita entre amigos e colegas, entre relações que funcionam para o bom convívio e relações de amizade propriamente dita. Fica-se com uma questão, trazida pelos resultados da pesquisa: se há ou não uma tendência a pessoas mais maduras e com um mais elevado nível educacional desenvolverem relações de amizade mais descomprometidas e, ao mesmo tempo, mais sinceras e heterônomas. No que diz respeito às amizades no trabalho, as diferenças de afeto positivo e negativo existentes entre as duas categorias identificadas sugeriram um interessante dado de análise. De um lado, poderia-se presumir um avanço qualitativo das relações de amizade que estabelecem a diferença entre colegas e amigos, como uma forma de maturidade emocional. De outro, os dados demonstraram que a vivência de afetos negativos foi maior pela tendência ao não desenvolvimento de muitas amizades no trabalho. Este fato pode evidenciar as pressões pelo ótimo ambiente de trabalho na atualidade, onde as perspectivas "sinérgicas" expressam-se nas demandas por perfis pasteurizados e sobretudo amáveis.

Embora haja a proliferação de relações amizades que orbitam na superficialidade e que são mais "barulhentas", nas quais pouco se escuta o outro em sua diferença e singularidade, também se constatou que as relações de amizade funcionam como uma espécie de amortecedores da experimentação de afetos negativos, contribuindo para uma mais alta satisfação de vida. Além disso, muitas vezes inseridos na correria do trabalho, há pouca permissão para o questionamento, o que acaba diminuindo o exercício e a experimentação de outras possibilidades de vida, especialmente, de amizade. Mesmo a partir das constatações expostas, ao falarmos de produção de subjetividade, observamos uma contextura da amizade que se engendra nos bandos, situacionais e utilitários, compostos de indivíduos em formação, ainda jovens e inseridos em cotidianos velozes.

Os dados trazidos pela pesquisa também indicaram que ainda se reservam espaços para o estabelecimento de relações de amizade com base na admiração, no respeito às diferenças e numa possível tolerância à adversidade. Tal fato pode sugerir, sem ser de forma alguma conclusivo e passível de generalização, que o investimento em educação pode encorajar a aprendizagem da solidão mais rica, o que, segundo Foucault (1985), possibilita um melhor e mais profundo relacionamento com o amigo.

Anteriormente, foi citada a noção de felicidade de Arendt (1999), indicando que os critérios de sua avaliação partem comumente das superficiais medidas de dor e de prazer. Através das informações suscitadas pela pesquisa, até que ponto a amizade também serve como critério de medida da quantidade de dor e prazer, reduzindo o esforço de viver? Nesse sentido, se a amizade possui esta nuance utilitária de tornar mais leve o viver, na medida em que ajuda a suavizar a dor e o sofrimento, ela também oferece um potente espaço de construção de liberdade. Ainda que existam armadilhas situacionais à aderência, a tornar o outro uma extensão do eu, amigos são potenciais parceiros no incremento de nossas capacidades para a resolução de problemas (Antoniazzi e cols., 2001). No entanto, parece importante estabelecermos uma diferenciação entre essa potencialidade e o caráter utilitário e instrumental da amizade. Do contrário, as diferenças encontradas pelo caminho tendem a se diluir e se relativizar. Amigos incrementam as nossas habilidades sociais para lidar mais tranquila e criativamente com a nossa existência, mas não se encerram no benefício de amortecer as nossas frustrações.

Os dois tipos de amizade apontados por Aristóteles (trad. 2001) apontam para a amizade baseada na vantagem e a amizade baseada na virtude. Tais conceitos revelaram-se atualizados pelas constatações da pesquisa. Mesmo assim, permanece um certo hiato entre uma prática da vantagem, retomando um sentido mais utilitário, e a prática da virtude, que se revela mais como potência latente do que como dado concreto. A potência da amizade diz respeito ao seu caráter essencialmente revolucionário, de um exercício de liberdade e de autonomia, do exercício da condição humana no espaço público (Arendt, 1999). Por isso, a amizade representa uma forma de resistência, seja ao poder, ao igual ou à dependência. Tal é o ponto de vista de Foucault (1985), no raciocínio de que, quando a questão do cuidado de si associa-se, não às práticas solitárias e individualistas, mas à intensificação das relações sociais, a alma é alimentada.

Os dados da pesquisa sinalizaram também algumas tendências e uma delas correspondeu à manutenção dos vetores familiares – contíguos, onipresentes – de amizade, que remetem aos ideais clássicos de Platão, Aristóteles e Cícero. Também sugeriram a constância dos vetores românticos que dela fazem parte, ou seja, o amigo constituiu-se como uma forma de descoberta sobre si mesmo, em uma ética que continua mantendo o mundo em um lugar hostil a essa descoberta (Ortega, 2000).

O "não" ao amor do próximo e o "sim" ao amor do distante (Nietzsche, 1983) representam um ensaio da diferença, por remeter ao amigo que está pronto para amar, mas não necessariamente para elogiar e para concordar. Esse ensaio pode marcar uma luta por uma liberdade mais fecunda e com um menor nível de dominação (Foucault, 1996). Se os homens foram arremessados para dentro de si mesmos e não para o mundo, conforme o ponto de vista de Arendt (1999), a busca por fortes emoções, por relações e empreendimentos excitantes e provocadores de emoção, percebidos facilmente em nosso cotidiano, orienta a experimentação humana para se configurar de acordo com determinadas expectativas e cenários. O ponto crucial dessa questão está no fato de que, paulatinamente, valores como solidariedade, tolerância, assim como revolução e não-conformidade, passam a apresentarem-se inertes e sem expressão.

Esse circuito também engendra os achados sobre o bem-estar subjetivo. Embora pesquisas indiquem que as forças determinantes dos altos índices de BES estão na predisposição para interpretar as situações de vida (Diener, 1984; Diener, Suh, Lucas & Smith, 1999), ainda assim pode-se pensar no quanto determinados ambientes organizacionais e culturais funcionam como grandes influências no bem-estar individual, na medida que estabelecem os modelos-padrões do que é considerado bem-sucedido e feliz. A forma como o trabalho está posto no mercado e nas vidas, a relação com o tempo e com o sucesso que nossa sociedade possui, certamente são potenciais formas de abalo e de interferência nas medidas do BES e da felicidade.

É na contextura dos encontros sociais que emerge o espaço de reação ou luta que marca o exercício da liberdade. O homem está notoriamente imerso em uma paisagem social que incita ao individua-lismo e à busca das "verdades" dentro de si mesmo. Da mesma forma, o homem tem buscado nas relações com os outros homens, não as respostas para as suas angústias, mas a fuga de algumas perguntas. "Porque é um começo, o homem pode começar; ser humano e ser livre são uma única e mesma coisa. Deus criou o homem para introduzir no mundo a faculdade de começar: a liberdade" (Arendt, 1972, p. 216).

Sobre a amizade, o que ainda está por vir? Que tipo de pessoas con-sideramos mais e quem mais amamos? A dependência desse amor nos aloca no caráter utilitarista da amizade? Sendo mais céticos, estaremos elevados à categoria dos que a valorizam, suportando seus revezes anti--individualistas? Se a invenção implica o tempo, que é de repetida ex-perimentação, de tateio e de um trabalho com restos (Kastrup, 1999), então a construção de novas formas de amizade é possível. E, nessa mesma linha de pensamento, possivelmente há que existir espaço para a construção de novas formas de sermos modernos, nos sentidos de con-vívio, de trabalho e de solidariedade. Podemos pensar em um quadro que coloque, a um só lado, sujeitos, objetos, homens e coisas, agrupados sob o signo de uma dada representação. De outro lado, podemos imagi-nar aqueles sujeitos que se abstém das representações e que resistem à redução a formas puras, aos quais Latour (1991) nomeia de "híbridos".

É desse híbrido sobre o qual a invenção se fundamenta no presente trabalho. Um híbrido que resista ao signo da previsibilidade, mesmo que esse lugar deixe de ser confortável e protegido. Para se superar os riscos de um reducionismo, é de ações que interfiram no mundo, por-tadoras de amores *"mundi"* (Arendt, 1998, 1999), que existe a possibi-lidade de modificação das representações hierarquicamente dispostas em muitos de nossos imaginários.

Referências

Agostinho, Sto. (trad. 1999). *Confissões* (J. O. Santos & A. A. de Pina, Trads.). Petropolis, RJ: Vozes.

Alberoni, F. (1992). *A Amizade*. Rio de Janeiro: Rocco.

Albornoz, S. (1997). *O que é Trabalho?* São Paulo: Brasiliense.

Altermatt, E. R., & Pomerantz, E. M. (2003). The Development of Competence – Related and Motivational Beliefs: An Investigation of Similarity and Influence among Friends. *Journal of Educational Psychology, 95*(1), 111-123.

Antoniazzi, A. S., Hutz, C. S., Lisboa, C. S. de M., Xavier, C., Eickhoff, F., & Bredemeier, J. (2001). O Desenvolvimento do Conceito de Amigo e Inimigo em Crianças e Pré-adolescentes. *Psico- USF, 6*(2), 1-9.

Antunes, R. (1999). *Os Sentidos do Trabalho: Ensaio sobre a Afirmação e a Negação do Trabalho*. São Paulo: Bontempo Editorial.

Aquino, T. de (trad. 1977). *Compêndio de Teologia* (D. O. Moura, Trad.). Rio de Janeiro: Presença.

Arendt, H. (s.d). *O Conceito de Amor em Santo Agostinho*. Lisboa: Instituto Piaget.

Arendt, H. (1972). *Entre o Passado e o Futuro*. São Paulo: Perspectiva.

Arendt, H. (1991). *Homens em Tempos Sombrios*. Lisboa: Relógio d'Água Editores.

Arendt, H. (1998). *O que é Política?* Rio de Janeiro: Bertrand Brasil.

Arendt, H. (1999). *A Condição Humana*. Rio de Janeiro: Forense-Universitária.

Aristóteles (trad. 2001). *Ética à Nicomacos* (4ª ed.) (M. da G. Kury, Trad.). Brasília: Ed. UNB.

Bardin, L. (1977). *Análise de Conteúdo*. (Luiz A. Reto & A. Pinheiro, Trads.). Lisboa: Edições 70.

Camargo, F., & Maia, A. (2002). Lealdade, uma Virtude em Crise. *Revista T&D: Desenvolvendo Pessoas, 10*(110), 15.

Castel, R. (1998). *As Metamorfoses da Questão Social: Uma Crônica do Salário*. Petrópolis: Vozes.

Cícero, M. T. (trad. 2001). *Da Amizade*. (G. C. C. de Souza, Trad.). Porto Alegre: L&PM.

Chanlat, J.-F. (Org.) (1996). *O Indivíduo e a Organização: Dimensões Esquecidas*. São Paulo: Atlas.

Colbari, A. (1995). Imagens Familiares na Cultura das Organizações. Em E. Davel & J. G. Vasconcelos (Orgs.), *Recursos Humanos e Subjetividade* (pp. 209-229). Petrópolis: Vozes.

Costa, J. F. (1999). *Sem Fraude nem Favor: Estudos sobre o Amor Romântico*. Rio de Janeiro: Rocco.

Cruz, M. (2002). Força no *Networking*. *Revista T&D: Desenvolvendo Pessoas, 10*(110), 34.

Dejours, C. (1994). *Psicodinâmica do Trabalho: Contribuições da Escola Dejouriana à Análise da Relação Prazer, Sofrimento e Trabalho*. São Paulo: Atlas.

Deleuze, G. (1992). *Conversações*. Rio de Janeiro: Editora 34.

Diener, E. (1994). Assessing Subjective Well-Being: Progress and Opportunities. *Social Indicators Research, 31*, 103-157.

Diener, E., Suh, E., & Oishi, S. (1997). Recent Findings on Subjective Well-Being. *Indian Journal of Clinical Psychology, 24*, 25-41.

Diener, E., Suh, E. M., Lucas, R. E., & Smith, H. L. (1999). Subjective Well-Being: Three Decades of Progress. *Psychological Bulletin, 125*, 276-302.

Drucker, P. (1998). *Administrando para o Futuro*. São Paulo: Pioneira.

Drucker, P. (2002). Mentes que Brilham. *Management: Informação e Conhecimento para a Gestão Empresarial*, 31, 6. Março/Abril.

Fonseca, T. M. G. (2000). *Gênero, Subjetividade e Trabalho*. Rio de Janeiro: Vozes.

Foucault, M. (1985). *História da Sexualidade 3: O Cuidado de Si*. Rio de Janeiro: Edições Graal.

Foucault, M. (1996). *Microfísica do Poder*. Rio de Janeiro: Graal.

Foucault, M. (1999). Vigiar e Punir: O Nascimento da Prisao. Petropolis, RJ: Vozes.

Giannetti, E. (1997). *Auto-Engano*. São Paulo: Companhia das Letras.

Gibbons, D., & Olk, P. M. (2003). Individual and Structural Origins of Friendship and Social Position among Professionals. *Journal of Personality and Social Psychology*, 84, 2, 340-351.

Gorz, A. (1987). *Adeus ao Proletariado: Para Além do Socialismo*. Rio de Janeiro: Forense-Universitária.

Habermas, J. (1989). *Consciência Moral e Agir Comunicativo*. Rio de Janeiro: Tempo Brasileiro.

Heller, A. (1982). *O Homem do Renascimento*. Lisboa: Editorial Presença.

Hodges, E. V. E., Boivin, M., Vitaro, F., & Bukowski, W. M. (1999). The Power of Friendship: Protection against an Escalating Cycle of Peer Victimization. *Developmental Psychology*, 35(1), 94-101.

Giacomoni, C. H. & Hutz, C. S. (1997). A Mensuração do Bem-estar Subjetivo: Escala de Afeto Positivo e Negativo e Escala de Satisfação de Vida [Resumos]. Em Sociedade Interamericana de Psicologia (Org.), *Anais do XXVI Congresso Interamericano de Psicologia* (p.313). São Paulo, SP: SIP.

Kastrup, V. (1999). *A Invenção de Si e do Mundo*. Campinas: Papirus.

Lasch, C. (1990). *O Mínimo Eu: Sobrevivência Psíquica em Tempos Difíceis* (5a ed.). São Paulo: Brasiliense.

Latour, B. (1991). *Jamais Fomos Modernos*. Rio de Janeiro: Editora 34.

Leite, J. E. T. (1995). Nós Quem, Cara Pálida: A Razão depois de Taylor. Em E. Davel & J. G. Vasconcelos (Orgs.), *Recursos Humanos e Subjetividade* (pp. 80-117). Petrópolis: Vozes.

Lyubomirsky, S., King, L., & Diener, E. (2005). The Benefits of Frequent Positive Affect: Does Happiness Lead to Success? *Psychological Bulletin*, 131(6), 803-855.

Masi, D. (1999). *O Futuro do Trabalho*. Rio de Janeiro: José Olympio.

Nietzsche, F. (1977). *Aurora*. Porto: Editora Rés.

Nietzsche, F. (1983). *Assim Falava Zaratustra*. Lisboa: Presença.

Nietzsche, F. (1992). *Para Além do Bem e do Mal: Prelúdio a uma Filosofia do Futuro*. São Paulo: Cia das Letras.

Ortega, F. (2000). *Para uma Política da Amizade: Arendt, Derrida, Foucault.* Rio de Janeiro: Relume-Dumará.

Platão (trad. 1966). *O Banquete – Do amor* (J. C. de Souza, Trad.). São Paulo: Difel.

Platão (trad. 1995). *Lísis* (F. de Oliveira, Trad.). Brasília: Editora Universidade de Brasília.

Ryff, C. D., & Keyes, C. L. M. (1995). The Structure of Psychological Well--Being Revisited. *Journal of Personality and Social Psychology, 69,* 719-727.

Santos, M. (2000). *Por uma Outra Globalização.* Rio de Janeiro: Record.

Schmitt, C. (1992). *O Conceito do Político.* Petrópolis: Vozes.

Seligman, M. E. P., & Csikszentmihalyi, M. (2000). Positive Psychology: An Introduction. *American Psychologist, 55,* 5-14.

Sennett, R. (1988). *O Declínio do Homem Público: As Tiranias da Intimidade.* São Paulo: Cia da Letras.

Yager, Jan (1999). *The Power of Friendship and How it Shapes our Lives. Stanford, CT:* Hannacroix Creek Books.

Watson, D., Clark, L. A., & Tellegen, A. (1988). Development and Validation of Brief Measures of Positive and Negative Affect: The PANAS Scales. *Journal of Personality and Social Psychology, 69,* 719-727.

CAPÍTULO 8

Amizades interculturais, interétnicas, interraciais e internacionais

AGNALDO GARCIA
Universidade Federal do Espírito Santo

RAQUEL FERREIRA MIRANDA
Universidade Federal de Viçosa – Campus Paranaíba

Amizade, raça, etnia, cultura e nacionalidade

A história da humanidade é marcada pelo contato entre diferentes nações, representando diferentes raças, etnias e culturas. Lamentavelmente, muito desses encontros resultaram em guerra, destruição e mesmo genocídio. Ao longo dos tempos, os homens têm se deslocado pelo globo terrestre, desde pequenos grupos até movimentos migratórios envolvendo milhares ou milhões de pessoas. O avanço dos meios de transporte e de comunicação facilitou ainda mais o contato entre os seres humanos de diferentes grupos raciais, étnicos, culturais e nacionais. A investigação das relações de amizade entre representantes desses grupos pode contribuir não apenas para a promoção de relações mais pacíficas entre essas pessoas e uma integração social mais profunda, mas também para uma melhor integração dos povos e culturas de forma cooperativa. As amizades internacionais podem contribuir não apenas para a paz internacional, mas também para o desenvolvimento social, cultural, artístico, econômico e científico, contribuindo para uma nova organização mundial, pautada por princípios de direito, justiça e semelhança entre os povos.

Amizades entre pessoas de diferentes raças, etnias, culturas e nações também representa um importante ponto teórico, pois aproxima pessoas falando idiomas diferentes, professando religiões diferentes, com hábitos sociais, costumes familiares e até mesmo modos de se alimentar e vestir diversos. Enquanto a similaridade tem sido apontada como uma pré-condição importante na base das amizades (em idade, gênero, etnia, interesses e até mesmo agressividade), as amizades interculturais, interétnicas, interraciais e internacionais transpõem diferenças importantes.

O objetivo deste capítulo é discutir o conceito de amizades interculturais, interétnicas, interraciais e internacionais a partir de uma revisão da literatura sobre o tema e apresentar alguns dados sobre as amizades de universitários moçambicanos residindo no Brasil. A pesquisa sobre amizade e cultura ainda apresenta um desenvolvimento limitado, tanto do ponto de vista empírico quando do ponto de vista teórico.

Amizades em diferentes países e culturas: estudos monográficos e comparativos

Antes de investigar como membros de culturas ou nações diferentes desenvolvem relações de amizade, podemos perceber na literatura internacional sobre a amizade estudos sobre relações entre amigos em uma determinada cultura ou nação. O fato de diferentes países ou culturas apresentarem diferentes padrões de amizade com características próprias é de fundamental importância para a construção de amizades entre culturas ou nações diferentes.

Apesar das semelhanças, a literatura sobre o tema tem indicado que a amizade toma feições diferentes de acordo com o país ou a cultura. Alguns autores têm investigado a natureza da amizade em certos países, especialmente do Oriente, como o Japão (Cargile, 1998; Maeda & Ritchie, 2003), China (Tam & Bond, 2002) e Taiwan (Tsai & Gaines, 2006). A análise da amizade em cada um desses países se depara com uma série de diferenças culturais, incluindo o idioma e os termos interpretados como sinônimos de "amigo". Em geral, os autores indicam semelhanças e diferenças entre as amizades que são investigadas no Ocidente (geralmente EUA) e as de outros países. A seguir, partimos dos estudos em que uma única cultura é enfatizada (apesar de geralmente haver referência ou comparações com as amizades nos EUA) até aqueles que, explicitamente, se propõem a comparar as amizades de diferentes países com as amizades entre norte-americanos.

A amizade no Japão tem despertado o interesse de vários autores. Curiosamente, alguns destes estudos têm sido realizados no interior dos EUA, com japoneses que imigraram para o país. Assim, Cargile (1998) investigou os termos do idioma japonês para amizade, usados por 16 japoneses nativos residindo nos EUA, suas experiências e concepções de amizade com outros japoneses. Suas descrições forneceram um vocabulário que revela diversos aspectos de sua cultura. Diferenças notáveis foram identificadas entre os relatos de homens e mulheres quanto a vários modos de amizade. Os relatos dos dois gêneros indicam que estas amizades representam menos o resultado de negociação individual do que aquelas entre norte-americanos. Outro estudo sobre amizades no Japão foi empreendido por Maeda e Ritchie (2003), sobre a satisfação relacional com o *shinyuu* (termo japonês que, segundo os autores, corresponderia ao melhor amigo ou amigo próximo) entre estudantes universitários japoneses. Identificaram 39 palavras e frases relacionadas com satisfação com o *shinyuu*, que foram discutidas em grupo. Uma análise multidimensional identificou três dimensões subjacentes que parecem se alinhar em um contínuo com qualidade interpessoal de um lado e qualidade social do outro. Estas diferenças são discutidas em termos de diferenças culturais (individualismo-coletivismo) e evitação de incerteza nos EUA e Japão.

Tam e Bond (2002) investigaram os elos entre comportamentos interpessoais e o desenvolvimento do relacionamento em estudantes chineses compartilhando o mesmo dormitório. Uma medida de amizade denominada "comunhão" foi desenvolvida e focava exclusivamente nas características do próprio relacionamento. Esta era composta por dois aspectos: a "beneficência", indicando um maior uso por ambas as partes de comportamentos promovendo os interesses do outro, e a "restrição", referindo-se a comportamentos relacionados ao respeito devido aos direitos do outro. A presença destas duas dimensões resultou em maior comunhão entre colegas de quarto no fim dos primeiros seis meses juntos. As duas dimensões do comportamento estavam relacionadas com comunhão, embora a beneficência fosse relativamente mais forte.

As propriedades das amizades em Taiwan foram investigadas por Tsai e Gaines (2006), quanto aos efeitos de recursos sociais em relacionamentos próximos com parentes e amigos. Os resultados indicaram que recursos baseados em status (i.e., educação, renda e ter emprego) e recursos baseados em bens (como tamanho da casa e propriedade de uma residência) facilitavam os relacionamentos próximos. Enquanto os recursos baseados em status tendem a forjar relacionamentos próximos extra-locais, os recursos baseados em posses destacam relacionamentos locais. Recursos sociais influenciam a frequência de contatos com parentes e amigos íntimos, mas a proximidade representa a causa mais importante.

Outro grupo de estudos procurou comparar as amizades entre diferentes países, sempre tomando como parâmetro as amizades nos EUA. São comparadas as amizades em Gana (Adams & Plaut, 2003), Polônia (Rybak & McAndrew, 2006), Espanha (Requena, 1995), Rússia (Sheets & Lugar, 2005), China (Lin & Rusbult, 1995), Grécia (Malikiosi-Loizos & Anderson, 1999), Indonésia (French, Pidada & Victor, 2005) com as amizades norte-americanas. Outros estudos ainda compararam preferências por amigos em diferentes culturas (Goodwin & Tang, 1991). Os principais resultados dessas pesquisas são indicados a seguir.

Em um dos poucos estudos desenvolvidos no continente africano, as amizades dos habitantes de Gana, na África Ocidental, comparadas àquelas entre norte-americanos, tinham maior probabilidade de aconselhar cuidado em relação a amigos e a enfatizar a assistência prática na amizade. Os norte-americanos apresentaram maior probabilidade de indicar uma grande rede de amigos, a enfatizar companheirismo e apoio emocional. Segundo os autores, os resultados sugerem que a amizade não tem uma forma universal, mas toma diferentes formas em mundos culturais diferenciados (Adams & Plaut, 2003). Outra investigação no continente africano, neste caso na África do Sul, reuniu grupos focais de *afrikaners*, britânicos, *coloured* (mestiços pertencendo a um grupo heterogêneo de pessoas com algum grau de ancestralidade africana, mas não o suficiente para serem considerados negros), asiáticos e negros, que discutiram amizades interculturais, incluindo características centrais de amizades, instâncias em que lidaram com diferenças culturais, violações de regras que levaram ao fim da amizade e recomendações para amizade apropriada e satisfatória. Cada grupo destacou diferentes aspectos da amizade: os *afrikaners* centraram em temas de orgulho na identidade cultural e decoro; os britânicos em temas do individualismo e orientação futura; os *coloured* em flexibilidade e orientação do relacionamento; os asiáticos em responsabilidade por ações e abertura; e os negros em temas como honra e compaixão. Os símbolos centrais foram interpretados no contexto social e político da transição de 1992. Houve uma relação positiva entre o nível de poder sócio-cultural na África do Sul e a intensidade da identidade étnica, de modo que o grupo com maior poder sócio-cultural expressou de forma mais evidente o lado mais negativo de membros de outros grupos, assim como as preferências expressas por seu próprio grupo ou normas individuais para a amizade intercultural. Enquanto tensões dialéticas entre orientações individuais e do grupo eram evidentes no discurso de amigos de todos os grupos, os membros do grupo com maior poder sócio-cultural, por exemplo, criticavam os negros por olharem demais para o passado em vez do futuro (Collier & Bornman, 1999). A África do Sul oferece um exemplo no qual um mesmo país reúne povos com diferentes tradições culturais, diferenças estas possivelmente mais intensas que aquelas encontradas entre alguns países.

Lin e Rusbult (1995) examinaram compromisso em relacionamentos românticos e amizades entre sexos diferentes de jovens adultos nos EUA e em Taiwan. Os resultados foram semelhantes para norte-americanos e habitantes de Taiwan: os sentimentos de compromisso foram mais fortes em relacionamentos com maior satisfação, quando os relacionamentos alternativos apresentavam qualidade inferior e naqueles que evidenciavam maior investimento e maior centralidade. A relação entre compromisso e satisfação foi mais forte para relacionamento romântico do que para as amizades. Malikiosi-Loizos e Anderson (1999) compararam amizades de universitárias na Grécia (considerada mais coletivista) e nos EUA. Os participantes indicaram os amigos acessíveis (que atendiam positivamente as tentativas de aproximação) e de amigos inclusivos (que procuravam incluir outros amigos). Entre as expectativas do estudo, os autores esperavam redes de amizade menores e mais recíprocas na Grécia e que a falta de reciprocidade teria maiores efeitos sobre a solidão na Grécia do que nos EUA. Como resultado, encontraram que a falta de um melhor amigo estava relacionada com solidão na Grécia, mas não nos EUA. Ainda concluíram que a falta de reciprocidade entre amigos acessíveis e inclusivos também estava mais fortemente relacionada à solidão na Grécia. French, Bae, Pidada e Lee (2006) investigaram amizades de estudantes universitários nos EUA, Indonésia e Coréia do Sul. Partiram da hipótese de que amizades de indivíduos em culturas coletivistas são mais íntimas e menos extensivas que aquelas em culturas individualistas. Os estudantes avaliaram as qualidades de suas amizades, identificaram e caracterizaram os amigos e relataram detalhes de suas interações sociais. As características das amizades de estudantes sul-coreanos eram geralmente consistentes com a hipótese acima, enquanto aquelas dos indonésios não eram. Concluíram que amizades, em algumas culturas coletivistas, incluindo a Indonésia, mostram características de contatos sociais extensivos com outros em conjunção com intimidade limitada com indivíduos específicos.

Nos estudos citados, dá-se a presença das amizades norte-americanas como padrão de comparação. Em dois desses estudos, são utilizadas as noções de culturas coletivistas (Grécia, Coréia do Sul, Indonésia) e individualistas (EUA). Frente à extrema riqueza e diversidade cultural de países como Grécia e Indonésia, profundamente diferentes em sua história, tradições religiosas, organização econômica, idioma e vários outros aspectos culturais, o uso comum e reducionista de noções como coletivista e individualista parece bastante artificial. Há, portanto, a necessidade de um tratamento mais condizente com a diversidade cultural ao se tratar de relações de amizades em diferentes culturas ou países.

Outras duas investigações compararam alguns aspectos das amizades nos EUA com amizades na Rússia, Polônia e Espanha. Sheets e Lugar (2005) examinaram fontes intra-diádicas de conflito capazes de por fim a uma amizade na Rússia e nos EUA. Os russos indicaram um maior número de itens como mais prováveis de por fim a amizade do que os norte-americanos. A situação mais provável para terminar uma amizade, de acordo com os participantes russos, seria trair a confiança de um amigo. Para os norte-americanos, manter segredos de um amigo foi a causa indicada como a mais provável de terminar uma amizade. Os russos também relataram que trair a confiança era a fonte mais frequente de conflito levando ao término de uma amizade. Rybak e McAndrew (2006) compararam universitários norte-americanos e poloneses quanto à avaliação da intimidade em nove relacionamentos hipotéticos e à avaliação da intensidade de seus relacionamentos com o melhor amigo e um conhecido. Em ambos os países, os participantes perceberam os relacionamentos com melhores amigos como mais intensos e íntimos que com outros amigos e outras amizades como mais intensas e íntimas que relacionamentos com meros conhecidos. Contudo, de forma diferencial, os norte-americanos perceberam todos os seus relacionamentos (de meros conhecidos a amizades íntimas) como mais intensos e íntimos que os poloneses. Finalmente Requena (1995) examinou a relação entre a rede de amigos e o nível de felicidade como um indicador de bem-estar nos EUA e na Espanha, tendo encontrado uma associação fortemente significativa entre felicidade e tamanho da rede de amigos nos dois países. Contudo, diferenças surgem quando apenas as amizades próximas são consideradas.

Goodwin e Tang (1991) compararam estudantes britânicos e chineses de Hong Kong quanto aos traços preferidos em amigos e parceiros românticos. Nos dois grupos, havia uma maior expectativa de os parceiros românticos serem mais honestos e carinhosos que os amigos. Entre os traços preferidos nos amigos e parceiros românticos ainda estavam a bondade ou consideração, a extroversão e a sensibilidade, esta destacada pelos britânicos para as duas formas de relacionamento.

Além da comparação de amizades entre diferentes culturas e países, pode-se acrescentar alguns estudos sobre amizades entre diferentes grupos, classes sociais e mesmo entre diferentes grupos religiosos, que também são relacionamentos que transpõem fronteiras importantes, tanto do ponto de vista social, quanto cultural.

Amizades entre grupos diferentes é uma importante área de investigação. Segundo Wright, Aron, McLaughlin-Volpe e Ropp (1997), saber que um membro do próprio grupo tem um relacionamento próximo com alguém de fora do grupo pode gerar atitudes mais positivas entre esses grupos. Os autores observaram atitudes menos negativas em relação a membros de fora do grupo em participantes que percebiam amizades de membros do seu grupo com alguém de fora do grupo. Esse conhecimento também interferiu de modo positivo nas situações de conflito intergrupo. Esses dados sugerem que amizades entre membros de grupos diferentes podem afetar de forma positiva a relação entre esses grupos.

Amizades também transpõem fronteiras de classe social. Wright e Cho (1992) examinaram os padrões de amizade entre diferentes classes sociais em quatro sociedades capitalistas: EUA, Canadá, Suécia e Noruega. Os autores destacaram três conclusões: 1) a fronteira de classe baseada na propriedade é a menos permeável das três dimensões (as outras são as fronteiras baseadas na autoridade e na especialização); 2) a fronteira de classe baseada na autoridade é significativamente mais permeável que a fronteira baseada na especialização; e, 3) padrões de amizades interclasse são amplamente invariáveis nos quatro países investigados.

Amizades ainda podem se dar entre grupos religiosos diferentes. Na Irlanda do Norte, McClenahan, Cairns, Dunn e Morgan (1996) investigaram as escolhas de amigos entre adolescentes em diferentes contextos escolares e religiosos, incluindo uma escola protestante, uma escola católica e uma escola integrada. Concluíram que a polarização ou viés para a busca de amigos exclusivamente dentro do próprio grupo era a exceção e não a regra. Todas as três escolas exibiram características similares.

Os estudos acima têm indicado semelhanças e diferenças entre as amizades nesses países e culturas. As diferenças ou particularidades nas relações entre amigos estabelecem dificuldades que devem ser superadas para o estabelecimento de amizades internacionais. Um aspecto teórico comum nesses trabalhos é a tendência a reduzir a diversidade cultural a dois tipos básicos de cultura: as individualistas e as coletivistas. Diante da riqueza e da diversidade cultural seria importante, no futuro, que as comparações pudessem lidar com aspectos culturais de uma forma mais ampla, incluindo aspectos sociais (normas, tradições, estrutura familiar), costumes, moral, religião, artes, tecnologia e até mesmo culinária, entre outros, de uma forma menos reducionista. As amizades, contudo, não deveriam ser vistas apenas como o produto de uma determinada cultura, mas relacionamentos e estrutura sócio-cultural se influenciam mutuamente, de modo dialético (Hinde, 1997).

Amizades interétnicas e interraciais

As amizades internacionais, interculturais, interétnicas e interraciais ainda são pouco conhecidas. De modo geral, poder-se-ia indicar as amizades internacionais como amizades entre pessoas de diferentes nacionalidades, usualmente vinculadas ao seu país de origem que, apesar de sua presença em país estrangeiro, o fazem de modo temporário. Assim, formam amizades internacionais aqueles que trabalham com negócios internacionais, os que estudam em outros países de modo temporário, aqueles que cooperam com membros de outros países, como na ciência, nas artes ou em outras atividades, todos permanecendo com uma identidade nacional própria. Amizades interétnicas e interraciais normalmente têm sido identificadas entre habitantes de uma mesma região ou país, muitas vezes como resultado de imigração recente. Amizades interculturais não são o mesmo que amizades internacionais, as quais, eventualmente, podem ser culturalmente mais próximas do que amizades entre habitantes de um mesmo país. Apesar do reconhecimento da expressão "amizades internacionais", inclusive em documentos de importantes grupos internacionais e mesmo documentos oficiais, não há praticamente estudos sobre estas amizades.

Apesar de, por vezes serem empregadas aparentemente como sinônimos, alguns autores deixam clara a diferença conceitual entre amizades interétnicas e interraciais. Kao e Vaquera (2006), por exemplo, ao examinarem a identificação racial e étnica entre adolescentes hispânicos nas escolhas de amigos, concluíram que etnia e raça atuaram como fatores distintos. A identificação racial de hispânicos estava associada à escolha de amigo da mesma raça, fosse hispânico ou não. Assim, quando hispânicos interagem com não-hispânicos, a identidade racial se torna outro determinante das amizades.

Referindo-se a aspectos metodológicos no estudo de amizades interraciais, Smith (2002) argumenta que níveis dessas amizades diferem de acordo com o método usado para medi-las. A abordagem direta, focada na raça, segundo o autor, mostraria o maior nível de integração, seguida pela abordagem em três passos e o método de rede indicaria a menor integração. Segundo o autor, a abordagem direta provavelmente superestime o nível das amizades interraciais e o método de rede produza os números mais acurados.

A relação entre amizades e cultura é um fenômeno histórico e social. Neste sentido, alguns pesquisadores têm investigado as transformações históricas e sociais na Europa e nos EUA e as mudanças provocadas nas amizades interétnicas e interculturais. Lynch (1993) descreve como sociedades européias responderam à diversidade cultural e como forneceram um contexto para amizades interétnicas e interculturais entre jovens e como essas relações são apreendidas por construtos teóricos e como estes facilitam ou impedem tais interações. Quillian e Campbell (2003) investigaram como a distribuição racial nas redes de amigos de estudantes adolescentes mudou nos EUA com a incorporação de uma população crescente de asiáticos e hispânicos.

Entre as principais conclusões estão: 1) amizades interraciais incluindo estudantes asiáticos e hispânicos são mais comuns que aquelas entre estudantes brancos e negros; 2) identificações raciais de branco ou negro estão fortemente associadas com as escolhas de amizades de estudantes hispânicos; 3) amizades interraciais aumentaram com a diversidade racial da escola; e, 4) seleção de amigos do próprio grupo se intensifica para estudantes em pequenas minorias raciais em uma escola. Assim, estudantes em pequenas minorias raciais procuram manter uma rede de amigos incluindo diversos amigos da própria raça.

Outros estudos compararam amizades entre diferentes grupos raciais e étnicos no mundo contemporâneo. Kao e Joyner (2004), por exemplo, examinaram diferenças de atividades nas amizades interraciais e interétnicas de jovens brancos, negros, hispânicos e asiáticos. Segundo os autores, é mais provável que os melhores amigos (mais do que os amigos de ordem superior) sejam do mesmo grupo étnico. Os melhores amigos também relataram mais atividades compartilhadas durante a semana anterior do que os amigos de ordem superior. Argumentam que atividades compartilhadas são um indicador útil de intimidade na amizade. Em geral, amigos interraciais relataram menos atividades compartilhadas que intraraciais, embora esta diferença seja mais forte entre brancos. Jovens brancos, asiáticos e hispânicos relataram menos atividades com amigos negros. Houve pouca diferença nas atividades entre amizades inter e intra-étnicas. Sugerem que, mesmo quando os jovens quebram fronteiras raciais na seleção de amigos, estas amizades se deparam com desafios maiores que aquelas entre indivíduos da mesma raça. Outra comparação entre amizades entre euro-americanos e outros grupos étnicos dos EUA envolveu o apoio social. Segundo Samter, Whaley, Mortenson e Burleson (1997), o apoio emocional é um traço central em torno do qual adultos brancos de classe média organizam suas amizades com o mesmo sexo. Os autores examinaram se o apoio emocional tinha o mesmo significado para amizades de universitários afro- e asiático-americanos nos EUA. Várias diferenças significativas foram encontradas na importância da habilidade de confortar amigos, no significado da emoção ou do problema em situações requerendo apoio emocional e na sensibilidade e efetividade de várias estratégias de confortar.

A relação entre amizade e preconceito tem sido abordada por vários autores. Aberson, Shoemaker e Tomolillo (2004) examinaram o papel de amizades interétnicas de euro-americanos com afro-americanos ou latinos e sua relação com vieses implícitos e explícitos contra estes grupos. Euro-americanos com amigos próximos desses grupos exibiam menos preconceito implícito que participantes sem amigos próximos no grupo alvo. A amizade influenciou somente duas das sete medidas explícitas. Os resultados destacam a importância de contato, particularmente amizade interétnica, para melhorar atitudes intergrupo. Segundo Aboud, Mendelson e Purdy (2003) o contato e a amizade intergrupal são fundamentais para a redução de preconceito. Examinaram várias relações entre pares (companheiros de interação e amizades mútuas) da escola fundamental de origens raciais diferentes. Amizades mútuas entre raças diferentes tenderam a diminuir em frequência e estabilidade com o tempo. Apesar disso, amizades mútuas entre raças tinham índices semelhantes de lealdade e segurança emocional, mas índices inferiores de intimidade. O preconceito racial estava mais fortemente relacionado ao número de colegas de classe excluídos como parceiros, enquanto crianças com atitudes menos enviesadas tinham mais companheiros de interação de raças diferentes e percepções mais positivas de seus amigos. Ainda relacionado a preconceito racial, Jacobson e Johnson (2006) relatam que 85% dos afro-americanos que participaram de uma pesquisa aprovaram casamentos interraciais. Os autores concluíram que a quantidade de contato ou amizade que afro--americanos tinham com euro-americanos parece ter sido uma variável crítica afetando atitudes sobre casamentos intergrupo.

Vários estudos têm investigado as relações de amizades interraciais ou interétnicas e seu papel na integração social. Hunter e Elias (1999) examinaram a relação entre amizades interraciais, sensibilidade multicultural e competência social em crianças. Identificaram amigos, qualidades da amizade, atitudes raciais e étnicas e competência social. Os resultados indicaram que garotas com amizades interraciais de alta qualidade mostraram menos rejeição de minoria, redes sociais mais diversas e mais sociabilidade e características de liderança que seus pares com nenhuma ou amizades interraciais de baixa qualidade. Resultados similares não foram encontrados para os meninos. Vorauer e Sakamoto (2006) examinaram os problemas de comunicação e sua influência sobre a manifestação de interesse em amizade durante a interação entre grupos de estudantes do mesmo sexo (brancos, brancos e chineses, e chineses). Os brancos com pouco contato prévio com chineses tendiam a perceber que suas afirmações tinham revelado mais interesse em amizade com o outro grupo do que o inverso, o que não ocorreu com brancos com contato prévio com chineses e entre chineses. Isto levou a uma diminuição no interesse real em amizade com o tempo aumentando o distanciamento e baixando a probabilidade da formação de amizade entre grupos.

Ainda relacionados à integração social, alguns estudos têm se voltado para o papel das maiorias e minorias étnicas ou raciais e sua influência sobre as relações entre membros desses grupos. Vários estudos relacionam maiorias e minorias étnicas e raciais e amizades. Fong e Isajiw (2000), por exemplo, examinaram os determinantes de padrões de amizades interétnicas entre um grupo minoritário e o grupo majoritário e amizades co-étnicas. A análise indicou que 1) a participação em atividades voltadas para o grupo étnico minoritário diminuía as chances de desenvolver amizades com o grupo majoritário; 2) características socioeconômicas individuais afetaram fortemente as amizades co-étnicas; 3) experiências prévias de amizade com o grupo majoritário estão relacionadas ao nível de laços de amizade com esse grupo. Em outro estudo, Haug (2003) investigou amizades interétnicas como um indicador de integração social entre jovens imigrantes italianos e turcos na Alemanha. A integração social foi investigada com base em amizades desses jovens com alemães. Imigrantes de origem italiana faziam amizades mais frequentemente com alemães que os de origem turca. Jovens imigrantes do sexo feminino faziam amizades menos frequentemente com alemães que os jovens imigrantes do sexo masculino do mesmo grupo étnico. Os autores ainda concluíram que a integração social aumentou na segunda geração e que descendentes de pais italianos e alemães e alemães e turcos naturalizados são particularmente bem integrados. Segundo Moody (2001), por exemplo, escolas integradas (em termos raciais) podem continuar a mostrar segregação se as amizades dos adolescentes ficarem restritas à mesma raça. Observaram que a organização escolar afeta a segregação nas relações de amizade e que esta tem seu pico em escolas moderadamente heterogêneas, declinando nos níveis mais altos de heterogeneidade. Assim, quanto mais heterogênea a escolas em termos raciais, menor a e segregação na escolha dos amigos. O autor sugere que estratégias de integração concentrando minorias em grandes escolas podem acentuar a segregação das amizades. Verkuyten e Martinovic (2006) investigaram atitudes quanto ao multiculturalismo e diversidade cultural entre adolescentes de maiorias e minorias étnicas na Holanda. O endosso do multiculturalismo foi examinado em relação, entre outros fatores, a amizades fora do grupo. Participantes de minorias étnicas eram muito mais favoráveis ao multiculturalismo que os da maioria étnica. A alta identificação étnica estava relacionada com menos endosso ao multiculturalismo entre o grupo da maioria e amizades fora do grupo somente tiveram um efeito positivo sobre o multiculturalismo para o grupo majoritário. O individualismo teve efeito negativo sobre o multiculturalismo nos dois grupos.

Por vezes, tem sido investigada a estrutura étnica ou racial e sua relação com integração social e amizades entre diferentes raças ou etnias. Carlson, Wilson e Hargrave (2003) examinaram a variação das atitudes e comportamentos inter-grupo entre estudantes hispânicos (adolescentes) em função da composição racial ou étnica da escola (hispânicos e negros, hispânicos e brancos, e maioria hispânica). As atitudes (em relação a outro grupo) variaram nas três escolas, mas não o comportamento (número relatado de amizades próximas entre raças). Um achado-chave foi a importância do nível de conforto percebido de amigos próximos com interação social entre raças como preditor da orientação em relação ao outro grupo.

Uma investigação interessante sobre amizade e integração social indicou como uma grande diversidade cultural afeta as amizades interétnicas. Smith e Schneider (2000) investigaram amizades interétnicas em adolescentes (12 a 14 anos), em Toronto. A maioria dos amigos tendia a ser membros de fora do grupo étnico, embora houvesse uma tendência não significativa de escolha mais etnocêntrica do melhor amigo que na escolha de outros amigos. Amizades com outro sexo e outra etnia não foram tão raras quanto esperado e o gênero mostrou-se ser mais uma barreira para amizade que a etnia. Os asiáticos atribuíram qualidade superior para suas amizades com membros do próprio grupo que com os de fora, o que não ocorreu com anglo-europeus ou indianos. As amizades femininas (com os de dentro e de fora) eram de melhor qualidade que as masculinas e rapazes e garotas avaliaram amizades com garotas mais positivamente do que com rapazes. Segundo os autores, a relativa falta de etnocentricidade nas amizades foi atribuída ao fato de Toronto ser uma das cidades com maior diversidade cultural do mundo.

Por vezes, os autores investigam os efeitos do gênero e da etnia sobre as redes de amigos. Reinders e Mangold (2005), por exemplo, investigaram similaridades e diferenças na qualidade de amizades intra e interétnicas na adolescência em estudantes de origem alemã, turca e italiana. Os resultados indicaram que o gênero era mais importante que a composição étnica na determinação da qualidade das amizades.

Em suma, várias questões têm sido investigadas em relação às amizades interétnicas e interraciais, incluindo aspectos conceituais (Kao & Vaquera, 2006) e metodológicos (Smith, 2002). A relação entre amizades e cultura é um fenômeno histórico e social (Lynch, 1993; Quillian & Campbell, 2003) e amizades entre diferentes grupos raciais e étnicos no mundo contemporâneo apresentam particularidades (Kao & Joyner, 2004; Samter e cols., 1997). Amizades interraciais ou interétnicas são um fator de integração social (Hunter & Elias, 1999; Vorauer & Sakamoto, 2006), incluindo o papel das maiorias e minorias étnicas ou raciais e sua influência sobre as relações entre membros desses grupos (Fong & Isajiw, 2000; Haug, 2003; Moody, 2001; Verkuyten e Martinovic, 2006; Carlson e cols., 2003) e o papel das amizades para a redução do preconceito (Aberson e cols., 2004; Aboud e cols., 2003; Jacobson & Johnson (2006) e como a diversidade cultural afetas as amizades interétnicas (Smith & Schneider, 2000). Finalmente, foram discutidos os efeitos do gênero e da etnia sobre as redes de amigos (Reinders & Mangold, 2005).

Nota-se, assim, uma literatura relativamente diversificada sobre as amizades interétnicas ou interraciais. De modo geral, esses estudos estão relacionados ao fenômeno histórico da aproximação e convivência de diferentes raças ou etnias em um mesmo espaço territorial, o que, em muitas situações é causa de problemas diversos. As amizades interétnicas e interraciais surgem então como um fator que contribui para a integração social, possibilitando a redução do preconceito. Enquanto estes estudos estão voltados para amizades entre grupos étnicos ou raciais que, ao longo da história, passaram a conviver em um mesmo espaço, pouco se sabe sobre amizades em que seus membros permaneçam ligados a diferentes nações, o que, graças aos avanços nos meios de transporte e comunicação, se torna mais e mais frequente. Um tipo específico de relacionamento se estabelece entre estrangeiros que não se estabelecem permanentemente em um novo território, como o caso dos imigrantes de diferentes raças ou etnias. Neste caso, o contato se dá entre habitantes temporários em outro país. Este é o caso dos estudantes universitários que estudam no exterior por um tempo determinado, geralmente com a expectativa de retornarem a seus países de origem. Este grupo é de particular interesse para a investigação de amizades internacionais propriamente ditas, uma vez que seus membros permanecem como cidadãos de diferentes países.

Amizade entre universitários de países diferentes

A literatura tem-se voltado principalmente para amizades interraciais ou interétnicas que, por vezes também são denominadas de amizades interculturais, as quais se estabelecem como resultado de movimentos migratórios. As amizades internacionais em um sentido mais estrito se estabeleceriam entre habitantes de diferentes nações, em condições diferentes das amizades de imigrantes, uma vez que cada membro da amizade permanece ligado a seu país de origem. O contato entre povos e nações possibilitado pela estadia temporária de estudantes universitários (de graduação e pós-graduação) tem permitido amizades entre representantes dessas nações em um sentido mais próximo de amizades internacionais do que aquelas entre migrantes. Jovens universitários de várias partes do mundo passam alguns anos estudando em outros países, contudo mantêm seus laços com o país ou cultura de origem, ocupando uma posição diferenciada dos imigrantes, cujas perspectivas são de permanecer no país para o qual emigraram.

Antes de analisar os estudos sobre as amizades entre universitários provenientes de diferentes países, deve-se indicar a existência de vários estudos comparando as amizades entre universitários de diferentes origens étnicas ou raciais vivendo em um mesmo país. Kenny e Stryker (1996) examinaram características da rede social de novos universitários (euro-americanos e etnicamente/racialmente diversos, entre eles afro-americanos, hispânicos, americanos nativos e asiático--americanos). Os resultados indicaram uma associação positiva entre ajustamento social e apoio da família (no caso de estudantes etnicamente/racialmente diversos) e entre ajustamento social e amizades na universidade (no caso de estudantes euro-americanos).

Um segundo grupo de estudos investigou as relações de amizade interétnicas ou interraciais entre universitários de um mesmo país. Levin, van Laar e Sidanius (2003) investigaram as amizades de universitários brancos ou euro-americanos, asiáticos, latinos e afro-americanos. Os resultados indicaram que os estudantes que, no final do primeiro ano na universidade, exibiam uma orientação para relacionar-se com o próprio grupo e ansiedade para relacionar-se com membros de outros grupos, tiveram menos amigos de fora do grupo e mais amigos dentro do grupo no segundo e terceiro anos de faculdade. Aqueles com mais amizades fora do grupo e menos amigos dentro do grupo durante o segundo e terceiro anos mostraram menos orientação (viés) para o próprio grupo e menos ansiedade inter-grupo no fim da faculdade. Antonio (2004) pesquisou como estudantes do sexo masculino de diferentes origens raciais lidam com a diversidade racial em grupos de amigos racialmente diversos ou homogêneos. Concluiu que diversas amizades resultavam de uma intenção em relação à diversidade assim como um desprezo absoluto da diferença. Por outro lado, a homogeneidade racial entre amigos nem sempre era claramente intencional, nem levava necessariamente ao isolamento racial.

Um terceiro grupo de estudos comparou as amizades de estudantes universitários de diferentes países. Assim, a satisfação com as amizades de universitários coreanos e canadenses foi investigada por Koh, Mendelson e Rhee (2003). Os autores investigaram funções da amizade e estilos de resolução de conflitos, além de diferenças entre culturas quanto a expectativas de amizades e coletivismo. Os canadenses preencheram mais funções da amizade e os coreanos relataram mais administração assimétrica de conflito. Nos dois países, a satisfação com a amizade estava associada com o preenchimento das funções da amizade e a administração igualitária de conflitos.

Em uma outra investigação, Kito (2005) examinou as diferenças no nível de autorevelação entre quatro tipos de relacionamento: amor apaixonado, amor companheiro (*companionate*), amizades com mesmo sexo e amizades com outro sexo, entre universitários norte-americanos e japoneses. Os autores resumiram os resultados em três itens principais: a) os estudantes japoneses tiveram escores menores em autorrevelação que os norte-americanos, independentemente dos tipos de relacionamento considerados; b) a autorrevelação era superior em amizades com o mesmo sexo do que entre sexos opostos, nas duas situações investigadas (entre norte-americanos e entre japoneses); e, c) a autorrevelação foi maior em relacionamentos românticos do que em amizades tanto entre norte-americanos quanto entre japoneses.

Segundo French e cols. (2005), embora as amizades de jovens indonésios e norte-americanos sejam similares em várias dimensões, as de indonésios parecem menos próximas, mais centradas em auxílio instrumental, menos focadas no destaque de valor, mais extensiva e menos exclusiva que as dos norte-americanos. Estes padrões diferem daqueles encontrados na comparação de amizades entre norte-americanos e em outras culturas coletivistas, sugerindo a necessidade de modificar os modelos de coletivismo e amizade. Os autores advogam o uso de abordagens multimétodos e multiagentes, abordando temas como classe social e comparação transcultural, utilizando uma combinação de abordagens qualitativas e quantitativas para estudar cultura e amizade.

Um quarto grupo de estudos investigou as amizades de estudantes universitários estrangeiros. Estas relações de amizade com pessoas de outras etnias, raças e culturas são de particular interesse para o estudo de amizades internacionais em um sentido mais estrito, em que os participantes mantêm uma forte identificação com sua cultura ou não de origem. Segundo Yamazaki, Taira, Shun-ya e Yokoyama (1997), as atitudes de universitários de outros países asiáticos (estudando no Japão) em relação aos japoneses estavam significativamente relacionadas à amizade com japoneses e à discriminação sofrida por esses estudantes asiáticos em universidades japonesas. Amizade com japoneses e experiências favoráveis com estes em relação à sua própria etnia (respeito pela etnia) contribuíram positivamente para atitudes positivas em relação aos japoneses. Experiências desagradáveis (como a discriminação étnica), por outro lado, tiveram um efeito negativo nas atitudes destes universitários asiáticos em relação ao povo japonês.

Os relacionamentos entre culturas foram considerados como um importante preditor do ajustamento de estudantes estrangeiros nos EUA, por Ying (2002), que examinou a composição da rede social estudantes de pós-graduação de Taiwan nos EUA. Um modelo multidimensional de rede social, incluindo personalidade, conhecimento, atitude, habilidade e contexto ambiental, guiou o estudo. A probabilidade de formar amizade com norte-americanos 14 meses após a chegada do pós-graduando estava positivamente associada com os seguintes fatores: personalidade (i.e. extroversão), conhecimento dos EUA, atitude positiva em relação a fazer amizades com norte-americanos (associação positiva) e contexto social ambiental (disponibilidade limitada de estudantes chineses). Por outro lado, houve associação negativa entre as habilidades de comunicação, em inglês, e a formação de amizades com norte-americanos.

Kudo e Simkin (2003) examinaram as percepções relacionadas à formação de amizade intercultural de estudantes japoneses em uma universidade australiana. A partir de entrevistas, o estudo delineou as concepções de amizade dos universitários e identificou os seguintes fatores no desenvolvimento de uma amizade intercultural: 1) contato frequente, incluindo proximidade física e redes compartilhadas; 2) similaridade de características pessoais e de idade; 3) autorrevelação (incluindo habilidade para se comunicar em inglês falado e abertura para comunicação); e, 4) receptividade em relação a outras nacionalidades, incluindo orientação transcultural e empatia. Segundo os autores, um maior conhecimento destes processos poderia auxiliar na promoção de maior contato e compreensão intercultural nas universidades.

Os quatro grupos de estudos identificados partem da comparação das amizades entre diferentes etnias ou raças dentro de um mesmo país. Passam, então a investigar como se dão as amizades entre diferentes etnias ou raças dentro de um mesmo país. Um terceiro grupo comparou as amizades de estudantes universitários de diferentes países. Finalmente, o quarto grupo investigou como se dão as amizades entre universitários de diferentes nacionalidades, frequentando, temporariamente uma mesma universidade. Os três primeiros grupos encontram paralelos com outros grupos populacionais (comparação de raças ou etnias, amizades interraciais ou interétnicas em um mesmo país e comparação de amizades entre diferentes países). O quarto grupo é o que desperta o maior interesse no sentido de amizades verdadeiramente internacionais, uma vez que as diferenças entre os universitários que se tornam amigos são basicamente de nacionalidade (podendo se somar à diferença étnica e/ou racial). Esta forma de relacionamento, que coloca duas nações em contato em uma situação temporária, mas que não envolve migração definitiva para outro país talvez seja um tipo particular de amizade internacional, uma vez que os amigos mantêm sua identificação com seu país de origem, para o qual retornarão em breve. Estas amizades internacionais, que também envolvem homens de negócio, diplomatas, estadistas, turistas e todos aqueles que entram em contato com representantes de outros países e culturas oferece um interesse particular para a ciência dos relacionamentos, não apenas do ponto de vista teórico, mas também do ponto de vista social, político, econômico, artístico, científico e cultural. Possivelmente, estas amizades estejam relacionadas a transferências culturais de grande importância para o avanço dos povos. Amizades internacionais, neste sentido, são praticamente desconhecidas e merecem uma investigação profunda, face à contribuição que têm representando para o avanço cultural da humanidade. Amizades interraciais, interétnicas e internacionais podem, em muitos casos, ser reconhecidas como amizades interculturais.

No item seguinte, discutimos alguns dados preliminares obtidos com universitários moçambicanos residindo temporariamente no Brasil.

Amizades de universitários moçambicanos residindo no Brasil

Estudos sobre amizades em grupos étnicos específicos (Aberson e cols., 2004; Constantine, Anderson, Berkel, Caldwell & Utsey, 2005; Samter e cols., 1997) têm retratado que, como resultado do racismo, da discriminação e dos conflitos de valores culturais, estudantes africanos têm encontrado desafios para fazer amigos e estabilizar uma rede de apoio social em universidades norte-americanas, devido às diferenças nos modos de ser e nos padrões de comunicação interpessoal. De acordo com Constantine e cols. (2005), devido às diferenças culturais de valores e expectativas, muitos estudantes africanos sentem profundamente o distanciamento de seus familiares e amigos do país de origem.

Nos parágrafos seguintes, apresentamos os resultados de um estudo preliminar das amizades de universitários moçambicanos residindo temporariamente no Brasil que buscou, de modo qualitativo, identificar alguns traços gerais dessas amizades e seu papel na adaptação desses jovens a essa nova situação. Participaram da pesquisa dez estudantes moçambicanos (cinco jovens do sexo masculino e cinco do sexo feminino) com idades entre 20 e 29 anos, que vieram para Belo Horizonte, Minas Gerais, para estudar Agronomia em uma instituição privada, o que foi possibilitado por um acordo firmado entre os governos brasileiro e moçambicano. Quatro desses jovens vieram para o Brasil em fevereiro de 2004 (como parte de grupo de dez moçambicanos) e os outros seis vieram para o país em agosto do mesmo ano (integrando um grupo de 15 moçambicanos). Sete vieram de Maputo, capital de Moçambique, dois da província de Zambézia e um da província de Nampula, localizadas ao norte do país. A decisão de estudar no Brasil surgiu, principalmente, pelo valor dado, em Moçambique, à formação superior fora do país e em função do renome do curso no Brasil. Chegando ao Brasil, a maioria passou a residir com outros moçambicanos ou com brasileiros e outros estrangeiros. Os estudantes responderam a um questionário detalhado com questões abertas e fechadas sobre suas relações de amizade em Moçambique e no Brasil.

Todos eram originários de Moçambique, ex-colônia de Portugal, localizada na costa oriental da África. O país tornou-se independente em 1975, tendo passado por 16 anos de guerra civil após sua independência e é formado por dez províncias, sendo a principal a província de Maputo, localizada no sul do país. Sua língua oficial é o Português e conta com uma população de 19.420.036 habitantes (dados do Instituto Nacional de Estatística de Moçambique, de 2005). O ensino superior em Moçambique teve início em 1962, contando atualmente com 23 instituições de ensino superior (públicas e privadas), com cerca de 28.000 discentes e 1.389 docentes. Moçambique é um país com baixíssimo índice de desenvolvimento humano ou IDH (medida comparativa de pobreza, alfabetização, educação, esperança de vida, natalidade, entre outros fatores) de acordo com a ONU, ocupando a 168ª posição entre os 177 países avaliados. Em função da valorização da formação superior no exterior e das poucas vagas disponíveis no país tem sido comum a saída de jovens para estudar em outros países. Este movimento é incentivado pelo governo por meio de bolsas de estudos e convênios com instituições de ensino superior em outros países.

Antes de chegarem ao Brasil, os moçambicanos viam este país como uma região com altos índices de criminalidade, mas com praias e belezas naturais, com belas mulheres, samba, alegria e um povo caloroso. Isto pode ser atribuído à divulgação, em Moçambique, de programas produzidos no Brasil (novelas e noticiários). Após chegarem ao Brasil, passaram a perceber outras características, positivas e negativas, convivendo lado a lado. Perceberam, assim, a diferença na distribuição de renda, o lado "fechado" do povo brasileiro, pessoas falsas, racismo e corrupção. Por outro lado, também perceberam o lado hospitaleiro do povo brasileiro, a natureza multicultural e multirracial do país, a beleza da natureza, o desenvolvimento econômico (especialmente dos agronegócios), um país alegre e um bom local para viver. O clima frio foi ressaltado como uma surpresa frente à ideia de país tropical, assim como o grande número de negros vivendo no Brasil.

Primeiramente, algumas questões procuraram identificar como esses jovens moçambicanos conceituavam amizade. Entre os termos e as expressões utilizadas mais frequentemente estavam confiança, respeito, consideração, companheirismo, estar sempre presente, saber ouvir, dar conselho, admirar, dividir (as alegrias, os problemas e as tristezas), ajudar um ao outro, gostar da pessoa apesar dos defeitos e qualidades respeitando o seu modo de pensar. Ainda mencionaram a compreensão e o fato de ser algo duradouro, que requer fidelidade e cumplicidade, envolvendo sentimento, carinho, afeto, amor por uma pessoa. Reconheceram a existência de diferentes tipos de amigos, desde os mais próximos e verdadeiros até os ocasionais e mesmo os falsos. Os verdadeiros amigos são poucos (chamados também de companheiros, irmãos, aqueles de todas as horas, amigos da vida inteira). "Conhecidos" são os amigos ocasionais, temporários, amigos que surgem pelas circunstâncias e são muitos, são "parceiros ou companheiros disto e daquilo" (o amigo de diversão, para sair, ir a festas). Finalmente, os "falsos amigos" são os interesseiros, que só aparecem quando precisam de algo.

O melhor amigo foi considerado confiável, sincero, humilde e companheiro. Apresenta compaixão e amor pelo próximo e capacidade de gostar de alguém como ele é. Está presente em todos os momentos e é verdadeiro, honesto. Chama a atenção do amigo quanto a seus erros e é um bom ouvinte, carinhoso, prestativo e sabe respeitar. Sabe repreender o amigo se fizer algo errado. Demonstra simplicidade, compromisso, compreensão e respeito. Amigos são importantes, sendo com quem se pode conversar e confiar, compartilhar pontos de vista, dar conselhos. Depois da família, os amigos são uma base de sustentação de nossas vidas e dão importância à nossa existência.

Quanto à rede de amigos em Moçambique e no Brasil, algumas diferenças foram observadas. Em Moçambique, os rapazes nomearam como amigos mais próximos outros rapazes e familiares (média de cinco amigos) e as jovens nomearam homens e mulheres (média de oito). Com relação ao local onde conheceram os amigos em Moçambique, relataram a vizinhança, a escola, através de parentes, igreja e mesmo boate. Alguns consideraram que a vinda para o Brasil não afetou as amizades em Moçambique. Outros sentiram que alguns amigos se afastaram e outros se aproximaram. Ainda deram mais valor à amizade e aos amigos. Sentem saudades dos amigos moçambicanos, que consideram insubstituíveis. Apenas um rapaz disse sentir poucas saudades dos amigos moçambicanos, por ter feito bons amigos no Brasil. A comunicação com os amigos em Moçambique é feita por telefone, mensagens de celular e e-mails. Os contatos com alguns amigos são diários, com outros semanais ou mensais. Alguns desses jovens ainda não retornaram a Moçambique desde que chegaram ao Brasil. Dos quatro que retornaram, dois relataram mudanças nas amizades e, para os outros dois, as amizades permaneciam do mesmo modo e os amigos se interessavam em saber como é o Brasil. Entre os episódios que marcaram as amizades em Moçambique estão o último abraço dado no aeroporto, uma festa de despedida, uma cena da infância com amigos (o ataque de um crocodilo a uma criança), uma festa de aniversário na adolescência, a gravidez de uma amiga, e episódios gerais de festas, jogos e viagens.

A rede de amigos no Brasil inclui outros moçambicanos. Os rapazes nomearam como amigos rapazes e moças, principalmente moçambicanos e brasileiros. As jovens citaram mais mulheres (moçambicanas e brasileiras) que homens (moçambicanos, africanos e brasileiros). O número de amigos mais próximos no Brasil foi menor que em Moçambique. Os rapazes nomearam de um a cinco amigos mais próximos (homens e mulheres) e as jovens de dois a cinco (homens e mulheres). Conheceram esses amigos na viagem para o Brasil (moçambicanos). Os brasileiros foram conhecidos em festas, através de outros amigos, na faculdade, igreja, estágio e mesmo no Orkut. Sete relataram não terem tido dificuldades para fazer amizades no Brasil, o que não ocorreu com os outros três (do sexo feminino). A faculdade, no Brasil, permitiu o contato com pessoas nas quais podiam confiar, com os mesmos ideais, facilitando o contato e a convivência, aumentando os assuntos que poderiam discutir. As principais formas de contato com amigos no Brasil são pessoalmente, por telefone, por mensagens de celular e e-mail. Para vários (seis), as amizades ajudaram na adaptação ao Brasil, elevando a autoestima, ajudando a superar situações difíceis, fornecendo informações sobre lugares, por exemplo. Vários (oito) estão satisfeitos com as amizades feitas no Brasil. Entre os episódios que marcaram as amizades no Brasil estão viagens, festas, ajuda na perda de um familiar e ajuda no relacionamento amoroso.

As atividades com amigos foram diferentes, em Moçambique e no Brasil. Em Moçambique, as atividades incluíam festas, uso de computadores, jogos de futebol, basquete, conversas, estudo e ir à igreja (para os rapazes), além de cinema, conversas, assistir a jogos, lanches em casa, passeios na praia, ir à igreja, estudar, viajar e festas (para as moças). As atividades realizadas com amigos no Brasil (ligados à faculdade) incluem estudar, fazer trabalhos, ir a festas, jogar futebol e basquete. Com amigos não ligados à faculdade, relatam ir ao cinema, a festas, conversar, realizar viagens e jogos. A maioria cita que os amigos ajudam no curso, na hora de pesquisas, por estudarem juntos e ajudar nos estágios.

Finalmente, os jovens moçambicanos compararam suas amizades em Moçambique e no Brasil. Quanto às primeiras, o fato de residir em outro país fez com que atribuíssem mais valor às amizades anteriores e consideraram as novas amizades como um novo grupo familiar, renovando sua autoestima e compensando a falta que sentem de seu país. Entre as diferenças entre as amizades no Brasil e em Moçambique, alguns perceberam uma maior proximidade entre amigos no Brasil, outros perceberam os moçambicanos como mais calorosos que os brasileiros, e ainda que as amizades em Moçambique eram mais sinceras. Quanto ao relacionamento em geral, perceberam diferenças culturais: consideraram os brasileiros mais sociáveis e perceberam menos relações hierárquicas no trabalho. Alguns (quatro) encontraram dificuldades de relacionamento com os brasileiros devido à cultura mais liberal, desconfiança do brasileiro e falta de atenção de alguns brasileiros. Para um, as amizades entre homens no Brasil gera a suspeita de homossexualidade.

A partir dos dados obtidos, pode-se destacar alguns pontos mais relevantes para o estudo de amizades internacionais. Primeiramente, os amigos dos jovens moçambicanos no Brasil, em grande parte, ainda incluem outros moçambicanos, com os quais viajaram para o Brasil. Algumas diferenças parecem ser decorrentes do tipo de atividade que vieram realizar no país: as atividades com amigos em Moçambique estavam mais voltadas para o lazer e, no Brasil, mostram o predomínio da realização de trabalhos acadêmicos, além de festas e jogos. Ao comparar suas amizades anteriores em Moçambique com as amizades atuais no Brasil, algumas diferenças parecem se relacionar com o grau de intimidade em função do tempo de relacionamento. A distância dos familiares torna essas amizades intensas, apesar de sua curta existência.

Conclusão

As amizades interculturais, internacionais, interétnicas e interraciais ainda são pouco conhecidas. Do ponto de vista conceitual, apesar das semelhanças, estas amizades mantêm a sua singularidade, permitindo o relacionamento de membros de culturas, nações, etnias e raças diferentes. Estes quatro aspectos, a rigor, são independentes e podem ocorrer individualmente ou conjuntamente. As amizades interculturais pressupõem que estejam ocorrendo entre pessoas pertencendo a culturas diferentes (independentemente se pertencem à mesma raça, etnia e nação). Assim, as amizades internacionais também podem se dar entre raças, etnias e culturas distintas ou semelhantes. Há a necessidade de um aprofundamento das pesquisas na área, especialmente das amizades internacionais, nas quais as identidades nacionais tendem a ser manter apesar do contato próximo com habitantes e com a cultura de outro país. As amizades de universitários que deixam seus países para estudar no exterior com habitantes desses países possivelmente representam um capital social de relevância para o futuro social, político, científico e cultural das nações envolvidas.

Um estudo com universitários moçambicanos residindo no Brasil indicou aspectos positivos e negativos em relação às amizades no Brasil. De modo geral, o grupo ainda mantém um número expressivo de amizades entre os próprios moçambicanos que vieram para o Brasil. Apesar de falarem o mesmo idioma, alguns perceberam dificuldades em suas amizades. Nas amizades com brasileiros foram apontados aspectos positivos e negativos.

De modo geral, ainda há um número pequeno de estudos sobre amizades entre culturas ou nações diferentes. Além disso, vários estudos tendem a simplificar excessivamente os aspectos culturais, limitando-se, por vezes, a agrupar toda a diversidade cultural em duas categorias apenas: as culturas individualistas e as coletivistas, colocando lado a lado culturas tão diferentes quanto a grega, a indonésia ou a coreana. O futuro desenvolvimento das amizades interculturais e internacionais certamente ganharia com a ampliação do conceito de cultura. A proposta de Hinde (1997) para o estudo dos relacionamentos interpessoais, destacando a importância da base descritiva e da consideração dos diversos níveis de complexidade e suas relações dialéticas, pode ser uma nova possibilidade para estender e enriquecer a investigação das amizades interculturais e internacionais, permitindo uma descrição mais ampla dos relacionamentos e da estrutura sóciocultural em diferentes países e culturas, rumo à análise, síntese e proposta de princípios organizadores.

Referências

Aberson, C. L., Shoemaker, C., & Tomolillo, C. (2004). Implicit bias and contact: The role of interethnic friendships. *Journal of Social Psychology*, 144(3), 335-347.

Aboud, F. E., Mendelson, M. J., & Purdy, K. T. (2003). Cross-race peer relations and friendship quality. *International Journal of Behavioral Development*, 27(2), 165-173.

Adams, G., & Plaut, V. C. (2003). The cultural grounding of personal relationship: Friendship in North American and West African worlds. *Personal Relationships*, 10(3), 333-347.

Antonio, A. L. (2004). When does race matter in college friendships? Exploring men's diverse and homogeneous friendship groups. *Review of Higher Education: Journal of the Association for the Study of Higher Education*, 27(4), 553-575.

Cargile, A. C. (1998). Meanings and modes of friendship: Verbal descriptions by native Japanese. *Howard Journal of Communications*, 9(4), 347-370.

Carlson, C. I., Wilson, K. D., & Hargrave, J. L. (2003). The effect of school racial composition on Hispanic intergroup relations. *Journal of Social and Personal Relationships*, 20(2), 203-220.

Collier, M. J., & Bornman, E. (1999). Core symbols in South African intercultural friendships. *International Journal of Intercultural Relations*, 23(1), 133-156.

Constantine, M. G., Anderson, G. M., Berkel, L. A., Caldwell, L. D., & Utsey, S. O. (2005). Examining the cultural adjustment experiences of African international college students: A qualitative analysis. *Journal of Counseling Psychology*, 52(1), 57-66.

Fong, E., & Isajiw, W. W. (2000). Determinants of friendship choices in multiethnic society. *Sociological Forum*, 15(2), 249-271.

French, D. C., Bae, A., Pidada, S., & Lee, O. (2006). Friendships of Indonesian, South Korean, and U.S. college students. *Personal Relationships*, 13(1), 69-81.

French, D. C., Pidada, S., & Victor, A. (2005). Friendships of Indonesian and United States youth. *International Journal of Behavioral Development*, 29(4), 304-313.

Goodwin, R., & Tang, D. (1991). Preferences for friends and close relationships partners: A cross-cultural comparison. *Journal of Social Psychology*, 131(4), 579-581.

Haug, S. (2003). Interethnische Freundschaftsbeziehungen und Soziale Integration: Unterschiede in der Ausstattung mit sozialem Kapital bei jungen Deutschen und Immigranten. *Kölner Zeitschrift für Soziologie und Sozialpsychologie*, 55(4), 716-736.

Hinde, R. A. (1997). *Relationships: A dialectical perspective*. Hove: Psychology Press.

Hunter, L., & Elias, M. J. (1999). Interracial friendships, multicultural sensitivity, and social competence: How are they related? *Journal of Applied Developmental Psychology*, 20(4), 551-573.

Jacobson, C. K., & Johnson, B. R. (2006). Interracial friendship and African American attitudes about interracial marriage. *Journal of Black Studies*, 36(4), 570-584.

Kao, G. & Joyner, K. (2004). Do race and ethnicity matter among friends? Activities among interracial, interethnic, and intraethnic adolescent friends. *Sociological Quarterly*, 45(3), 557-573.

Kao, G., & Vaquera, E. (2006). The salience of racial and ethnic identification in friendship choices among Hispanic adolescents. *Hispanic Journal of Behavioral Sciences*, 28(1), 23-47.

Kenny, M. E., & Stryker, S. (1996). Social network characteristics and college adjustment among racially and ethnically diverse first-year students. *Journal of College Student Development*, 37(6), 649-658.

Kito, M. (2005). Self-disclosure in romantic relationships and friendships among American and Japanese college students. *Journal of Social Psychology*, 145(2), 127-140.

Koh, Y. J., Mendelson, M. J., & Rhee, U. (2003). Friendship satisfaction in Korean and Canadian university students. *Canadian Journal of Behavioural Science*, 35(4), 239-253.

Kudo, K., & Simkin, K. A. (2003). Intercultural friendship formation: The case of Japanese students at an Australian university. Journal of Intercultural Studies, 24(2), 91 – 114.

Levin, S., van Laar, C., & Sidanius, J. (2003). The effects of ingroup and outgroup friendship on ethnic attitudes in college: A longitudinal study. *Group Processes and Intergroup Relations*, 6(1), 76-92.

Lin, Y. H. W., & Rusbult, C. E. (1995). Commitment to dating relationships and cross-sex friendships in America and China. *Journal of Social and Personal Relationships*, 12(1), 7-26.

Lynch, J. (1993). Youth, interethnic relations, and education in Europe. Em W. D. Hawley, & A. W. Jackson (Orgs.). *Toward a common destiny: Improving race and ethnic relations in America* (pp. 71-99). San Francisco: Jossey-Bass.

Maeda, E., & Ritchie, L. D. (2003). The concept of Shinyuu in Japan: A replication of and comparison to Cole and Bradac's study on U.S. friendship. *Journal of Social and Personal Relationships*, 20(5), 579-598.

Malikiosi-Loizos, M., & Anderson, L.R. (1999). Accessible friendships, inclusive friendships, reciprocated friendships as related to social and emotional loneliness in Greece and the USA. *European Psychologist*, 4(3), 165-178.

McClenahan, C., Cairns, E., Dunn, S., & Morgan, V. (1996). Intergroup friendships: Integrated and desegregated schools in Northern Ireland. *Journal of Social Psychology*, 136(5), 549-558.

Moody, J. (2001). Race, school integration, and friendship segregation in America. *American Journal of Sociology*, 107(3), 679-716.

Quillian, L., & Campbell, M. E. (2003). Beyond black and white: The present and future of multiracial friendship segregation. *American Sociological Review*, 68(4), 540-566.

Reinders, H., & Mangold, T. (2005). Die Qualitat intra- und interethnischer Freundschaften bei Madchen und Jungen deutscher, turkischer und italienischer Herkunft. *Zeitschrift für entwicklungspsychologie und Padagogische Psychologie*, 37(3), 144-155.

Requena, F. (1995). Friendship and subjective well-being in Spain: A cross--national comparison with the United States. *Social Indicators Research, 35*(3), 271-288.

Rybak, A., & McAndrew, F. T. (2006). How do we decide whom our friends are? Defining levels of friendship in Poland and the United States. *Journal of Social Psychology, 146*(2), 147-163.

Samter, W., Whaley, B. B., Mortenson, S. T., & Burleson, B. R. (1997). Ethnicity and emotional support in same-sex friendship: A comparison of Asian-Americans, African-Americans, and Euro-Americans. *Personal Relationships, 4*(4), 413-430.

Sheets, V. L., & Lugar, R. (2005). Sources of conflict between friends in Russia and the United States. *Cross-Cultural Research: The Journal of Comparative Social Science, 39*(4), 380-398.

Smith, A., & Schneider, B. H. (2000). The inter-ethnic friendships of adolescent students: A Canadian study. *International Journal of Intercultural Relations, 24*(2), 247-258.

Smith, T. W. (2002). Measuring inter-racial friendships. *Social Science Research, 31*(4), 576-593.

Tam, B. K. Y., & Bond, M. H. (2002). Interpersonal behaviors and friendship in a Chinese culture. *Asian Journal of Social Psychology, 5*(1), 63-74.

Tsai, M. C., & Gaines Jr., S. O. (2006). Sociable resources and close relationships: Intimate relatives and friends in Taiwan. *Journal of Social and Personal Relationships, 23*(1), 151-169.

Verkuyten, M., & Martinovic, B. (2006). Understanding multicultural attitudes: The role of group status, identification, friendships, and justifying ideologies. *International Journal of Intercultural Relations, 30*(1), 1-18.

Vorauer, J.D. & Sakamoto, Y. (2006). I thought we could be friends, but.... Systematic miscommunication and defensive distancing as obstacles to cross-group friendship formation. *Psychological Science, 17*(4), 326-331.

Wright, E. O., & Cho, D. (1992). The relative permeability of class boundaries to cross-class friendships: A comparative study of the United States, Canada, Sweden, and Norway. *American Sociological Review, 57*(1), 85-102.

Wright, S. C., Aron, A., McLaughlin-Volpe, T., & Ropp, S. A. (1997). The extended contact effect: Knowledge of cross-group friendships and prejudice. *Journal of Personality and Social Psychology, 73*(1), 73-90.

Yamazaki, M., Taira, N., Shun-ya, N., & Yokoyama, T. (1997). The role of ethnicity in the development of the Asian students' attitudes toward Japanese and other cultures. *Japanese Journal of Educational Psychology, 45*(2), 119-128.

Ying, Y. W. (2002). Formation of cross-cultural relationships of Taiwanese international students in the United States. *Journal of Community Psychology, 30*(1), 45-55.

Sobre os organizadores

Luciana Karine de Souza é Doutora em Psicologia e professora adjunta do Departamento de Psicologia e do Programa de Pós-Graduação em Lazer da Universidade Federal de Minas Gerais.

Claudio Simon Hutz é Doutor em Psicologia e professor titular do Instituto de Psicologia da Universidade Federal do Rio Grande do Sul.

Sobre os autores

Adriana Kipper-Smith é Doutora em Psicologia Clínica pela Fielding Graduate University, em Santa Bárbara, Califórnia, e psicoterapeuta da Vanderbilt University-Psychological and Counseling Center em Nashville, Tennessee.

Agnaldo Garcia é Doutor em Psicologia. Professor do Departamento de Psicologia Social e do Desenvolvimento e do Programa de Pós-graduação em Psicologia da Universidade Federal do Espírito Santo. Bolsista de Produtividade em Pesquisa do CNPq.

Carolina Lisboa é Psicóloga e Doutora em Psicologia. Professora do Curso de Pós-graduação em Psicologia Clínica da Universidade do Vale do Rio dos Sinos.

Daniela Centenaro Levandowski é Psicóloga e Doutora em Psicologia. Professora do Departamento de Psicologia e do Programa de Pós-graduação em Ciências da Saúde da Universidade Federal de Ciências da Saúde de Porto Alegre.

Gustavo Gauer é Psicólogo e Doutor em Psicologia. Professor adjunto do Departamento de Psicologia do Desenvolvimento e da Personalidade e do Programa de Pós-graduação em Psicologia da Universidade Federal do Rio Grande do Sul.

Jussara Cristina Barboza Tortella é Pedagoga e Doutora em Educação. Professora do Programa de Pós-graduação em Educação da PUC-Campinas.

Luciana Karine de Souza é Psicóloga e Doutora em Psicologia. Professora adjunta do Departamento de Psicologia e do Programa de Pós-graduação em Lazer da Universidade Federal de Minas Gerais.

Patrícia Ruschel Daudt é Psicóloga e Mestre em Psicologia do Desenvolvimento pela Universidade Federal do Rio Grande do Sul. Psicóloga Clínica com especialização em terapia de família.

Raquel Ferreira Miranda é Psicóloga e Doutora em Psicologia. Professora adjunta do Instituto de Ciências Biológicas e da Saúde da Universidade Federal de Viçosa, *campus* Paranaíba.

Regina Maria Prado Leite Erbolato é Psicóloga e Doutora em Psicologia. Psicóloga judiciária lotada na Vara da Infância e da Juventude do Tribunal de Justiça da Comarca de Campinas (SP).

Tania Mara Sperb é Psicóloga e Doutora em Psicologia. Professora-colaboradora do Programa de Pós-graduação em Psicologia da Universidade Federal do Rio Grande do Sul.

Vanessa de Castilhos Susin é Psicóloga pela Universidade de Caxias do Sul. Psicanalista da Instituição Psicanalítica Constructo.